www.ingramcontent.com/pod-product-compliance
Lightning Source LLC
Chambersburg PA
CBHW080631170426
43209CB00008B/1542
* 9 7 8 1 7 7 8 9 2 2 5 1 0 *

به نام خالق عشق

انتشارات بین المللی کیدزو کادو

و انتشارات پارسیان البرز

تقدیم می کنند

برگزیدهٔ دیوان شمس تبریزی

مولانا جلال‌الدّین محمّد بلخی

به کوشش:

نغمه کشاورز

سید علی هاشمی

سریال کتاب: H2525100240
عنوان: دیوان شمس
شاعر: مولانا جلال الدّین محمّد بلخی
ویراستاری: سید علی هاشمی
گردآوری و نسخه خوانی: مهری صفری اسکویی
صفحه‌آرایی: یاسر صالحی، محبوبه لعل‌پور
طراح جلد: زهرا بگدلی، نغمه کشاورز
ISBN/شابک: 978-1-77892-251-0
موضوع: شعر
متا دیتا: Poem ،Farsi
مشخصات کتاب: گالینگور، رنگی
تعداد صفحات: 274
تاریخ نشر در کانادا: 2025May
به کوشش: سید علی هاشمی، نغمه کشاورز
انتشارات همکار: موسسه انتشارات پارسیان البرز
منتشر شده توسط: خانه انتشارات کیدزوکادو
ونکوور، کانادا

Kidsocado Publishing House

خانه انتشارات کیدزوکادو
ونکوور، کانادا
تلفن : ٨٦٥٤ ٦٣٣ ٨٣٣ ١ +
واتس آپ: ٧٢٤٨ ٢٣٢ ٢٢٦ ١+
ایمیل: info@kidsocado.com
وبسایت انتشارات : https://kidsocado.com

آمد شراب آتشین، ای دیو غم کنجی نشین
ای جان مرگ‌اندیش رو، ای ساقیِ باقی درآ

آغاز سخن

جلال‌الدّین محمّد بلخی، معروف به «مولانا»، «مولوی» و «ملای رومی» شاعر و عارف بزرگ قرن هفتم هجری است. مولوی در شهر بلخ زاده شد و در کودکی، به سبب مخالفت بعضی علمای دینی خراسان با پدرش، سفری دور و دراز و بی‌بازگشت را به شام و سپس آسیای صغیر (در آن زمان، روم خوانده می‌شد)، آغاز کرد. نهایتا خانواده مولوی، به دعوت علاءالدّین کیقباد، حاکم سلجوقی، به شهر قونیه رفتند و در آنجا ساکن شدند.

زندگی مولوی بدون شک، دو بخش متمایز دارد. این دو بخش، با واقعهٔ ملاقات مولوی با شمس تبریزی، عارف وارسته، از یکدیگر جدا می‌شوند. جلال‌الدّین که تا پیش از ملاقات شمس، یکی از عالمان دینی برجستهٔ قونیه بود؛ ناگهان کلاس درس و بحث دینی را رها می‌کند و به عالم عرفان قدم می‌گذارد. شرح ماجرای این تحول و مشکلات آن طولانی است؛ اما نتیجه آن بود که مولوی از یک عالم مذهبی در شهر قونیه، به یک شخصیت فرامکانی و فرازمانی تبدیل شد.

کتاب «دیوان شمس تبریزی» یکی از آثار معروف مولوی بلخی است. این کتاب مجموعه‌ای از اشعار مولوی در قالب‌های شعری مختلف است که به مناسبت حضور مدام نام و یاد شمس تبریزی، در این اشعار، به نام دیوان شمس تبریزی، نام‌بُردار شده است. آنچه در این اثر، بیش از هر چیز رخ می‌نماید؛ جوشش احساسات پاک و لطیف مولوی است. احساساتی که از روح شاد و پُرامید او سرچشمه می‌گیرند.

مجموعهٔ حاضر، با هدف گسترش ارتباط ایرانیان و فارسی‌زبانان سراسر دنیا با اشعار مولوی آماده شده است. در این اثر، برگزیده‌ای از اشعار دیوان شمس تبریزی، به شکلی زیبا و درست فراهم شده و به حضور شما خواننده گرامی تقدیم می‌شود. چاپ‌های متعدد و برگزیده‌هایی از دیوان شمس تبریزی توسط پژوهشگران و اندیشمندان زبان و ادبیات فارسی منتشر و روانه بازار شده است که هر یک در جایگاه خود، حائز اهمیت و قدر و ارزش هستند؛ اما از آنجا که بنای ما در این کتاب بر ارائهٔ یک اثر کم‌غلط و خواندنی برای عموم مردم بوده است؛ دست از نکته‌سنجی‌های موشکافانه کشیدیم و آن را به فرصتی دیگر وانهادیم؛ ازاین‌رو کتاب حاضر را با ویرایش مناسب فراهم کردیم. امیدواریم که این تلاش، بتواند جلوه‌گر فرهنگ عظیم ایران باشد.

شاد و سرخوش و خوش‌دل باشید.

فهرست مطالب

ای رستخیز ناگهان، وی رحمت بی‌منتها.. ۲۶
ای دل چه اندیشیده‌ای در عذر آن تقصیرها ۲۶
ای یوسف خوش‌نام ما خوش می‌روی بر بام ما.. ۲۸
من از کجا پند از کجا، باده بگردان ساقیا... ۲۹
جُرمی ندارم بیش از این کز دل هوادارم تو را.. ۳۰
ای از ورای پرده‌ها تاب تو تابستان ما ۳۱
ای عاشقان! ای عاشقان! آمد گه وصل و لقا ۳۲
ای یار ما، دلدار ما، ای عالم اسرار ما ۳۳
خواجه بیا، خواجه بیا، خواجه دگربار بیا... ۳۴
یار مرا غار مرا عشق جگرخوار مرا.. ۳۵
با لب او چه خوش بُوَد گفت و شنید و ماجرا... ۳۷
دی بنواخت یار من بندهٔ غم‌رسیده را... ۳۸
ای که تو ماه آسمان، ماه کجا و تو کجا؟ ۳۹
ای بگرفته از وفا گوشه کران چرا چرا؟ ۴۰
بهار آمد، بهار آمد، سلام آورد مستان را ۴۱
تو دیدی هیچ عاشق را که سیری بود از این سودا؟ ۴۲
آمد بت میخانه تا خانه برد ما را... ۴۳
معشوقه به سامان شد تا باد چنین بادا.. ۴۴

۸

از بهرِ خدا بنگر در رویِ چو زر جانا	45
ای گشته ز تو خندان بستان و گل رعنا	46
ای شاد که ما هستیم اندر غم تو جانا	46
زهی باغ، زهی باغ که بشکفت ز بالا	46
زهی عشق، زهی عشق که ما راست خدایا	47
دل و جان را در این حضرت بپالا	48
خبر کن ای ستاره یار ما را	48
تو بشکن چنگ ما را ای معلّا!	49
برای تو فدا کردیم جان‌ها	49
ای جان و قَوام جمله جان‌ها!	50
دیدم رخ خوب گلشنی را	50
ما را سفری فتاد بی‌ما	51
درد ما را در جهان درمان مبادا بی‌شما	52
جمله یارانِ تو سنگ‌اند و توی مرجان چرا؟	52
ای وصالت یک زمان بوده فراقت سال‌ها	53
دیده حاصل کن دلا! آنگه ببین تبریز را	54
ای هوس‌های دلم! بیا بیا بیا بیا	55
تو مرا جان و جهانی چه کنم جان و جهان را؟	55
بروید ای حریفان بِکِشید یار ما را	56
اگر آن می‌ای که خوردی به سحر، نبود گیرا	56

دیوان شمس تبریزی

تا به شب ای عارف شیرین‌نوا..	۵۷
از ورای سرّ دل بین شیوه‌ها..	۵۸
می‌شدی غافل ز اسرار قضا..	۵۸
ای دل رفته ز جا باز میا..	۵۹
آمد بهارِ جان‌ها ای شاخِ تَر به رقص آ...	۵۹
جانا قبول گردان این جست‌وجوی ما را...	۶۰
ای همه خوبی تو را پس تو که رایی که را؟.....................................	۶۱
باز بنفشه رسید جانب سوسن دوتا..	۶۱
درخت اگر متحرّک بدی ز جای به جا..	۶۲
بی‌یار مَهِل ما را بی‌یار مخُسب امشب...	۶۳
الا ای روی تو صد ماه و مهتاب...	۶۳
یا وصال یار باید یا حریفان را شراب...	۶۴
در هوایت بی‌قرارم روز و شب...	۶۴
آواز داد اختر بس روشن است امشب..	۶۵
تو را که عشق نداری، تو را رواست بخسب.....................................	۶۶
چشم‌ها وا نمی‌شود از خواب...	۶۶
آمده‌ام که تا به خود گوش کشان کشانمت.......................................	۶۷
آن نفسی که با خودی یار چو خار آیدت..	۶۸
بیایید بیایید که گلزار دمیده‌ست...	۶۸
سماع آرام جان زندگان است..	۶۹
تا نقش خیال دوست با ماست...	۶۹

گویم سخن شکرنباتت	۷۰
ساربانا اشتران بین سربه‌سر، قطار مست	۷۱
آن که بی‌باده کند جان مرا مست کجاست؟	۷۲
در دل و جان خانه کردی عاقبت	۷۳
بنمای رخ که باغ و گلستانم آرزوست	۷۴
بر عاشقان فریضه بُوَد جست‌وجوی دوست	۷۵
گر چپّ و راست طعنه و تشنیع بیهُده‌ست	۷۵
جانا جمال روح، بسی خوب و با فَر است	۷۶
پنهان مشو که روی تو بر ما مبارک است	۷۸
جان سوی جسم آمد و تن سوی جان نرفت	۷۹
ما را کنار گیر تو را خود کنار نیست	۷۹
هر نفس آواز عشق می‌رسد از چپّ و راست	۸۰
نوبت وصل و لقاست، نوبت حشر و بقاست	۸۱
باز درآمد به بزم، مجلسیان دوست دوست	۸۱
ای غم اگر مو شوی پیش مَنَت بار نیست	۸۲
بخند بر همه عالم که جای خنده تو راست	۸۲
شیر خدا بند گسستن گرفت	۸۲
باز رسیدیم ز میخانه مست	۸۳
ماه دیدم شد مرا سودای چرخ	۸۴
بی‌گاه شد، بی‌گاه شد، خورشید اندر چاه شد	۸۴

بی‌گاه شد، بی‌گاه شد، خورشید اندر چاه شد	۸۵
ای لولیان! ای لولیان! یک لولی‌ای دیوانه شد	۸۶
گر جان عاشق دم زند آتش در این عالم زند	۸۶
آن کیست آن؟ آن کیست آن؟ کاو سینه را غمگین کند	۸۷
امروز خندانیم و خوش کآن بخت خندان می‌رسد	۸۸
رندان سلامت می‌کنند جان را غلامت می‌کنند	۸۹
رو آن ربابی را بگو مستان سلامت می‌کنند	۹۰
سودای تو در جوی جان چون آب حیوان می‌رود	۹۱
آمد بهار عاشقان تا خاکدان بستان شود	۹۲
هین سخن تازه بگو تا دو جهان تازه شود	۹۳
آب زنید راه را هین که نگار می‌رسد	۹۳
بی‌همگان به سر شود بی‌تو به سر نمی‌شود	۹۳
چون که جمال حسن تو اسب شکار زین کند	۹۴
دلا نزد کسی بنشین که او از دل خبر دارد	۹۵
بهار آمد بهار آمد بهار مشک‌بار آمد	۹۶
مرا عاشق چنان باید که هر باری که برخیزد	۹۶
مرا عهدی‌ست با شادی که شادی آن من باشد	۹۷
برون شو ای غم از سینه که لطف یار می‌آید	۹۸
آن را که درون دل عشق و طلبی باشد	۹۹
آن کس که تو را دارد از عیش چه کم دارد؟	۹۹
نان‌پاره ز من بِستان جان پاره نخواهد شد	۱۰۰

خواب از پی آن آید تا عقل تو بستاند	100
جان پیش تو هر ساعت می‌ریزد و می‌روید	101
عاشق شده‌ای ای دل! سودات مبارک باد	101
هر ذره که بر بالا می نوشد و پا کوبد	102
ای دوست شکر بهتر یا آن که شکر سازد؟	102
نومید مشو جانا کاومید پدید آمد	103
عید آمد و عید آمد وآن بخت سعید آمد	103
بمیرید بمیرید در این عشق بمیرید	104
در کوی خرابات مرا عشق کشان کرد	104
تا نقش تو در سینه ما خانه‌نشین شد	105
ای قوم به حج رفته کجایید؟ کجایید؟	106
تدبیر کند بنده و تقدیر نداند	106
اگر عالم همه پرخار باشد	107
دلی دارم که گرد غم نگردد	107
چنان کز غم، دلِ دانا گریزد	108
ز خاک من اگر گندم برآید	108
ز رویت دستهٔ گل می‌توان کرد	109
کی باشد کاین قفس چمن گردد؟	110
ای عشق که جمله از تو شادند	111
هرچند که بلبلان گزین‌اند	111

رفتیم بقیّه را بقا باد	۱۱۲
این قافله بار ما ندارد	۱۱۳
بیچاره کسی که زر ندارد	۱۱۳
بیچاره کسی که می ندارد	۱۱۴
آن کس که ز جان خود نترسد	۱۱۴
برخیز که ساقی اندرآمد	۱۱۶
آن شعلهٔ نور می‌خرامد	۱۱۶
ساقی برخیز کآن مه آمد	۱۱۷
پیش از آن کاندر جهان باغ و می و انگور بود	۱۱۷
گر یکی شاخی شکستم من ز گلزاری چه شد؟	۱۱۸
قند بگشا ای صنم تا عیش را شیرین کند	۱۱۹
آمدم تا رو نهم بر خاک پای یار خود	۱۱۹
دل من کار تو دارد گل و گلنار تو دارد	۱۲۰
دل من رای تو دارد سر سودای تو دارد	۱۲۱
همه را بیازمودم ز تو خوش‌ترم نیامد	۱۲۲
بر سر آتش تو سوختم و دود نکرد	۱۲۳
بر سر کوی تو عقل از سر جان برخیزد	۱۲۳
لحظه‌ای قصّه‌کنان قصّهٔ تبریز کنید	۱۲۴
اندک اندک جمع مستان می‌رسند	۱۲۴
عشق اکنون مهربانی می‌کند	۱۲۵

صاف جان‌ها سوی گردون می‌رود	۱۲۵
شب شد و هنگام خلوتگاه شد	۱۲۶
مرگ ما هست عروسی ابد	۱۲۶
از دل رفته نشان می‌آید	۱۲۷
گل خندان که نخندد، چه کند؟	۱۲۸
ای آن که از عزیزی در دیده جات کردند	۱۲۸
یک خانه پرِ ز مستان، مستان نو رسیدند	۱۲۹
آه که بار دگر آتش در من فتاد	۱۲۹
اگر دمی بنوازد مرا نگار چه باشد؟	۱۳۰
اگر مرا تو نخواهی دلم تو را نگذارد	۱۳۱
شدم ز عشق به جایی که عشق نیز نداند	۱۳۱
بر آستانه اسرار آسمان نرسد	۱۳۲
به روز مرگ چو تابوت من روان باشد	۱۳۲
نگفتمت مرو آنجا که مبتلات کنند	۱۳۳
چو عشق را هوس بوسه و کنار بُوَد	۱۳۳
میان باغ، گل سرخ های‌وهو دارد	۱۳۴
اگر مرا تو نخواهی دلم تو را خواهد	۱۳۵
سیبَکی نیم سرخ و نیمی زرد	۱۳۵
دیده‌ها شب فراز باید کرد	۱۳۶
عید بر عاشقان مبارک باد	۱۳۶

دیوان شمس تبریزی

دوست همان بِه که بلاکش بُوَد..۱۳۷
آمد ترش‌رویی دگر یا زَمهریر است او مگر...۱۳۸
رو چشم جان را برگشا در بی‌دلان اندرنگر..۱۳۹
ما را خدا از بهر چه آورد؟ بهر شور و شر..۱۳۹
ذاتت عسل است ای جان، گفتت عسلی دیگر...۱۴۰
نیمیت ز زهر آمد، نیمی دگر از شکّر..۱۴۱
جفا از سر گرفتی یاد می‌دار...۱۴۲
به ساقی درنگر در مست منگّر..۱۴۲
صد بار بگفتمت نگهدار..۱۴۳
نزدیک توأم مرا مبین دور..۱۴۳
همه صیدها بکردی، هله میر بار دیگر..۱۴۴
عشق را با گفت و با ایما چه کار؟..۱۴۵
ای خیالت در دل من هر سَحور..۱۴۵
آمد بهار خرّم و آمد رسول یار..۱۴۶
عمر که بی‌عشق رفت هیچ حسابش مگیر...۱۴۶
تو شاخ خشک چرایی؟ به روی یار نگر...۱۴۷
عشق جان است، عشق تو جان‌تر..۱۴۷
مطربا عیش و نوش از سر گیر...۱۴۸
به سوی ما نگر چشمی برانداز..۱۴۹
چنان مستم، چنان مستم، من امروز..۱۴۹

ای خفته به یاد یار برخیز	151
سیر نگشت جان من، بس مکن و مگو که بس	151
حال ما بی‌آن مه زیبا مپرس	152
بیا که دانه لطیف است، رو ز دام مترس	153
دام دگر نهاده‌ام تا که مگر بگیرمش	153
پریشان باد پیوسته دل از زلف پریشانش	154
ما نعره به شب زنیم و خاموش	155
شده‌ام سپند حسنت وطنم میان آتش	156
آن مایی همچو ما دل‌شاد باش	156
باز فرود آمدیم بر در سلطان خویش	157
باز درآمد ز راه بی‌خود و سرمست دوش	158
جان من است او هی مزنیدش	158
ندا رسید به عاشق ز عالم رازش	159
گویند شاهِ عشق ندارد وفا دروغ	160
فریفت یار شکربار من مرا به طریق	161
آن میر دروغین بین با اسپک و با زینک	161
امروز بحمدالله از دی بَتَر است این دل	162
رفت عمرم در سرِ سودای دل	162
امروز روز شادی و امسال سال گل	163
دو چشم اگر بگشادی به آفتاب وصال	164

آمد بهار ای دوستان منزل سوی بستان کنیم	164
ای عاشقان ای عاشقان پیمانه را گم کرده‌ام	165
باز آمدم چون عیدِ نو، تا قفلِ زندان بشکنم	166
ای با من و پنهان چو دل از دل سلامت می‌کنم	168
تا من بدیدم روی تو ای ماه و شمع روشنم	170
باز آمدم باز آمدم از پیش آن یار آمدم	170
مرده بُدم زنده شدم گریه بُدم خنده شدم	171
تیز دَوَم تیز دَوَم تا به سواران برسم	172
آمده‌ام که سر نهم عشق تو را به سر برم	172
دوش چه خورده‌ای؟ بگو ای بت همچو شکّرم	173
تا که اسیر و عاشق آن صنم چو جان شدم	174
دلا مشتاق دیدارم غریب و عاشق و مستم	175
طواف حاجیان دارم به گرد یار می‌گردم	176
تو تا دوری ز من جانا چنین بی‌جان همی‌گردم	178
من دَلق گرو کردم، عریان خراباتم	179
یک لحظه و یک ساعت دست از تو نمی‌دارم	180
صورتگر نقّاشم، هر لحظه بتی سازم	181
ای کرده تو مهمانم در پیش درآ جانم	181
در عشق سلیمانی من همدم مرغانم	182
امروز خوشم با تو جان تو و فردا هم	182

دیوان شمس تبریزی

بی‌خود شده‌ام لیکن بی‌خودتر از این خواهم	۱۸۳
بیایید بیایید به گلزار بگردیم	۱۸۳
ما آتش عشقیم که در موم رسیدیم	۱۸۴
بشکن قدح باده که امروز چنانیم	۱۸۴
از شهر تو رفتیم تو را سیر ندیدیم	۱۸۵
چنان مست است از آن دم جان آدم	۱۸۶
ز زندان خلق را آزاد کردم	۱۸۶
همیشه من چنین مجنون نبودم	۱۸۷
مرا گویی که رایی؟ من چه دانم	۱۸۸
مرا پرسی که چونی؟ بین که چونم	۱۸۸
من از عالم تو را تنها گزینم	۱۸۹
بیا تا قدر یکدیگر بدانیم	۱۹۰
گر از غم عشق عار داریم	۱۹۱
تا با تو قرین شده‌ست جانم	۱۹۱
نی سیم و نه زر، نه مال خواهیم	۱۹۲
ای خوشا روزا که ما معشوق را مهمان کنیم	۱۹۲
چه کس‌ام من؟ چه کس‌ام من؟ که بسی وسوسه‌مندم	۱۹۳
منم آن عاشق عشقت که جز این کار ندارم	۱۹۴
به خدا کز غم عشقت نگریزم نگریزم	۱۹۵
چو غلام آفتابم هم از آفتاب گویم	۱۹۶

دیوان شمس تبریزی

عقل گوید که من او را به زبان بفریبیم ۱۹۷
عاشقم از عاشقان نگریختم ۱۹۷
عاشقی بر من پریشانت کنم ۱۹۸
آتشی نو در وجود اندرزدیم ۱۹۹
ما ز بالاییم و بالا می‌رویم ۱۹۹
من اگر پُر غم اگر شادانم ۲۰۰
صد بار مُردم ای جان، وین را بیازمودم ۲۰۱
خیزید عاشقان که سوی آسمان رویم ۲۰۱
ای تو تُرُش کرده رو تا که بترسانی‌ام ۲۰۲
پیش‌تر آ می لبا، تا همه شیدا شویم ۲۰۳
بار دگر ذرّه‌وار رقص‌کنان آمدیم ۲۰۳
نگفتمت مرو آنجا که آشنات منم ۲۰۴
مرا اگر تو نخواهی مَنَت به جان خواهم ۲۰۴
شد ز غمت خانهٔ سودا دلم ۲۰۵
بار دگر جانب یار آمدیم ۲۰۵
بیا بیا دلدار من دلدار من ۲۰۶
بیا بیا درویش من درویش من ۲۰۶
هرجا روم با من روی با من روی ۲۰۶
ای شمع من بس روشنی بس روشنی ۲۰۶
صبر مرا بر هم زدی بر هم زدی ۲۰۷

ای فخر من سلطان من سلطان من	۲۰۷
هرجا توی جنّت بود جنّت بود	۲۰۷
فضل خدا همراه تو همراه تو	۲۰۷
دزدیده چون جان می‌روی اندر میانِ جانِ من	۲۰۷
این کیست این؟ این کیست این؟ این یوسف ثانی‌ست این	۲۰۹
این کیست این؟ این کیست این؟ «هذا جنون العاشقین»	۲۱۰
ای باغبان ای باغبان، آمد خزان آمد خزان	۲۱۱
ای یار من ای یار من ای یار بی‌زنهار من	۲۱۳
پوشیده چون جان می‌روی، اندر میان جان من	۲۱۴
قصد جفاها نکنی ور بکنی با دل من	۲۱۶
آب حیات عشق را در رگ ما روانه کن	۲۱۷
ای شده از جفای تو جانب چرخ دود من	۲۱۷
سیر نمی‌شوم ز تو ای مه جان‌فزای من	۲۱۸
من طرب طرب منم، زُهره زند نوای من	۲۱۹
دوش چه خورده‌ای دلا؟ راست بگو نهان مکن	۲۲۰
مانده شده‌ست گوش من از پی انتظار آن	۲۲۱
باز بهار می‌کشد زندگی از بهار من	۲۲۱
چه دانستم که این سودا مرا زین‌سان کند مجنون	۲۲۲
عشق است بر آسمان پریدن	۲۲۲
دیر آمده‌ای مرو شتابان	۲۲۳

از ما مرو ای چراغ روشن	۲۲۳
چون ببینی آفتاب از روی دلبر یاد کن	۲۲۴
در میانِ ظلمتِ جانِ تو نورِ چیست آن؟	۲۲۵
هست عاقل هر زمانی در غم پیدا شدن	۲۲۵
مطربا نرمک بزن تا روح بازآید به تن	۲۲۶
هله نیم‌مست گشتم قدحی دگر مدد کن	۲۲۶
چون خیال تو درآید به دلم رقص‌کنان	۲۲۷
به خدا گل ز تو آموخت شکر خندیدن	۲۲۸
نَک بهاران شد صلا ای لولیان	۲۲۸
ای خدا این وصل را هجران مکن	۲۲۹
گفتی مرا که چونی؟ در روی ما نظر کن	۲۲۹
رو سر بِنه به بالین، تنها مرا رها کن	۲۳۰
جانا بیار باده و بختم بلند کن	۲۳۰
ای آن که از میانه کران می‌کنی، مکن	۲۳۱
یار شو و یار بین، دل شو و دلدار بین	۲۳۲
یک غزل آغاز کن بر صفت حاضران	۲۳۲
باز فروریخت عشق از در و دیوار من	۲۳۳
ای هوس عشق تو کرده جهان را زبون	۲۳۴
مکن مکن که روا نیست بی‌گنه کشتن	۲۳۴
با من صنما دل یک‌دله کن	۲۳۵

چند بوسه وظیفه تعیین کن	۲۳۵
چیست با عشق آشنا بودن؟	۲۳۶
شب که جهان است پر از لولیان	۲۳۶
مست رسید آن بت بی‌باک من	۲۳۷
جان منی جان منی جان من	۲۳۷
ای عاشقان ای عاشقان آن‌کس که بیند روی او	۲۳۸
حیلت رها کن عاشقا، دیوانه شو، دیوانه شو	۲۴۰
کار جهان هرچه شود کار تو کو؟ بار تو کو؟	۲۴۱
سخت خوش است چشم تو وآن رخ گل‌فشان تو	۲۴۲
هین کژ و راست می‌روی، باز چه خورده‌ای؟ بگو	۲۴۳
سنگ شکاف می‌کند در هوس لقای تو	۲۴۵
گشته‌ست تپان جانم ای جان و جهان برگو	۲۴۵
هم آگه و هم ناگه مهمان من آمد او	۲۴۶
ای یار قلندردل دل‌تنگ چرایی تو؟	۲۴۶
خوش خرامان می‌روی ای جانِ جان بی‌من مرو	۲۴۷
خُنُک آن دم که نشینیم در ایوان من و تو	۲۴۸
گر رود دیده و عقل و خرد و جان تو مرو	۲۴۸
من غلام قمرم غیر قمر هیچ مگو	۲۴۹
مطرب مهتاب رو آنچه شنیدی بگو	۲۵۰
این کیست این؟ این کیست این؟ شیرین و زیبا آمده	۲۵۰

یکی ماهی همی‌بینم برون از دیده در دیده	۲۵۱
من بی‌خود و تو بی‌خود ما را که بَرَد خانه؟	۲۵۲
اینجا کسی‌ست پنهان دامان من گرفته	۲۵۳
برگذری درنگری جز دل خوبان نبری	۲۵۴
هم نظری هم خبری هم قمران را قمری	۲۵۵
چشم تو خواب می‌رود یا که تو ناز می‌کنی؟	۲۵۵
تلخ کنی دهان من از قند به دیگران دهی	۲۵۶
ای جان و جهان آخر از روی نکوکاری	۲۵۷
ما می‌نرویم ای جان زین خانه دگر جایی	۲۵۷
برخیز که جان است و جهان است و جوانی	۲۵۸
ای جان گذر کرده از این گنبد ناری	۲۵۹
به کوی دل فرورفتم زمانی	۲۵۹
دیدی که چه کرد یار ما؟ دیدی؟	۲۶۰
روز طرب است و سال شادی	۲۶۱
ای آن که تو خواب ما ببستی	۲۶۱
در دو چشم من نشین ای آن که از من منتری	۲۶۲
تو ز عشق خود نپرسی که چه خوب و دل‌ربایی	۲۶۲
با من ای عشق امتحان‌ها می‌کنی	۲۶۳
گفتی شکار گیرم، رفتی شکار گشتی	۲۶۴
ای بُرده اختیارم تو اختیار مایی	۲۶۵

سوگند خورده‌ای که از این پس جفا کنی	266
فرست بادهٔ جان را به رسم دلداری	266
به من نگر که به‌جز من به هرکه درنگری	267
بیا بیا که چو آب حیات درخوردی	267
اگر تو همره بلبل ز بهر گُلزاری	268
بیا بیا که شدم در غم تو سودایی	268
بداد پندم استاد عشق ز استادی	269
شاد آمدی شاد آمدی ناگه ز در باز آمدی	269
اگرت مراد باشد که نمیریّ و بمانی	270
سوی باغ ما نظر کن بنگر بهار باری	270
چشم منش چون بدید گفت که نور منی	271
در دل من پردهٔ نو می‌زنی	271
چند اندر میان غوغایی	272
در غم یار، یار بایستی	272
مستم از باده‌های پنهانی	273
سلطان منی سلطان منی	274

ای رستخیز ناگهان، وی رحمت بی‌منتها
ای آتشی افروخته، در بیشهٔ اندیشه‌ها
امروز خندان آمدی، مفتاح زندان آمدی
بر مستمندان آمدی، چون بخشش و فضل خدا
خورشید را حاجب تویی، اومید را واجب تویی
مطلب تویی، طالب تویی، هم منتها هم مبتدا
در سینه‌ها برخاسته، اندیشه را آراسته
هم خویش حاجت خواسته، هم خویشتن کرده روا
ای روح‌بخش بی‌بدل، وی لذّت علم و عمل
باقی بهانه‌ست و دغل، کاین علّت آمد وآن دوا
ما زآن دغل کژبین شده، با بی‌گنه در کین شده
گه مست حورالعین شده، گهْ مست نان و شوربا
این سُکر بین هِل عقل را، وین نُقل بین هِل نَقل را
کز بهر نان و بَقل را، چندین نشاید ماجرا
تدبیر صد رنگ افکنی، بر روم و بر زنگ افکنی
و اندر میان جنگ افکنی، «فی اِصطِناعٍ لا یُری»
می‌مال پنهان گوش جان، می‌نه بهانه بر کسان
جان «رَبِّ خَلِّصنی» زنان، والله که لاغ است ای کیا
خامُش که بس مُستَعجِلَم، رفتم سوی پای علم
کاغذ بنه بشکن قلم، ساقی درآمد الصّلا

* * *

ای دل چه اندیشیده‌ای در عذر آن تقصیرها
زآن سوی او چندان وفا، زین سوی تو چندین جفا

زآن سوی او چندان کرم، زین سو خلاف و بیش و کم
زآن سوی او چندان نِعَم، زین سوی تو چندین خطا
زین سوی تو چندین حسد، چندین خیال و ظنّ بد
زآن سوی او چندان کشش، چندان چشش، چندان عطا
چندین چشش از بهر چه؟ تا جان تلخت خوش شود
چندین کشش از بهر چه؟ تا دررسی در اولیا
از بد پشیمان می‌شوی، الله‌گویان می‌شوی
آن دم تو را او می‌کشد تا وارهاند مَر تو را
از جرم ترسان می‌شوی وز چاره پرسان می‌شوی
آن لحظه ترساننده را با خود نمی‌بینی چرا؟
گر چشم تو بربست او، چون مهره‌ای در دست او
گاهی بغلتاند چنین، گاهی ببازد در هوا
گاهی نهد در طبع تو، سودای سیم و زرّ و زن
گاهی نهد در جان تو، نور خیال مصطفی
این سو کشان سوی خوشان وآن سو کشان با ناخوشان
یا بگذرد یا بشکند، کشتی در این گردابها
چندان دعا کن در نهان، چندان بنال اندر شبان
کز گنبد هفت آسمان، در گوش تو آید صدا
بانگ شُعَیب و ناله‌اش وآن اشک همچون ژاله‌اش
چون شد ز حد، از آسمان آمد سحرگاهش ندا
گر مجرمی بخشیدمت وز جُرم آمرزیدمت
فردوس خواهی دادمت، خامُش رها کن این دعا

گفتا نه این خواهم نه آن، دیدار حق خواهم عیان
گر هفت بحر آتش شود، من دررَوَم بهر لقا
گر راندهٔ آن منظرم، بسته‌ست از او چشمِ تَرَم
من در جَحیم اولی‌ترم، جنّت نشاید مر مرا
جنّت مرا بی‌روی او، هم دوزخ است و هم عدو
من سوختم زین رنگ و بو، کو فرّ انوار بقا؟
گفتند باری کم گِری تا کم نگردد مبصری
که چشم نابینا شود، چون بگذرد از حد بُکا
گفت اَر دو چشمم عاقبت خواهند دیدن آن صفت
هر جزو من چشمی شود، کی غم خورم من از عَمی؟
ور عاقبت این چشم من محروم خواهد ماندن
تا کور گردد آن بصر کاو نیست لایق دوست را
اندر جهان هر آدمی، باشد فدای یار خود
یارِ یکی انبان خون، یارِ یکی شمس ضیا
چون هر کسی درخورد خود، یاری گزید از نیک و بد
ما را دریغ آید که خود فانی کنیم از بهر لا
روزی یکی همراه شد با بایزید اندر رهی
پس بایزیدش گفت، چه پیشه گزیدی ای دغا؟
گفتا که من خَربَنده‌ام، پس بایزیدش گفت رو
یا رب خرش را مرگ ده تا او شود بنده خدا

***

ای یوسف خوش‌نام ما خوش می‌روی بر بام ما
ای درشکسته جام ما ای بردریده دام ما

ای نـور مـا! ای سـور مـا ای دولـت مـنصور ما
جوشی بنه در شور ما تا می شود انگور ما

ای دلـبر و مـقصود مـا ای قـبله و مـعبود ما
آتـش زدی در عـود مـا نـظّاره کـن در دود ما

ای یـار مـا عیّـار مـا دام دل خمّـار مـا
پا وامـکش از کـار مـا بـستان گرو دستار ما

در گِل بمانده پای دل، جان می‌دهم، چه جای دل؟
وز آتـش سـودای دل، ای وای دل، ای وای ما

٭ ٭ ٭

مـن از کجا پند از کجا، بـاده بـگردان ساقیا
آن جـام جـان‌افزای را، بـرریز بـر جان ساقیا

بـر دسـت مـن نِه جام جـان، ای دستگیر عاشقان
دور از لـب بـیگانگان، پـیش آر پـنهان ساقیا

نـانی بـده نـان‌خواره را، آن طامـع بـیچاره را
آن عاشـق نـان‌باره را، کنجی بخُسبان ساقیا

ای جـانِ جـانِ جـانِ جان، مـا نـامدیم از بهر نان
بـرجَه گدارویـی مـکن، در بـزم سـلطان ساقیا

اول بـگیر آن جـامِ مِـه، بـر کـفّهٔ آن پـیر نِه
چـون مست گـردد پیرِ دِه، رُو سـوی مستان ساقیا

رو سخت کن ای مُرتَجا، مست از کجا، شـرم از کجا
ور شرم داری، یک قـدح بـر شـرم افشان ساقیا

بـرخیز ای سـاقی بـیا، ای دشـمن شـرم و حیا
تا بخت ما خندان شـود، پیش آی خندان ساقیا

***

جُرمی ندارم بیش از این کز دل هوادارم تو را
از زعفران روی من رو می‌بگردانی چرا؟
یا این دل خون‌خواره را لطف و مراعاتی بکن
یا قوّت صبرش بده در «یَفعَل الله ما یَشا»
این دو ره آمد در روش یا صبر یا شکر نعم
بی‌شمع روی تو، نتان دیدن مر این دو راه را
هرگه بگردانی تو رو، آبی ندارد هیچ جو
کی ذرّه‌ها پیدا شود بی‌شعشعهٔ شمس الضّحی
بی‌بادهٔ تو کی فتد در مغز نغز آن مستی‌ای
بی‌عصمت تو کی رَوَد شیطان به «لاحول و لا»
نی قرص سازد قرصی‌ای، مطبوخ هم مطبوخی‌ای
تا درنیندازی کفی ز اَهلیلهٔ خود در دوا
امرت نغرّد کی رَوَد خورشید در برج اسد؟
بی‌تو کجا جنبد رگی در دست و پای پارسا؟
در مرگ، هشیاری نهی، در خواب، بیداری نهی
در سنگ سقّایی نهی، در برق میرنده وفا
سیل سیاه شب بَرَد هرجا که عقل است و خرد
زآن سیلشان کی واخَرَد جز مشتریِ «هَل أَتی»
ای جانِ جانِ جزو و کل، وی حلّه‌بخش باغ و گل
وی کوفته هر سو دُهُل، کای جان حیران الصّلا
هرکس فریباند مرا تا عُشر بستاند مرا
آن کِم دهد فهم بیا گوید که پیش من بیا

زآن سو که فهمت می‌رسد، باید که فهم آن سو رود
آن کِت دهد طالَ بقا، او را سزد طالَ بقا

هم او که دل‌تنگت کند، سرسبز و گل‌رنگت کند
هم اوت آرَد در دعا، هم او دهد مزد دعا

هم ری و بی و نون را کرده‌ست مقرون با الف
در باد دم اندر دهن تا خوش بگویی ربّنا

لبیّک لبیّک ای کرم، سودای توست اندر سرم
ز آب تو چرخی می‌زنم، مانند چرخ آسیا

هرگز نداند آسیا مقصود گردش‌های خود
کاستون قوت ماست او یا کسب‌وکار نانبا

آبیش گردان می‌کند، او نیز چرخی می‌زند
حق آب را بسته کند، او هم نمی‌جنبد ز جا

خامش که این گفتار ما می‌پرّد از اسرار ما
تا گوید او که گفت او هرگز بننماید قفا

***

ای از ورای پرده‌ها تاب تو تابستان ما
ما را چو تابستان ببر، دل‌گرم تا بُستان ما

ای چشم جان را توتیا آخر کجا رفتی بیا
تا آب رحمت برزند از صحن آتشدان ما

تا سبزه گردد شوره‌ها تا روضه گردد گورها
انگور گردد غوره‌ها تا پخته گردد نان ما

ای آفتاب جان و دل، ای آفتاب از تو خجل
آخر ببین کاین آب و گل، چون بست گرد جان ما

شد خارها گلزارها از عشق رویت بارها
تا صدهزار اقرارها افکند در ایمان ما

ای صورت عشق ابد، خوش رو نمودی در جسد
تا ره بری سوی اَحَد، جان را از این زندان ما

در دود غم بگشا طرب، روزی نما از عین شب
روزی غریب و بوالعجب، ای صبح نورافشان ما

گوهر کنی خرمهره را، زَهره بدرّی زُهره را
سلطان کنی بی‌بهره را، شاباش ای سلطان ما

کاو دیده‌ها درخورد تو تا دررسد در گرد تو
کاو گوش هوش‌آورد تو تا بشنود برهان ما

چون دل شود احسان‌شُمَر، در شِکّر آن شاخِ شکر
نعره برآرَد چاشنی از بیخ هر دندان ما

آمد ز جان بانگ دهل تا جزوها آید به کل
ریحان به ریحان، گل به گل، از حبس خارستان ما

* * *

ای عاشقان! ای عاشقان! آمد گه وصل و لقا
از آسمان آمد ندا کای ماه‌رویان الصّلا

ای سرخوشان، ای سرخوشان، آمد طرب دامن‌کشان
بگرفته ما زنجیر او، بگرفته او دامان ما

آمد شراب آتشین، ای دیو غم کنجی نشین
ای جان مرگ‌اندیش رو، ای ساقی باقی درآ

ای هفت گردون مست تو، ما مهره‌ای در دست تو
ای هست ما از هست تو، در صدهزاران مرحبا

ای مطرب شیرین‌نفس، هر لحظه می‌جنبان جرس
ای عیش زین نه بر فَرَس، بر جان ما زن ای صبا
ای بانگ نای خوش سَمَر، در بانگ تو طعم شکر
آید مرا شام و سحر از بانگ تو بوی وفا
بار دگر آغاز کن، آن پرده‌ها را ساز کن
بر جمله خوبان ناز کن، ای آفتاب خوش‌لقا
خاموش کن، پرده مدر، سَغراق خاموشان بخور
ستّار شو، ستّار شو، خو گیر از حلم خدا

* * *

ای یار ما، دلدار ما، ای عالم اسرار ما
ای یوسف دیدار ما، ای رونق بازار ما
نَک بر دم امسال ما، خوش عاشق آمد پار ما
ما مفلسانیم و تویی صد گنج و صد دینار ما
ما کاهلانیم و تویی صد حجّ و صد پیکار ما
ما خفتگانیم و تویی صد دولت بیدار ما
ما خستگانیم و تویی صد مرهم بیمار ما
ما بس خرابیم و تویی هم از کَرَم معمار ما
من دوش گفتم عشق را ای خسرو عیّار ما
سر درمکش، منکر مشو، تو بُرده‌ای دستار ما
واپس جوابم داد او، نی از تو است این کار ما
چون هرچه گویی وادهد، همچون صدا کُهسار ما
من گفتمش، خود ما کُهیم و این صدا گفتار ما
زیرا کِه کُه را اختیاری، نبوَد ای مختار ما

***

خواجه بیا، خواجه بیا، خواجه دگر بار بیا
دفع مده، دفع مده، ای مه عیّار بیا

عاشق مهجور نگر، عالم پرشور نگر
تشنهٔ مخمور نگر، ای شه خمّار بیا

پای تویی، دست تویی، هستی هر هست تویی
بلبل سرمست تویی، جانب گلزار بیا

گوش تویی، دیده تویی وز همه بگزیده تویی
یوسفِ دزدیده تویی، بر سر بازار بیا

ای ز نظر گشته نهان، ای همه را جان و جهان
بار دگر رقص‌کنان، بی‌دل و دستار بیا

روشنی روز تویی، شادی غمسوز تویی
ماه شب‌افروز تویی، ابر شکربار بیا

ای عَلَم عالم نو، پیش تو هر عقل گرو
گاه میا، گاه مرو، خیز به یکبار بیا

ای دل آغشته به خون، چند بوَد شور و جنون
پخته شد انگور کنون، غوره میفشار بیا

ای شب آشفته برو، وی غم ناگفته برو
ای خرد خفته برو، دولت بیدار بیا

ای دل آواره بیا وی جگر پاره بیا
ور ره در بسته بوَد، از ره دیوار بیا

ای نفس نوح بیا وی هوس روح بیا
مرهم مجروح بیا، صحّت بیمار بیا

ای مَه افروختـه‌رو، آب روان در دل جو
شادی عشّاق بجو، کوری اغیار بیا
بس بوَد ای ناطق جان، چند از این گفت زبان
چند زنی طبل بیان، بی‌دم و گفتار بیا

***

یار مرا غار مرا عشق جگرخوار مرا
یار تویی غار تویی خواجه نگهدار مرا

نوح تویی روح تویی فاتح و مفتوح تویی
سینهٔ مشروح تویی بر در اسرار مرا

نور تویی سور تویی دولت منصور تویی
مرغ کُهِ طور تویی خسته به منقار مرا

قطره تویی بحر تویی لطف تویی قهر تویی
قند تویی زهر تویی بیش میازار مرا

حجرهٔ خورشید تویی خانهٔ ناهید تویی
روضهٔ امّید تویی راه ده ای یار مرا

روز تویی روزه تویی حاصل دریوزه تویی
آب تویی کوزه تویی آب دِه این بار مرا

دانه تویی دام تویی باده تویی جام تویی
پخته تویی خام تویی خام بِمَگذار مرا

این تن اگر کم تَنَدی راه دلم کم زندی
راه شدی تا نبُدی این‌همه گفتار مرا

***

رَستم از این نفْس و هوا، زنده بلا، مرده بلا
زنده و مرده، وطنم نیست به‌جز فضل خدا
رَستم از این بیت و غزل، ای شَه و سلطان ازل
مُفْتَعِلُن مُفْتَعِلُن مُفْتَعِلُن کشت مرا
قافیه و مغلطه را گو همه سیلاب ببر
پوست بوَد، پوست بوَد، درخور مغز شعرا
ای خَمُشی مغز منی، پردهٔ آن نغز منی
کمتر فضل خمشی، کِش نبود خوف و رجا
بر دِهِ ویران نبوَد، عُشر زمین کوچ و قَلان
مست و خرابم مَطَلَب در سخنم نقد و خطا
تا که خرابم نکند کی دهد آن گنج به من
تا که به سیلم ندهد کی کشدم بحر عطا
مرد سخن را چه خبر از خمشی همچو شکر؟
خشک چه داند چه بود تَرلَلَلا تَرلَلَلا؟
آینه‌ام آینه‌ام مرد مقالات نه‌ام
دیده شود حال من اَر چشم شود گوش شما
دست فشانم چو شجر چرخ‌زنان همچو قمر
چرخ من از رنگ زمین پاک‌تر از چرخ سَما
عارف گوینده بگو تا که دعای تو کنم
چون که خوش و مست شوم هر سحری وقت دعا
دلق من و خرقهٔ من از تو دریغی نبود
وآنکه ز سلطان رسدم، نیم مرا، نیم تو را
از کف سلطان رسدم ساغر و سَغراق قدم
چشمهٔ خورشید بوَد، جرعهٔ او را چو گدا

من خَمُشم، خسته‌گلو، عارف گوینده بگو
زآنکه تو داوددَمی، من چو کُهَم رفته ز جا

***

با لب او چه خوش بُوَد گفت و شنید و ماجرا
خاصه که در گشاید و گوید خواجه اندرآ
با لب خشک گوید او قصّهٔ چشمهٔ خضر
بر قد مرد می‌بُرَد دَرزی عشق او قبا
مست شوند چشمها از سَکَرات چشم او
رقص‌کنان درختها پیش لطافت صبا
بلبل با درختِ گل گوید چیست در دلت؟
این دم در میان بِنِه، نیست کسی، تویی و ما
گوید تا تو با تویی هیچ مدار این طمع
جهد نمای تا بری رخت توی از این سرا
چشمهٔ سوزنِ هوس تنگ بوَد یقین بدان
ره ندهد به ریسمان چون که ببیندش دوتا
بنگر آفتاب را تا به گلو در آتشی
تا که ز روی او شود، روی زمین پر از ضیا
چون که کلیم حق بشد سوی درخت آتشین
گفت من آب کوثرم کفش برون کن و بیا
هیچ مترس ز آتشم، زآنکه من آبم و خوَشم
جانب دولت آمدی صدر تو راست مرحبا
جوهری‌ای و لعل کان، جان مکان و لامکان
نادرهٔ زمانه‌ای، خلق کجا و تو کجا!

بـارگــه عطــا شــود از کــف عشــق هــر کفــی
کــارگــه وفــا شــود از تـو جهــان بی‌وفــا

ز اوّل روز آمــدی ساغــر خسـروی بـه کـف
جانــب بــزم می‌کشــی جـان مـرا کـه الصّـلا

دل چه شود؟ چو دستِ دل، گیرد دست دلبری
مـس چه شـود؟ چو بشنـود بانـگ و صـلای کیمیا

آمــد دلبــری عجب نیــزه بـه دسـت چـون عرب
گـفتـم هـست خـدمتـی، گفت تعـال عنـدنا

جَست دلــم که مــن دَوَم گفت خرد که مــن رَوَم
کــرد اشــارت از کَــرَم گفت بلـی کـلا کمـا

خوان چو رسیـد از آسمــان، دست بشوی و هم دهان
تــا کــه نیایـد از کــفت بــوی پیــاز و گنـدنا

کــانِ نمــک رســیـد هیــن گر تو ملیــح و عاشـقی
کـاس ستــان و کاسه ده، شـور گزیـن، نـه شوربـا

بستـه کنـم مـن ایـن دو لب تـا که چـراغ روز و شـب
هــم بــه زبانـهٔ زبــان گــویـد قصّــه بـا شمـا

***

دی بنـواخــت یـار مــن بنـدهٔ غم‌رسیـده را
داد ز خویــش چاشنــی جـان ستـم‌چشیــده را

هــوش فـزود هــوش را حلقـه نمــود گـوش را
جوش نمــود نــوش را نــور فــزود دیــده را

گفت که ای نــزار مــن خستــه و ترسگـار مـن
مـن نفـروشــم از کــرم بنــدهٔ خودخریــده را

بین که چه داد می‌کند، بین چه گشاد می‌کند
یوسف یاد می‌کند، عاشق کف‌بریده را
داشت مرا چو جان خَود، رفت ز من گمان بد
بر کتفم نهاد او خلعت نورسیده را
عاجز و بی‌کسم مبین، اشکِ چو اطلسم مبین
در تن من کشیده بین اطلس زرکشیده را
هر که بوَد در این طلب، بس عجب است و بوالعجب
صد طرب است در طرب، جانِ ز خود رهیده را
چاشنی جنون او خوش‌تر یا فسون او
چون که نهفته لب گزد، خستهٔ غم‌گزیده را
وعده دهد به یار خود، گل دهد از کنار خود
پر کند از خمار خود، دیدهٔ خون چکیده را
کحل نظر در او نهد، دست کرم بر او زند
سینه بسوزد از حسد، این فلک خمیده را
جام می الست خود خویش دهد به سمت خود
طبل زند به دست خود، باز دل پریده را
بهر خدای را خَمُش، خوی سکوت را مکش
چون که عصیده می‌رسد، کوته کن قصیده را
مفتعلن مفاعلن مفتعلن مفاعلن
در مگشا و کم نما گلشن نورسیده را

* * *

ای که تو ماه آسمان، ماه کجا و تو کجا؟
در رخ مه کجا بُوَد، این کر و فر و کبریا؟

جمله به ماه عاشق و ماه اسیر عشق تو
نالـه‌کنان ز درد تو لابه‌کنان که ای خدا

سجده کنند مِهر و مه، پیش رخ چو آتشت
چون که کند جمال تو با مه و مهر ماجرا

آمد دوش مَه که تا سجده بَرَد به پیش تو
غیرت عاشقان تو نعره‌زنان که رو، میا

خوش بخرام بر زمین تا شکفند جان‌ها
تا که ملک فروکند سر ز دریچهٔ سما

چون که شود ز روی تو برق جهنده هر دلی
دست به چشم برنهد از پی حفظ دیده‌ها

هرچه بیافت باغ دل از طرب و شکفتگی
از دی این فراق شد، حاصل او همه هبا

زرد شده‌ست باغ جان، از غم هجر چون خزان
کی برسد بهار تو تا بنمایی‌اش نما؟

بر سر کوی تو دلم، زار نزار خفت دی
کرد خیال تو گذر، دید بدان صفت ورا

گفت چگونه‌ای از این عارضهٔ گران؟ بگو
کز تُنُکی ز دیده‌ها رفت تن تو در خفا

گفت و گذشت او ز من، لیک ز ذوق آن سخن
صحّت یافت این دلم، یا رب تُش دهی جزا

***

ای بگرفته از وفا گوشه کران چرا چرا؟
بر من خسته کرده‌ای روی گران چرا چرا؟

بر دل من که جای توست، کارگه وفای توست
هر نفسی همی‌زنی زخم سنان چرا چرا؟

گوهر نو به گوهری، بُرد سَبَق ز مشتری
جان و جهان همی‌بری، جان و جهان چرا چرا؟

چشمهٔ خضر و کوثری، ز آب حیات خوشتری
ز آتش هجر تو منم خشک‌دهان چرا چرا؟

مهر تو جان نهان بُوَد، مهر تو بی‌نشان بُوَد
در دل من ز بهر تو، نقش و نشان چرا چرا؟

گفت که جان جان منم دیدن جان طمع مکن
ای بنموده روی تو صورت جان چرا چرا؟

ای تو به نور مستقل، وی ز تو اختران خجل
بس دودلی میان دل ز ابر گمان چرا چرا؟

* * *

بهار آمد، بهار آمد، سلام آورد مستان را
از آن پیغامبر خوبان پیام آورد مستان را

زبان سوسن از ساقی کرامت‌های مستان گفت
شنید آن سرو از سوسن، قیام آورد مستان را

ز اوّل باغ در مجلس نثار آورد آنگه نقل
چو دید از لالهٔ کوهی که جام آورد مستان را

ز گریه ابر نیسانی دم سرد زمستانی
چه حیلت کرد کز پرده به دام آورد مستان را

سَقاهُم ربُّهم خوردند و نام و ننگ گم کردند
چو آمد نامهٔ ساقی چه نام آورد مستان را

درون مجمر دل‌ها سپند و عود می‌سوزد
که سرمای فراق او زُکام آورد مستان را
درآ در گلشن باقی، برآ بر بام کآن ساقی
ز پنهان‌خانهٔ غیبی پیام آورد مستان را
چو خوبان حلّه پوشیدند درآ در باغ و پس بنگر
که ساقی هرچه درباید تمام آورد مستان را
که جان‌ها را بهار آورد و ما را روی یار آورد
ببین کز جمله دولت‌ها کدام آورد مستان را
ز شمس‌الدّین تبریزی به ناگه ساقی دولت
به جام خاص سلطانی مدام آورد مستان را

* * *

تو دیدی هیچ عاشق را که سیری بود از این سودا؟
تو دیدی هیچ ماهی را که او شد سیر از این دریا؟
تو دیدی هیچ نقشی را که از نقاش بگریزد؟
تو دیدی هیچ وامق را که عذرا خواهد از عذرا؟
بوَد عاشق فراق اندر، چو اسمی خالی از معنی
ولی معنی چو معشوقی فراغت دارد از اسما
تویی دریا، منم ماهی، چنان دارم که می‌خواهی
بکن رحمت، بکن شاهی که از تو مانده‌ام تنها
اَیا شاهنشه قاهر، چه قحط رحمت است آخر
دمی که تو نه‌ای حاضر، گرفت آتش چنین بالا
اگر آتش تو را بیند، چنان در گوشه بنشیند
کز آتش هر که گل چیند، دهد آتش گل رعنا

عذاب است این جهان بی‌تو، مبادا یک زمان بی‌تو
به جان تو که جان بی‌تو، شکنجه‌ست و بلا بر ما

خیالت همچو سلطانی، شد اندر دل خرامانی
چنان کآید سلیمانی، درون مسجد اقصی

هزاران مشعله برشد، همه مسجد منوّر شد
بهشت و حوض کوثر شد، پر از رضوان، پر از حورا

تعالی الله تعالی الله، درون چرخ چندین مه
پر از حور است این خرگه، نهان از دیدهٔ اَعمی

زهی دلشاد مرغی کاو، مقامی یافت اندر عشق
به کوه قاف کی یابد مقام و جای، جز عنقا؟

زهی عنقای ربّانی، شهنشه شمس تبریزی
که او شمسی‌ست، نی شرقی و نی غربی و نی در جا

***

آمد بت میخانه تا خانه برد ما را
بنمود بهار نو تا تازه کند ما را

بگشاد نشان خود بربست میان خود
پر کرد کمان خود تا راه زند ما را

صد نکته دراندازد، صد دام و دغل سازد
صد نرد عجب بازد، تا خوش بخورد ما را

رو سایهٔ سروش شو، پیش و پس او می‌دو
گرچه چو درخت نو از بُن بکند ما را

گر هست دلش خارا، مگریز و مرو یارا
کاوّل بکشد ما را و آخر بکشد ما را

دیوان شمس تبریزی

چون ناز کند جانان، اندر دل ما پنهان
بر جملهٔ سلطانان، صد ناز رسد ما را
بازآمد و بازآمد، آن عمر دراز آمد
آن خوبی و ناز آمد تا داغ نهد ما را
آن جان و جهان آمد وآن گنج نهان آمد
وآن فخر شهان آمد تا پرده دَرَد ما را
می‌آید و می‌آید، آن کس که همی‌باید
وز آمدنش شاید گر دل بجهد ما را
شمس الحق تبریزی در برج حمل آمد
تا بر شجر فطرت، خوش خوش بپزد ما را

* * *

معشوقه به سامان شد تا باد چنین بادا
کفرش همه ایمان شد تا باد چنین بادا
ملکی که پریشان شد، از شومی شیطان شد
باز آن سلیمان شد تا باد چنین بادا
یاری که دلم خستی، در بر رخ ما بستی
غمخوارهٔ یاران شد تا باد چنین بادا
هم باده جدا خوردی، هم عیش جدا کردی
نک سردهٔ مهمان شد تا باد چنین بادا
زآن طلعت شاهانه زآن مشعلهٔ خانه
هر گوشه چو میدان شد تا باد چنین بادا
زآن خشم دروغینش زآن شیوهٔ شیرینش
عالم شکرستان شد تا باد چنین بادا
شب رفت صبوح آمد، غم رفت فتوح آمد
خورشید درخشان شد تا باد چنین بادا
از دولت محزونان وز همّت مجنونان
آن سلسله‌جنبان شد تا باد چنین بادا
عید آمد و عید آمد، یاری که رمید آمد
عیدانه فراوان شد تا باد چنین بادا
ای مطرب صاحب‌دل، در زیر مکن منزل
کان زُهره به میزان شد تا باد چنین بادا
درویش فریدون شد، همکیسهٔ قارون شد
همکاسهٔ سلطان شد تا باد چنین بادا

آن بادِ هوا را بین ز افسونِ لبِ شیرین　　با نای در افغان شد تا باد چنین بادا
فرعون بدان سختی، با آن همه بدبختی　　نک موسیِ عمران شد تا باد چنین بادا
آن گرگ بدان زشتی با جهل و فرامُشتی　　نَک یوسف کنعان شد تا باد چنین بادا
شمس الحق تبریزی از بس که درآمیزی　　تبریز خراسان شد تا باد چنین بادا
از اسلم شیطانی شد نفس تو ربّانی　　ابلیس مسلمان شد تا باد چنین بادا
آن ماه چو تابان شد، کَونین گلستان شد　　اشخاص همه جان شد تا باد چنین بادا
بر روح برافزودی تا بود چنین بودی　　فرّ تو فروزان شد تا باد چنین بادا
قهرش همه رحمت شد، زهرش همه شربت شد　　ابرش شکرافشان شد تا باد چنین بادا
از کاخ چه رنگستش وز شاخ چه تنگستش　　این گاو چو قربان شد تا باد چنین بادا
ارضی چو سمایی شد، مقصود سنایی شد　　این بود، همه آن شد تا باد چنین بادا
خاموش که سرمستم، بربست کسی دستم　　اندیشه پریشان شد تا باد چنین بادا

***

از بهر خدا بنگر در رویِ چو زر جانا　　هرجا که روی ما را با خویش ببر جانا
چون در دل ما آیی، تو دامن خود برکش　　تا جامه نیالایی از خون جگر جانا
ای ماه برآ آخر بر کوریِ مه‌رویان　　ابری سیه اندرکش در روی قمر جانا
زآن روز که زادی تو ای لب‌شکر از مادر　　آوَه که چه کاسد شد بازار شکر جانا
گفتی که سلام علیک بگرفت همه عالم　　دل سجده درافتاده جان بسته کمر جانا
چون شمع بُدم سوزان، هر شب به سحر کُشته　　امروز بنشناسم شب را ز سحر جانا
شمس الحق تبریزی شاهنشه خون‌ریزی　　ای بحر کمربسته پیش تو گهر جانا

* * *

ای گشته ز تو خندان بستان و گل رعنا
پیوسته چنین بادا چون شیر و شکر با ما

ای چرخ تو را بنده وی خلق ز تو زنده
احسنت زهی خوابی شاباش زهی زیبا

دریای جمال تو چون موج زند ناگه
پرگنج شود پستی، فردوس شود بالا

هر سوی که روی آری در پیش تو گل روید
هرجا که رَوی، آیی، فرشت همه زر بادا

وآن دم که ز بدخویی، دشنام و جفا گویی
می‌گو که جفای تو حلواست همه حلوا

گرچه دل سنگستش، بنگر که چه رنگستش
کز مشعله ننگستش وز رنگ گل حمرا

یا رب دل بازش ده صد عمر درازش ده
فخرش ده و نازش ده تا فخر بوَد ما را

* * *

ای شاد که ما هستیم اندر غم تو جانا
هم محرم عشق تو هم محرم تو جانا

هم ناظر روی تو هم مست سبوی تو
هم شِسته به نظّاره بر طارم تو جانا

تو جانِ سلیمانی آرامگهِ جانی
ای دیو و پری شیدا از خاتم تو جانا

ای بیخودیِ جان‌ها در طلعت خوب تو
ای روشنی دل‌ها اندر دم تو جانا

در عشق تو خمّارم در سر ز تو می دارم
از حسن جمالات پرخرّم تو جانا

تو کعبهٔ عشّاقی شمس‌الحق تبریزی
زمزم شکر آمیزد از زمزم تو جانا

* * *

زهی باغ، زهی باغ که بشکفت ز بالا
زهی قدر و زهی بدر تبارک و تعالی

زهی فر، زهی نور، زهی شر، زهی شور
زهی گوهر منثور، زهی پشت و تولّا

زهی ملک، زهی مال، زهی قال، زهی حال
زهی پرّ و زهی بال، بر افلاک تجلّا

چو جان سلسله‌ها را بدرّد به حرونی چه ذالنّون، چه مجنون، چه لیلی و چه لیلا
علم‌های الهی ز پس کوه برآمد چه سلطان و چه خاقان، چه والی و چه والا
چه پیش آمد جان را که پس انداخت جهان را بزن گردن آن را که بگوید که تسلّا
چو بی‌واسطه جبّار بپرورد جهان را چه ناقوس، چه ناموس، چه اهلا و چه سهلا
گر اجزای زمینی وگر روح امینی چو آن حال ببینی، بگو جلّ جلالا
گر افلاک نباشد، به خدا باک نباشد دل غمناک نباشد، مکن بانگ و علالا
فروپوش، فروپوش، نه‌بخروش، نه‌بفروش تویی بادهٔ مدهوش، یکی لحظه بپالا
تو کرباسی و قصّار، تو انگوری و عصّار بپالا و بیفشار ولی دست میالا
خمش‌باش، خمش‌باش، دراین‌مجمع‌اوباش مگو فاش، مگو فاش، ز مولی و ز مولا

* * *

زهی عشق، زهی عشق که ما راست خدایا چه‌نغزاست‌وچه‌خوب‌است‌وچه‌زیباست‌خدایا
چه‌گرمیم، چه‌گرمیم، ازاین‌عشق‌چوخورشید چه پنهان و چه پنهان و چه پیداست خدایا
زهی ماه، زهی ماه، زهی بادهٔ همراه که جان را و جهان را بیاراست خدایا
زهی شور، زهی شور که انگیخته عالم زهی کار، زهی بار که آن جاست خدایا
فروریخت، فروریخت، شهنشاه سواران زهی گرد، زهی گرد که برخاست خدایا
فتادیم، فتادیم، بدان‌سان که نخیزیم ندانیم، ندانیم، چه غوغاست خدایا
ز هر کوی، ز هر کوی، یکی دود دگرگون دگربار، دگربار، چه سوداست خدایا
نه دامی‌ست، نه زنجیر، همه بسته چراییم؟ چه بند است؟ چه زنجیر که بر پاست خدایا؟
چه‌نقشی‌ست؟چه‌نقشی‌ست‌دراین‌تابهٔ‌دل‌ها؟ غریب است، غریب است، ز بالاست خدایا

خموشید، خموشید که تا فاش نگردید　　که اغیار گرفت است، چپ و راست خدایا

* * *

دل و جان را در این حضرت بپالا　　چو صافی شد روَد صافی به بالا
اگر خواهی که ز آب صاف نوشی　　لب خود را به هر دُردی میالا
از این سیلاب درد او پاک ماند　　که جانبازست و چست و بی‌مبالا
نپرّد عقل جزوی زین عقیله　　چو نبوَد عقل کل بر جزو لالا
نلرزد دست، وقت زر شمردن　　چو بازرگان بداند قدر کالا
چه گرگین است وگر خار است این حرص　　کسی خود را بر این گرگین ممالا
چو شد ناسور بر گرگین چنین گر　　طِلی سازَش به ذکر حق تعالا
اگر خواهی که این در باز گردد　　سوی این در روان و بی‌ملال آ
رها کن صدر و ناموس و تکبّر　　میان جان بجو صدر معلّا
کلاه رفعت و تاج سلیمان　　به هر کَل کی رسد؟ حاشا و کلّا
خمش کردم سخن کوتاه خوش‌تر　　که این ساعت نمی‌گنجد علالا
جواب آن غزل که گفت شاعر　　«بقائی شاء لیس هم ارتحالا»

* * *

خبر کن ای ستاره یار ما را　　که دریابد دل خون‌خوار ما را
خبر کن آن طبیب عاشقان را　　که تا شربت دهد بیمار ما را
بگو شکّرفروش شکّرین را　　که تا رونق دهد بازار ما را
اگر در سر بگردانی دل خود　　نه دشمن بشنود اسرار ما را

پس اندر عشق، دشمن‌کام گردم   که دشمن می‌نپرسد کار ما را
اگرچه دشمن ما جان ندارد   بسوزان جان دشمن‌دار ما را
اگر گل بر سرستت تا نشویی   بیار و بشکفان گلزار ما را
بیا ای شمس تبریزی نیّر   بدان رخ، نور ده دیدار ما را

* * *

تو بشکن چنگ ما را ای معلّا!   هزاران چنگ دیگر هست اینجا
چو ما در چنگ عشق اندرفتادیم   چه کم آید بر ِما چنگ و سُرنا؟
رباب و چنگ عالم گر بسوزد   بسی چنگی که پنهانی‌ست یارا!
ترنگ و تَنتَنَش رفته به گردون   اگرچه ناید آن در گوش صمّا
چراغ و شمع عالم گر بمیرد   چه غم؟ چون سنگ و آهن هست برجا
به روی بحر خاشاک است اَغانی   نیاید گوهری بر روی دریا
ولیکن لطف خاشاک از گهر دان   که عکس عکس برق اوست بر ما
اغانی جمله فرع شوق وصلی‌ست   برابر نیست فرع و اصل اصلا
دهان بربند و بگشا روزن دل   از آن ره باش با ارواح گویا

* * *

برای تو فدا کردیم جان‌ها   کشیده بهر تو زخم زبان‌ها
شنیده طعنه‌های همچو آتش   رسیده تیر کاری زآن کمان‌ها
اگر دل را برون آریم پیشت   ببخشایی بر آن پرخون نشان‌ها
اگر دشمن تو را از من بدی گفت   مها دشمن چه گوید جز چنان‌ها؟

بیا ای آفتاب جمله خوبان | که در لطف تو خندد لعل کان‌ها
که بی‌تو سود ما جمله زیان است | که گردد سود، با بودَت زیان‌ها
گمان او بس اَستَش زهر قاتل | که در قند تو دارد بدگمان‌ها

***

ای جان و قَوام جمله جان‌ها! | پر بخش و روان کن روان‌ها
با تو ز زیان چه باک داریم؟ | ای سودکن همه زیان‌ها
فریاد ز تیرهای غمزه | وز ابروهای چون کمان‌ها
در لعل بتان شکر نهادی | بگشاده به طمْع آن دهان‌ها
ای داده به دست ما کلیدی | بگشاده بدان درِ جهان‌ها
گر زآنکه نه در میان مایی | برجسته چراست این میان‌ها؟
ور نیست شراب بی‌نشانیت | پس شاهد چیست این نشان‌ها؟
ور تو ز گمان ما برونی | پس زنده ز کیست این گمان‌ها؟
ور تو ز جهان ما نهانی | پیدا ز که می‌شود نهان‌ها؟
بگذار فسانه‌های دنیا | بیزار شدیم ما از آن‌ها
جانی که فتاد در شکرریز | کی گنجد در دلش چنان‌ها؟
آن کاو قدم تو را زمین شد | کی یاد کند ز آسمان‌ها؟
بربند زبان ما به عصمت | ما را مفکن در این زبان‌ها

***

دیدم رخ خوب گلشنی را | آن چشم و چراغ روشنی را

آن قبله و سجده‌گاه جان را	آن عشرت و جای ایمنی را
دل گفت که جان سپارم آنجا	بگذارم هستی و منی را
جان هم به سماع اندر آمد	آغاز نهاد کفزنی را
عقل آمد و گفت من چه گویم؟	این بخت و سعادت سَنی را
این بوی گلی که کرد چون سرو	هر پشت دوتای منحنی را
در عشق بدل شود همه‌چیز	ترکی سازند ارمنی را
ای جان! تو به جانِ جان رسیدی	وی تن بگذاشتی تنی را
یاقوت زکات دوست ما راست	درویش خورَد زر غنی را
آن مریم دردمند یابد	تازه رطب تر جَنی را
تا دیدهٔ غیر برنیفتد	منمای به خلق محسنی را
ز ایمان اگرت مراد امن است	در عزلت جوی ایمنی را
عزلتگه چیست؟ خانهٔ دل	در دل خو گیر ساکنی را
در خانهٔ دل همی‌رسانند	آن ساغر باقی هَنی را
خامش کن و فنّ خامشی گیر	بگذار تو لاف پُرفَنی را
زیرا که دل است جای ایمان	در دل می‌دار مؤمنی را

* * *

ما را سفری فتاد بی‌ما	آنجا دل ما گشاد بی‌ما
آن مه که ز ما نهان همی‌شد	رخ بر رخ ما نهاد بی‌ما
چون در غم دوست جان بدادیم	ما را غم او بزاد بی‌ما

دیوان شمس تبریزی

مایيم همیشه مست بی‌می — مایيم همیشه شاد بی‌ما
ما را مکنید یاد هرگز — ما خود هستیم یاد بی‌ما
بی‌ما شده‌ایم شاد گوییم — ای ما که همیشه باد بی‌ما
درها همه بسته بود بر ما — بگشود چو راه داد بی‌ما
با ما دل کیقباد بنده‌ست — بنده‌ست چو کیقباد بی‌ما
مایيم ز نیک و بد رهیده — از طاعت و از فساد بی‌ما

***

درد ما را در جهان درمان مبادا بی‌شما — مرگ بادا بی‌شما و جان مبادا بی‌شما
سینه‌های عاشقان جز از شما روشن مباد — گلبن جان‌های ما خندان مبادا بی‌شما
بشنو از ایمان که می‌گوید به آواز بلند — با دو زلف کافرت کایمان مبادا بی‌شما
عقل سلطان نهان و آسمان چون چتر او — تاج و تخت و چتر این سلطان مبادا بی‌شما
عشق را دیدم میان عاشقان ساقی شده — جان ما را دیدنِ ایشان مبادا بی‌شما
جان‌های مرده را ای چون دم عیسی شما — ملک مصر و یوسف کنعان مبادا بی‌شما
چون به نقدِ عشقِ شمس‌الدّینِ تبریزی خوشم — رخ چو زر کردم بگفتم کان مبادا بی‌شما

***

جمله یارانِ تو سنگ‌اند و توی مرجان چرا؟ — آسمان با جملگان جسم است و با تو جان چرا؟
چون تو آیی، جزو جزوم جمله دستک می‌زنند — چون تو رفتی جمله افتادند در افغان چرا؟
با خیالت جزو جزوم می‌شود خندان‌لبی — می‌شود با دشمن تو مو به مو دندان چرا؟
بی‌خط و بی‌خالِ تو این عقل، اُمّی می‌بُوَد — چون ببیند آن خطت را می‌شود خط‌خوان چرا؟

تن همی‌گوید به جان، پرهیز کن از عشق او
جانْش می‌گوید حذر از چشمهٔ حیوان چرا؟

روی تو پیغامبر خوبی و حُسن ایزدست
جان به تو ایمان نیارد با چنین بُرهان چرا؟

کو یکی بُرهان که آن از روی تو روشن‌تر است؟
کف نبُرَّد کفرها زین یوسف کنعان چرا؟

هر کجا تخمی بکاری، آن بروید عاقبت
برنروید هیچ از شه‌دانهٔ احسان چرا؟

هر کجا ویران بوَد آنجا امید گنج هست
گنج حق را می‌نجویی در دلِ ویران چرا؟

بی‌ترازو هیچ بازاری ندیدم در جهان
جمله موزون‌اند، عالم نبوَدَش میزان چرا؟

گیرم این خربندگانْ خود بارِ سرگین می‌کشند
این سواران بازمی‌مانند از میدان چرا؟

هر ترانه اوّلی دارد دلا و آخری
بس کن آخر، این ترانه نیستش پایان چرا؟

* * *

ای وصالت یک زمان بوده فراقت سال‌ها
ای به زودی بار کرده بر شتر اَحمال‌ها

شب شد و در چین زهجرانِ رخِ چون آفتاب
درفتاده در شب تاریک بس زلزال‌ها

چون همی رفتی به سکتهٔ حیرتی حیران بدم
چشم باز و من خموش و می‌شد آن اقبال‌ها

ورنه سکتهٔ بخت بودی مر مرا خود آن زمان
چهره خون‌آلود کردی بردریدی شال‌ها

بر سر ره جان و صد جان در شفاعت پیش تو
در زمان قربان بکردی، خود چه باشد مال‌ها؟

تا بگشتی در شب تاریک ز آتش نال‌ها
تا چو احوال قیامت دیده شد اهوال‌ها

تا بدیدی دل عذابی گونه‌گونه در فراق
سنگ خون گرید اگر زآن بشنود احوال‌ها

قدها چون تیر بوده گشته در هجران کمان
اشک خون‌آلود گشت و جمله دل‌ها دال‌ها

چون درستی و تمامی شاه تبریزی بدید
در صف نقصان نشست است از حیا مثقال‌ها

از برای جان پاک نورپاش مه‌وَشات
ای خداوند شمس دین تا نشکنی آمال‌ها

از مـقـال گـوهـریـن بـحـر بـی‌پـایـان تو
لعل گشته سنگ‌ها و ملک گشته حال‌ها

حال‌های کاملانی کآن ورای قال‌هاست
شرمسار از فرّ و تاب آن نـوادر قال‌ها

ذرّه‌هـای خاک هامون گر بیابد بوی او
هر یکی عنقا شـود تا برگشاید بال‌ها

بال‌ها چون برگشاید در دو عالم ننگرد
گـرد خـرگـاه تـو گـردد والـه اجمال‌ها

دیـدهٔ نقصان مـا را خـاک تبریز صفا
کحل بـادا تا بیابد زآن بسی اکمال‌ها

چون که نور افشان کنی درگاه بخشش روح را
خود چه پا دارد در آن دم رونق اعمال‌ها؟

خود همان بخشش که کردی بی‌خبر اندر نهان
می‌کند پنهان پنهان جملهٔ افعال‌ها

ناگهان بیضه شکافد مرغ معنی برپرد
تـا هما از سـایهٔ آن مـرغ گـیـرد فال‌ها

هم تو بنویس ای حُسام‌الدین و می‌خوان مدح او
تا به رغم غم ببینی بر سعادت خال‌ها

گرچه دست افزار کارَت شد زدستت باک نیست
دست شمس‌الدّین دهد مر پات را خلخال‌ها

* * *

دیده حاصل کن دلا! آنگه ببین تبریز را
بی‌بصیرت کی توان دیدن چنین تبریز را؟

هرچه بر افلاک روحانی‌ست از بهر شرف
می‌نهد بر خاک پنهانی جبین تبریز را

پا نهادی بر فلک از کبر و نخوت بی‌درنگ
گر به چشم سر بدیدستی زمین تبریز را

روح حیوانی تو را و عقل شب‌کوری دگر
با همین دیده، دلا بینی همین تبریز را

تو اگر اوصاف خواهی هست فردوس برین
از صفا و نور سر بنده کمین تبریز را

نفس تو عجل سمین و تو مثال سامری
چون شناسد دیدهٔ عجل سمین تبریز را

همچو دریایی‌ست تبریز از جواهر و ز دُرَر
چشم درناید دوصد دُرّ ثمین تبریز را

گر بدان افلاک کاین افلاک گردان است از آن
وافروشی هست بر جانت غبین تبریز را

گر نه جسمستی تو را من گفتمی بهر مثال
جوهرین یا از زمـرّد یا زریـن تبریز را

چون همه روحانیون روح قدسی عاجزند   چون بدانی تو بدین رای رزین تبریز را
چون درختی را نبینی، مرغ کی بینی برو؟   پس چه گویم با تو جان جان این تبریز را؟

* * *

ای هوس‌های دلم! بیا بیا بیا بیا   ای مراد و حاصلم! بیا بیا بیا بیا
مشکل و شوریده‌ام چون زلف تو، چون زلف تو   ای گشاد مشکلم! بیا بیا بیا بیا
از ره منزل مگو، دیگر مگو دیگر مگو   ای تو راه و منزلم! بیا بیا بیا بیا
در ربودی از زمین یک مشت گل، یک مشت گل   در میان آن گلم، بیا بیا بیا بیا
تا ز نیکی وز بدی من واقفم من واقفم   از جمالت غافلم، بیا بیا بیا بیا
تا نسوزد عقل من در عشق تو در عشق تو   غافلم نی عاقلم، باری بیا رویی نما
شه صلاح‌الدین که تو هم حاضری هم غایبی   ای عجوبه واصلم! بیا بیا بیا بیا

* * *

تو مرا جان و جهانی چه کنم جان و جهان را؟   تو مرا گنج روانی چه کنم سود و زیان را؟
نفسی یارِ شرابم نفسی یارِ کبابم   چو در این دور خرابم، چه کنم دور زمان را؟
ز همه خلق رمیدم ز همه بازرهیدم   نه نهانم نه پدیدم، چه کنم کون و مکان را؟
ز وصال تو خمارم سر مخلوق ندارم   چو تو را صید و شکارم، چه کنم تیر و کمان را؟
چو من اندر تک جویم، چه رَوَم؟ آب چه جویم؟   چه توان گفت؟ چه گویم صفت این جوی روان را؟
چو نهادم سر هستی، چه کشم بار کهی را؟   چو مرا گرگ شبان شد، چه کشم ناز شبان را؟
چه خوشی عشق چه مستی، چو قدح بر کف دستی   خنک آنجا که نشستی، خنک آن دیده جان را
ز تو هر ذرّه جهانی ز تو هر قطره چو جانی   چو ز تو یافت نشانی، چه کند نام و نشان را؟

جهت گوهر فایق به تک بحر حقایق چو به سر باید رفتن، چه کنم پای دوان را؟
به سلاح احدی تو ره ما را بزدی تو همه رختم ستدی تو، چه دهم باجستان را؟
ز شعاع مه تابان ز خم طرّهٔ پیچان دل من شد سبک ای جان بده آن رطل گران را
منگر رنج و بلا را بنگر عشق و ولا را منگر جور و جفا را بنگر صد نگران را
غم را لطف لقب کن ز غم و درد طرب کن هم از این خوب طلب کن فرج و امن و امان را
بطلب امن و امان را بگزین گوشه گران را بشنو راه دهان را مگشا راه دهان را

***

بروید ای حریفان بِکِشید یار ما را به من آورید آخر صنم گریزپا را
به ترانه‌های شیرین به بهانه‌های زرّین بکشید سوی خانه مهِ خوبِ خوش‌لقا را
وگر او به وعده گوید که دمی دگر بیایم همه وعده مکر باشد بفریبد او شما را
دم سخت گرم دارد که به جادُوی و افسون بزند گره بر آب او و ببندد او هوا را
به مبارکی و شادی چو نگار من درآید بِنِشین نظاره می‌کن تو عجایب خدا را
چو جمال او بتابد، چه بود جمال خوبان؟ که رخ چو آفتابش بکشد چراغ‌ها را
برو ای دلِ سبک‌رو به یمن به دلبر من بِرِسان سلام و خدمت، تو عقیق بی‌بها را

***

اگر آن می‌ای که خوردی به سحر، نبود گیرا بستان ز من شرابی که قیامت است حقّا
چه تفرّج و تماشا که رسد ز جام اوّل دومش نعوذبالله، چه کنم صفت سوم را
غم و مصلحت نمانَد همه را فرودَرانَد پس از آن خدای داند که کجا کشد تماشا
تو اسیر بو و رنگی به مثال نقش سنگی بجهی چو آب چشمه ز درون سنگ خارا

بده آن می رواقی هله ای کریم ساقی! چو چنان شوم بگویم سخن تو بی‌محابا
قدحی گران به من ده به غلام خویشتن ده بنگر که از خمارت نگران شدم به بالا
نگران شدم بدان‌سو که تو کرده‌ای مرا خو که روانه باد آن جو که روانه شد ز دریا

* * *

تا به شب ای عارف شیرین‌نوا آنِ مایی آنِ مایی آنِ ما
تا به شب امروز ما را عشرت است الصّلا ای پاکبازان الصّلا
درخرام ای جان جان هر سماع مه‌لقایی مه‌لقایی مه‌لقا
در میان شکّران گل‌ریز کن مرحبا ای کان شکّر مرحبا
عمر را نبود وفا الّا تو عمر باوفایی باوفایی باوفا
بس غریبی بس غریبی بس غریب از کجایی؟ از کجایی؟ از کجا؟
با که می‌باشی و همراز تو کیست؟ با خدایی با خدایی با خدا
ای گزیده‌نقش از نقّاش خود کی جدایی؟ کی جدایی؟ کی جدا؟
با همه بیگانه‌ای و با غمش آشنایی آشنایی آشنا
جزو جزو تو فکنده در فلک ربّنا و ربّنا و ربّنا
دل‌شکسته هین چرایی؟ برشکن قلبها و قلبها و قلبها
آخر ای جان، اوّل هر چیز را منتهایی منتهایی منتها
یوسفا در چاه شاهی تو ولیک بی‌لوایی بی‌لوایی بی‌لوا
چاه را چون قصر قیصر کرده‌ای کیمیایی کیمیایی کیمیا
یک ولی کی خوانمت؟ که صدهزار اولیایی اولیایی اولیا

حشرگاه هر حسینی گر کنون	کربلایی کربلایی کربلا
مشک را بربند ای جان گرچه تو	خوش سقایی خوش سقایی خوش سقا

* * *

از ورای سرّ دل بین شیوه‌ها	شکل مجنون عاشقان زین شیوه‌ها
عاشقان را دین و کیش دیگرست	اصل و فرع و سرّ آن دین شیوه‌ها
دل سخن‌چین است از چین ضمیر	وحی‌جویان اندر آن چین شیوه‌ها
جان شده بی‌عقل و دین از بس که دید	زآن پریّ تازه‌آیین شیوه‌ها
از دغا و مکر گوناگون او	شیوه‌ها گم کرده مسکین شیوه‌ها
پرده‌دار روح ما را قصّه کرد	زآن صنم بی‌کبر و بی‌کین شیوه‌ها
شیوه‌ها از جسم باشد یا ز جان	این عجب بی‌آن و بی‌این شیوه‌ها
مرد خودبین غرقهٔ شیوهٔ خود است	خود نبیند جان خودبین شیوه‌ها
شمس تبریزی جوانم کرد باز	تا ببینم بعد ستّین شیوه‌ها

* * *

می‌شدی غافل ز اسرار قضا	زخم خوردی از سلحدار قضا
این چه کار افتاد آخر ناگهان؟	این چنین باشد، چنین کار قضا
هیچ گُل دیدی که خندد در جهان	کاو نشد گرینده از خار قضا؟
هیچ بختی در جهان رونق گرفت	کاو نشد محبوس و بیمار قضا؟
هیچ‌کس دزدیده روی عیش دید	کاو نشد آونگ بر دار قضا؟
هیچ‌کس را مکر و فن سودی نکرد	پیش بازی‌های مکّار قضا

این قضا را دوستان خدمت کنند / جان کنند از صدق ایثار قضا
گرچه صورت مُرد، جان باقی بماند / در عنایت‌های بسیار قضا
جوز بشکست و بمانده مغز روح / رفت در حلوا ز انبار قضا
آن که سوی نار شد بی‌مغز بود / مغز او پوسید از انکار قضا
آن که سوی یار شد مسعود بود / مغز جان بگزید و شد یار قضا

* * *

ای دل رفته ز جا باز میا / به فنا ساز و در این ساز میا
روح را عالم ارواح بِه است / قالب از روح بپرداز میا
اندر آبی که بدو زنده شد آب / خویش را آب دراندازمیا
آخر عشق بِه از اوّل اوست / تو ز آخر سوی آغاز میا
تا فسرده نشوی همچو جماد / هم در آن آتش بگداز میا
بشنو آواز روان‌ها ز عدم / چو عدم هیچ به آواز میا
راز کآواز دهد راز نماند / مده آواز تو ای راز میا

* * *

آمد بهارِ جان‌ها ای شاخِ تَر به رقص آ / چون یوسف اندر آمد، مصر و شکر به رقص آ
ای شاهِ عشق‌پرور، مانندِ شیرِ مادر / ای شیرجوش! دررو، جانِ پدر، به رقص آ
چوگانِ زلف دیدی، چون گوی دررسیدی / از پا و سر بُریدی، بی‌پا و سر به رقص آ
تیغی به دست خونی، آمد مرا که چونی؟ / گفتم بیا که خیر است، گفتا نه شر، به رقص آ
از عشق، تاجداران در چرخِ او چو باران / آنجا قبا چه باشد؟ ای خوش کمر! به رقص آ

دیوان شمس تبریزی

ای مستِ هست گشته، بر تو فنا نبشته　رُقعهٔ فنا رسیده، بهرِ سفر به رقص آ
در دست، جام ِ باده، آمد بُتم پیاده　گر نیستی تو ماده، ز آن شاهِ نر به رقص آ
پایانِ جنگ آمد، آوازِ چنگ آمد　یوسف زِ چاه آمد، ای بی‌هنر! به رقص آ
تا چند وعده باشد؟ وین سَر به سجده باشد؟　هجرم ببُرده باشد، دنگ و اثر به رقص آ
کی باشد آن زمانی؟ گوید مرا فلانی!　کای بی‌خبر! فنا شو! ای باخبر! به رقص آ
طاووس ِ ما درآید وآن رنگ‌ها برآید　با مرغ ِ جان سراید بی‌بال و پر به رقص آ
کور و کرانِ عالَم، دید از مسیح، مرهم　گفته مسیحِ مریم کِای کور و کر! به رقص آ
مخدوم، شمسِ دین است، تبریز رشکِ چین است　اندر بهار حُسنش، شاخ و شجر به رقص آ

* * *

جانا قبول گردان این جست‌وجوی ما را　بنده و مرید عشقیم برگیر موی ما را
بی‌ساغر و پیاله دَردِه مـی‌ای چو لاله　تا گل سجود آرد سیمای روی ما را
مخمور و مست گردان امروز چشم ما را　رشک بهشت گردان امروز کوی ما را
ما کان زرّ و سیمیم، دشمن کجاست زر را؟　از ما رسد سعادت یار و عدوی ما را
شمع طراز گشتیم گردن‌دراز گشتیم　فحل و فراخ کردی زین می گلوی ما را
ای آب زندگانی ما را ربود سیلت　اکنون حلال بادت بشکن سبوی ما را
گر خوی ما ندانی از لطف باده واجو　هم‌خوی خویش کرده‌ست آن باده خوی ما را
گر بحر می بریزی ما سیر و پر نگردیم　زیرا نگون نهادی در سر کدوی ما را
مهمان دیگر آمد دیگی دگر به کف کن　کاین دیگ بس نیاید یک کاسه‌شوی ما را
نک جوق‌جوق مستان درمی‌رسند بستان　مخمور چون نیاید؟ چون یافت بوی ما را
ترک هنر بگوید دفتر همه بشوید　گر بشنوَد عطارد این طَرّقوی ما را

سیلی‌خورند چون دف در عشق فخرجویان　　زخمه به چنگ آور می‌زن سه توی ما را
بس کن که تلخ گردد دنیا بر اهل دنیا　　گر بشنوند ناگه این گفت‌وگوی ما را

* * *

ای همه خوبی تو را پس تو که رایی که را؟　　ای گل در باغ ما پس تو کجایی کجا؟
سوسن با صد زبان از تو نشانم نداد　　گفت رو از من مجو غیر دعا و ثنا
از کف تو ای قمر! باغِ دهان پرشکر　　وز کف تو بی‌خبر با همه برگ و نوا
سرو اگر سر کشید در قد تو کی رسید؟　　نرگس اگر چشم داشت هیچ ندید او تو را
مرغ اگر خطبه خواند، شاخ اگر گل فشاند　　سبزه اگر تیز راند هیچ ندارد دوا
شرب گل از ابر بود، شرب دل از صبر بود　　ابر حریفِ گیاه، صبر حریف صبا
هر طرفی صف زده مردم و دیو و دده　　لیک در این میکده پای ندارند پا
هر طرفی‌ام بجو هرچه بخواهی بگو　　ره نبَری تار مو تا ننمایم هدی
گرم شود روی آب از تپش آفتاب　　باز هَمَش آفتاب برکشد اندر علا
بر بردَش خُرد خُرد تا که ندانی چه بُرد　　صاف بدزدد ز دُرد شعشعهٔ دل‌ربا
زین سخن بوالعجب بستم من هر دو لب　　لیک فلک جمله شب می‌زندت الصّلا

* * *

باز بنفشه رسید جانب سوسن دوتا　　باز گلِ لعل‌پوش می‌بدراند قبا
بازرسیدند شاد زآن سوی عالم چو باد　　مست و خرامان و خوش سبزقبایان ما
سروِ علمدار رفت سوخت خزان را به تفت　　وز سرِ کُه رخ نمود لالهٔ شیرین‌لقا
سنبله با یاسمین گفت سلامٌ علیک　　گفت علیک‌السلام در چمن آ ای فتا

یافته معروفی‌ای هر طرفی صوفی‌ای / دست‌زنان چون چنار رقص‌کنان چون صبا
غنچه چو مستوریان کرده رخ خود نهان / باد کشد چادرش کای سره رو برگشا
یار در این کوی ما آب در این جوی ما / زینت نیلوفری تشنه و زردی چرا؟
رفت دیِ روتُرُش کشته شد آن عیش‌کُش / عمر تو بادا دراز ای سمنِ تیزپا
نرگس در ماجرا چشمک زد سبزه را / سبزه سخن فهم کرد گفت که فرمان تو را
گفت قَرَنفُل به بید من ز تو دارم امید / گفت عزبخانه‌ام خلوتِ توست الصّلا
سیب بگفت ای ترنج! از چه تو رنجیده‌ای؟ / گفت من از چشم بد می‌نشوم خودنما
فاخته با کو و کو آمد کان یار کو؟ / کردش اشارت به گل، بلبلِ شیرین‌نوا
غیر بهارِ جهان هست بهاری نهان / ماه‌رخ و خوش‌دهان باده بده ساقیا
یا قمراً طالعاً فی الظّلمات الدّجی / نور مصابیحه یغلب شمس الضّحی
چند سخن ماند لیک بی‌گه و دیرست نیک / هرچه به شب فوت شد آرَم فردا قضا

***

درخت اگر متحرّک بدی ز جای به جا / نه رنج ارّه کشیدی، نه زخمهای جفا
نه آفتاب و نه مهتاب، نور بخشیدی / اگر مقیم بُدَندی چو صخرهٔ صمّا
فرات و دجله و جیحون چه تلخ بودندی / اگر مقیم بدندی به جای چون دریا
هوا چو حاقِن گردد به چاه، زهر شود / ببین ببین چه زیان کرد از درنگ هوا
چو آب بحر سفر کرد بر هوا در ابر / خلاص یافت ز تلخیّ و گشت چون حلوا
ز جنبش لَهَب و شعله چون بماند آتش / نهاد روی به خاکستری و مرگ و فنا
نگر به یوسف کنعان که از کنار پدر / سفر فتادش تا مصر و گشت مستثنا

نگر به موسیِ عِمران که از برِ مادر / به مَدیَن آمد و زآن راه گشت او مولا
نگر به عیسی مریم که از دوام سفر / چو آب چشمهٔ حیوان‌ست یُحیِیَ المَوتی
نگر به احمد مُرسَل که مکّه را بگذاشت / کشید لشکر و بر مکّه گشت او والا
چو بر بُراق سفر کرد در شب معراج / بیافت مرتبهٔ قابَ قَوس أو أدنی
اگر ملول نگردی یکان‌یکان شمرم / مسافران جهان را دو تا دو تا و سه تا
چو اندکی بنمودم بدان تو باقی را / ز خوی خویش سفر کن به خوی و خلق خدا

* * *

بی‌یار مَهِل ما را بی‌یار مخُسب امشب / زنهار مخور با ما زنهار مخسب امشب
امشب ز خود افزونیم در عشق دگرگونیم / این بار ببین چونیم، این بار مخسب امشب
ای طوق هوای تو اندر همه گردن‌ها / ما را همه شب تنها مگذار مخسب امشب
صیدیم به شست غم شوریده و مست غم / ما را تو به دست غم مسپار مخسب امشب
ای سرو گلستان را وی ماه شبستان را / این ماه‌پرستان را مازار مخسب امشب

* * *

الا ای روی تو صد ماه و مهتاب / مگو شب گشت و بی‌گه گشت بشتاب
مرا در سایه‌ات ای کعبهٔ جان / به هر مسجد ز خورشیدست محراب
غلط گفتم که اندر مسجد ما / برونِ در بوَد خورشید بوّاب
از این هفت‌آسیا ما نان نجوییم / ننوشیم آب ما زین سبز دولاب
مسبّب اوست اسباب جهان را / چه باشد تار و پود لاف اسباب؟
ز مستی در هزاران چَه فتادیم / برون‌مان می‌کشد عشقش به قلّاب

چه رونق دارد از تو مجلس جان؟ زهی چشم و چراغ جان اصحاب
بخندد باغ دل زآن سرو مُقبِل بجوشد خون ما زین شاخ عنّاب
فتوح اندر فتوح اندر فتوحی توی مفتاح و حق، مفتاحِ ابواب
ز نَفطانداز عشق آتشینت زمین و آسمان لرزان چو سیماب
برِ مستانش آید می به دعوی خَلَق گردد برانندش به مضراب
خمش کن ختم کن ای دل چو دیدی که آن خوبی نمی‌گنجد در القاب

* * *

یا وصال یار باید یا حریفان را شراب چون‌که دریا دست نَدْهَد پای نِه در جوی آب
آن حریفانِ چو جان و باقیانِ جاودان درلطافت همچو آب و در سخاوت چون سحاب
همرهانِ آبِ حیوان، خضریانِ آسمان زندگیِّ هر عمارت گنج‌های هر خراب
آب یار نور آمد، این لطیف و آن ظریف هر دو غمّازند لیکن نی زکین، بل زاحتساب
آب اندر طشت و یا جو، چون زکف جنبان شود نور بر دیوار هم آغاز گیرد اضطراب
عِرق جنسیّت برادر چون قیامت می‌کند خود تو بنگر من خموشم وَهوَ أعلَم بالصّواب

* * *

در هوایت بی‌قرارم روز و شب سر ز پایت برندارم روز و شب
روز و شب را همچو خود مجنون کنم روز و شب را کی گذارم روز و شب؟
جان و دل از عاشقان می‌خواستند جان و دل را می‌سپارم روز و شب
تا نیابم آن چه در مغز من است یک زمانی سر نخارم روز و شب
تا که عشقت مطربی آغاز کرد گاه چنگم، گاه تارم روز و شب

می‌زنی تو زخمه و بر می‌رود / تا به گردون زیر و زارم روز و شب
ساقی‌ای کردی بشر را چِل صبوح / زآن خمیر اندر خُمارم روز و شب
ای مهار عاشقان در دست تو / در میان این قطارم روز و شب
می‌کشم مستانه بارت بی‌خبر / همچو اُشتر زیر بارم روز و شب
تا بنگشایی به قندت روزه‌ام / تا قیامت روزه دارم روز و شب
چون ز خوان فضل روزه بشکنم / عید باشد روزگارم روز و شب
جان روز و جان شب ای جان تو / انتظارم انتظارم روز و شب
تا به سالی نیستم موقوف عید / با مه تو عیدوارم روز و شب
زآن شبی که وعده کردی روز وصل / روز و شب را می‌شمارم روز و شب
بس که کِشت مهر جانم تشنه است / ز ابر دیده اشکبارم روز و شب

***

آواز داد اختر بس روشن است امشب / گفتم ستارگان را مه با من است امشب
بررو به بام بالا از بهر الصّلا را / گل‌چیدن‌است‌امشب، می‌خوردن‌است‌امشب
تا روز دلبر ما اندر بر است چون دل / دستش به مهر ما را در گردن است امشب
تا روز، زنگیان را با روم دار و گیر است / تا روز، چنگیان را تَن‌تَن‌تَن است امشب
تا روز ساغر می در گردش است و بخشش / تا روز گل به خلوت با سوسن است امشب
امشب شراب وصلت بر خاص و عام ریزم / شادیّ آنکه ماهت بر روزن است امشب
داوودوار ما را آهن چو موم گردد / کآهن‌رباست دلبر، دل آهن است امشب
بگشای دست دل را تا پای عشق کوبد / کآن زارِ ترس‌دیده در مأمن است امشب
بر روی چون زر من ای بخت بوسه می‌ده / کاین زرّ گازدیده در معدن است امشب

آن کاو به مکر و دانش می‌بست راه ما را — پالان خر بر او نه کاو کودن است امشب
شمشیر آبدارش پوسیده است و چوبین — وآن نیزهٔ درازش چون سوزن است امشب
خرگاه عنکبوت است آن قلعهٔ حصینش — برگستوان و خودش چون روغن است امشب
خاموش کن که طامع اَلکَن بوَد همیشه — با او چه بحث داری؟ کاو الکن است امشب

* * *

تو را که عشق نداری، تو را رواست بخسب — برو که عشق و غم او نصیب ماست بخسب
ز آفتابِ غمِ یار ذرّه ذرّه شدیم — تو را که این هوس اندر جگر نخاست بخسب
به جست‌وجوی وصالش چو آب می‌پویم — تو را که غصّهٔ آن نیست کاو کجاست؟ بخسب
طریق عشق ز هفتاد و دو برون باشد — چو عشق و مذهب تو خدعه و ریاست بخسب
صباح ماست صبوحش، عشای ما عشوه‌اش — تو را که رغبت لوت و غم عشاست بخسب
ز کیمیاطلبی، ما چو مس گدازانیم — تو را که بستر و همخوابه کیمیاست بخسب
چو مست هر طرفی می‌فُتی و می‌خیزی — که شب گذشت، کنون نوبت دعاست بخسب
قضا چو خواب مرا بست ای جوان تو برو — که خواب فوت شدت خواب را قضاست بخسب
به دست عشق درافتاده‌ایم تا چه کند — چو تو به دست خودی، رو به دست راست بخسب
منم که خون خورم ای جان! توی که لوت خوری — چو لوت را به یقین خواب اقتضاست بخسب
من از دماغ بریدم امید و از سر نیز — تو را دماغ تر و تازه مُرتجاست بخسب
لباس حرف دریدم سخن رها کردم — تو که برهنه نه‌ای، مر تو را قباست بخسب

* * *

چشم‌ها وا نمی‌شود از خواب — چشم بگشا و جمع را دریاب

بنگر آخر که بی‌قرار شده‌ست / چشم در چشمخانه چون سیماب
گشت شب دیر و خلق افتادند / چون ستاره میانهٔ مهتاب
هم سیاهی و هم سپیدیِ چشم / از می خواب هر دو گشت خراب
جمله اندیشه‌ها چو برگ بریخت / گرد بنشست بر همه اسباب
عقل شد گوشه‌ای و می‌گوید / عقل اگر آن توست هین دریاب
بَنگی شب نگر که چون داده‌ست / جملهٔ خلق را از این بنگاب
چشم در عین و غین افتاده‌ست / کار بگذشت از سؤال و جواب
آن سواران تیزاندیشه / همه ماندند چون خران به خلاب

* * *

آمده‌ام که تا به خود گوش‌کشان کشانمت / بی‌دل و بی‌خودت کنم در دل و جان نشانمت
آمده‌ام بهار خوش پیش تو ای درخت گل / تا که کنار گیرمت، خوش‌خوش و می‌فشانمت
آمده‌ام که تا تو را جلوه دهم در این سرا / همچو دعای عاشقان فوق فلک رسانمت
آمده‌ام که بوسه‌ای از صنمی ربوده‌ای / باز بده به خوش‌دلی خواجه که واسِتانمت
گل چه بوَد؟ که گل توی، ناطق امر قُل توی / گر دگری نداندت چون تو منی بدانمت
جان و روان من توی فاتحه‌خوان من توی / فاتحه شو تو یک سری تا که به دل بخوانمت
صید منی شکار من گرچه ز دام جَسته‌ای / جانب دام بازرو ور نروی برانمت
شیر بگفت مر مرا نادره آهوی برو / در پی من چه می‌دوی تیز؟ که بردرانمت
زخم پذیر و پیش رو چون سپر شجاعتی / گوش به غیر زه مده تا چو کمان خَمانمت
از حد خاک تا بشر چندهزار منزل است / شهر به شهر بردمت بر سر ره نمانمت

هیچ مگو و کف مکن سر مگشای دیگ را
نیک بجوش و صبر کن زآنکه همی‌پزانمت

نی که تو شیرزاده‌ای در تن آهوی نهان
من ز حجاب آهوی یک رهه بگذرانمت

گوی منی و می‌دوی در چوگان حکم من
در پی تو همی‌دَوَم گرچه که می‌دوانمت

***

آن نفسی که با خودی یار چو خار آیدت
وآن نفسی که بی‌خودی یار چه کار آیدت؟

آن نفسی که با خودی خود تو شکار پشّه‌ای
وآن نفسی که بی‌خودی پیل شکار آیدت

آن نفسی که با خودی بستهٔ ابر غصّه‌ای
وآن نفسی که بی‌خودی مَه به کنار آیدت

آن نفسی که با خودی یار کناره می‌کند
وآن نفسی که بی‌خودی بادهٔ یار آیدت

آن نفسی که با خودی همچو خزان فسرده‌ای
وآن نفسی که بی‌خودی دی چو بهار آیدت

جملهٔ بی‌قراری‌ات از طلب قرار توست
طالب بی‌قرار شو تا که قرار آیدت

جملهٔ ناگوارِشَت از طلب گوارش است
ترک گوارش اَر کنی، زهر گوار آیدت

جملهٔ بی‌مرادی‌ات از طلب مراد تو ست
ور نه همه مرادها همچو نثار آیدت

عاشق جور یار شو عاشق مهر یار نی
تا که نگار نازگر عاشق زار آیدت

خسرو شرق، شمس دین، از تبریز چون رسد
از مه و از ستاره‌ها والله عار آیدت

***

بیایید بیایید که گلزار دمیده‌ست
بیایید بیایید که دلدار رسیده‌ست

بیارید به یک بار همه جان و جهان را
به‌خورشید سپارید که‌خوش تیغ‌کشیده‌ست

بر آن زشت بخندید که او ناز نماید
بر آن یار بگریید که از یار بریده‌ست

همه شهر بشورید چو آوازه درافتاد
که دیوانه دگربار ز زنجیر رهیده‌ست

چه‌روزاست‌وچه‌روزاست‌چنین‌روزقیامت　　مگر نامهٔ اعمال ز آفاق پریده‌ست
بکوبید دهل‌ها و دگر هیچ مگویید　　چه‌جای‌دل‌وعقل‌است‌که‌جان‌نیزرمیده‌ست

* * *

سماع آرام جان زندگان است　　کسی داند که او را جان جان است
کسی خواهد که او بیدار گردد　　که او خفته میان بوستان است
ولیک آن کاو به زندان خفته باشد　　اگر بیدار گردد در زیان است
سماع آنجا بکن کآنجا عروسی‌ست　　نه در ماتم که آن جای فغان است
کسی کاو جوهر خود را ندیده‌ست　　کسی کآن ماه از چشمش نهان است
چنین کس را سماع و دف چه باید؟!　　سماع از بهر وصل دلستان است
کسانی را که روشان سوی قبله‌ست　　سماع این جهان و آن جهان است
خصوصا حلقه‌ای کاندر سماعند　　همی‌گردند و کعبه در میان است
اگر کان شکر خواهی همان‌جاست　　ور انگشت شکر خود رایگان است

* * *

تا نقش خیال دوست با ماست　　ما را همه عمر خود تماشاست
آنجا که وصال دوستان است　　والله که میان خانه صحراست
وآنجا که مراد دل برآید　　یک خار بِه از هزار خرماست
چون بر سر کوی یار خسبیم　　بالین و لحاف ما ثریّاست
چون در سر زلف یار پیچیم　　اندر شب قدر، قدر ما راست
چون عکس جمال او بتابد　　کهسار و زمین حریر و دیباست

از باد چو بوی او بپرسیم
در باد صدای چنگ و سُرناست

بر خاک چو نام او نویسیم
هر پارهٔ خاک حور و حوراست

بر آتش از او فسون بخوانیم
زو آتش تیز، آبسیماست

قصّه چه کنم؟ که بر عدم نیز
نامش چو بریم، هستی‌افزاست

آن نکته که عشق او در آنجاست
پرمغزتر از هزار جوزاست

وآن لحظه که عشق روی بنمود
این‌ها همه از میانه برخاست

خامش که تمام ختم گشته‌ست
کلی مراد حق تعالاست

* * *

گویم سخن شکرنباتت
یا قصّهٔ چشمهٔ حیاتت

رخ بر رخ من نهی بگویم
کز بهر چه شاه کرد ماتت

در خرمنت آتشی درانداخت
کز خرمن خود دهد زکاتت

سرسبز کند چو تَرّه‌زارت
تا بازخرد ز تُرّهاتت

در آتش عشق چون خلیلی
خوش باش که می‌دهد نجاتت

عقلت شب قدر دید و صد عید
کز عشق دریده شد براتت

سوگند به سایهٔ لطیفت
سوگند نمی‌خورم به ذاتت

در ذات تو کی رسند جان‌ها؟
چون غرقه شدند در صفاتت

چون جوی روان و ساجدت کرد
تا پاک کند ز سَیّئاتت

از هر جهتی تو را بلا داد
تا بازکشد به بی‌جهاتت

گفتی که خمُش کنم، نکردی
می‌خندد عشق بر ثباتت

***

عاشقان را گرچه در باطن جهانی دیگر است / عشق آن دلدار ما را ذوق و جانی دیگر است

سینه‌های روشنان بس غیب‌ها دانند لیک / سینهٔ عشّاق او را غیب‌دانی دیگر است

بس زبان حکمت اندر شوق سِرّش گوش شد / زآنکه مر اسرار او را ترجمانی دیگر است

یک زمین نقره بین از لطف او در عین جان / تا بدانی کآن مهم را آسمانی دیگر است

عقل و عشق و معرفت شد نردبان بام حق / لیک حق را در حقیقت نردبانی دیگر است

شب روان از شاه عقل و پاسبان آن‌سو شوند / لیک آن جان را از آن‌سو پاسبانی دیگر است

دلبرانِ راه معنی با دلی عاجز بدند / وحیشان آمد که دل را دلستانی دیگر است

ای زبان‌ها برگشاده بر دل بربوده‌ای / لب فروبندید کاو را همزبانی دیگر است

شمس تبریزی چو جمع و شمع‌ها پروانه‌اش / زآنکه اندر عین دل او را عیانی دیگر است

***

ساربانا اشتران بین سر به‌سر، قطّار مست / میر مست و خواجه مست و یار مست، اغیار مست

باغبانا! رعد مطرب ابر ساقی گشت و شد / باغ مست و راغ مست و غنچه مست و خار مست

آسمانا چند گردی؟ گردش عنصر ببین / آب مست و باد مست و خاک مست و نار مست

حال صورت این چنین و حال معنی خود مپرس / روح مست و عقل مست و خاک مست، اسرار مست

رو تو جبّاری رها کن خاک شو تا بنگری / ذرّه‌ذرّه خاک را از خالق جبّار مست

تا نگویی در زمستان باغ را مستی نماند / مدّتی پنهان شده‌ست از دیدهٔ مکّار مست

بیخ‌های آن درختان، می نهانی می‌خورند / روزکی دو صبر می‌کن تا شود بیدار مست

گر تو را کوبی رسد از رفتن مستان مرنج / با چنان ساقی و مطرب کی رود هموار مست؟

ساقیا باده یکی کن چند باشد عربده؟ دوستان ز اقرار مست و دشمنان ز انکار مست
باد را افزون بده تا برگشاید این گره باده تا در سر نیفتد کی دهد دستار مست
بُخل ساقی باشد آنجا یا فساد باده‌ها هر دو ناهموار باشد چون رَوَد رهوار مست
روی‌های زرد بین و بادهٔ گلگون بده زآنک از این گلگون ندارد بر رخ و رخسار مست
باده‌ای داری خدایی بس سبک خوار و لطیف زآن اگر خواهد بنوشد روز صد خروار مست
شمس تبریزی به دورت هیچ کس هشیار نیست کافر و مؤمن، خراب و زاهد و خَمّار مست

* * *

آن که بی‌باده کند جان مرا مست کجاست؟ وآن که بیرون کند از جان و دلم دست کجاست؟
وآن که سوگند خورم جز به سر او نخورم وآن که سوگندِ من و توبه‌ام اِشکَست کجاست؟
وآن که جان‌ها به سَحَر نعره‌زنان‌اند از او وآن که ما را غمش از جای ببرده‌ست کجاست؟
جانِ جان است وگر جای ندارد چه عجب؟ این که جا می‌طلبد در تنِ ما هست کجاست؟
غمزهٔ چشم بهانه‌ست وز آن‌سو هوسی‌ست وآن که او در پس غمزه‌ست، دلم خَست، کجاست؟
پردهٔ روشنِ دل بست و خیالات نمود وآن که در پرده چنین پردهٔ دل بست کجاست؟
عقل تا مست نشد، چون و چرا پست نشد وآن که او مست شد، از چون و چرا رَست، کجاست؟

* * *

ای که رویت چو گل و زلف تو چون شمشاد است جانم آن لحظه که غمگین تو باشم شاد است
نقدهایی که نه نقد غم توست، آن خاک است غیر پیمودن باد هوس تو باد است
کار او دارد کآموختهٔ کار تو است زآنکه کار تو یقین کارگه ایجاد است
آسمان را و زمین را خبر است و معلوم کآسمان همچو زمین، امر تو را منقاد است
روی بنمای و خمار دو جهان را بشکن نه که امروز خماران تو را میعاد است

آفتاب ارچه در این دور فرید است و وحید　　شرقیانند که او در صفشان آحاد است
خسروان خاک کفش را به خدا تاج کنند　　هرکه شیرین تو را دل شده چون فرهاد است
می نهد بر لب خود دست، دل من که خموش　　این چه وقت سخن است و چه گهِ فریاد است؟

* * *

در دل و جان خانه کردی عاقبت　　هر دو را دیوانه کردی عاقبت
آمدی کآتش در این عالم زنی　　وانگَشتی تا نکردی عاقبت
ای ز عشقت عالمی ویران شده　　قصد این ویرانه کردی عاقبت
من تو را مشغول می‌کردم دلا　　یاد آن افسانه کردی عاقبت
عشق را بی‌خویش بردی در حرم　　عقل را بیگانه کردی عاقبت
یا رسول الله ستون صبر را　　اُستُن حنّانه کردی عاقبت
شمع عالم بود لطف چاره‌گر　　شمع را پروانه کردی عاقبت
یک سرم این‌سوست، یک سر سوی تو　　دو سرم چون شانه کردی عاقبت
دانه‌ای بیچاره بودم زیر خاک　　دانه را دُردانه کردی عاقبت
دانه‌ای را باغ و بستان ساختی　　خاک را کاشانه کردی عاقبت
ای دل مجنون و از مجنون بَتَر　　مردی و مردانه کردی عاقبت
کاسهٔ سر از تو پُر از تو تهی　　کاسه را پیمانه کردی عاقبت
جان جانداران سرکش را به علم　　عاشق جانانه کردی عاقبت
شمس تبریزی که مر هر ذرّه را　　روشن و فرزانه کردی عاقبت

***

بنمای رخ که باغ و گلستانم آرزوست ‌ ‌ ‌ بگشای لب که قند فراوانم آرزوست
ای آفتاب حُسن برون آ دمی ز ابر ‌ ‌ ‌ کآن چهرهٔ مُشَعشَعِ تابانم آرزوست
بشنیدم از هوای تو آواز طبل باز ‌ ‌ ‌ بازآمدم که ساعدِ سلطانم آرزوست
گفتی ز ناز بیش مرنجان مرا برو ‌ ‌ ‌ آن گفتنت که بیش مرنجانم آرزوست
وآن دفع گفتنت که برو شَه به خانه نیست ‌ ‌ ‌ وآن ناز و باز و تندی دربانم آرزوست
در دست هر که هست ز خوبی قُراضه‌هاست ‌ ‌ ‌ آن معدن ملاحت و آن کانم آرزوست
این نان و آب چرخ چو سیل است بی‌وفا ‌ ‌ ‌ من ماهی‌ام، نهنگم و عُمّانم آرزوست
یعقوب‌وار «وا اَسَفاها» همی‌زنم ‌ ‌ ‌ دیدار خوب یوسف کنعانم آرزوست
والله که شهر بی‌تو مرا حبس می‌شود ‌ ‌ ‌ آوارگیّ و کوه و بیابانم آرزوست
زین همرهان سست‌عناصِر دلم گرفت ‌ ‌ ‌ شیر خدا و رستم دستانم آرزوست
جانم ملول گشت ز فرعون و ظلم او ‌ ‌ ‌ آن نور روی موسیِ عِمرانم آرزوست
زین خلق پرشکایت گریان شدم ملول ‌ ‌ ‌ آن های‌هوی و نعرهٔ مستانم آرزوست
گویاترم ز بلبل، امّا ز رشک عام ‌ ‌ ‌ مُهر است بر دهانم و افغانم آرزوست
دی شیخ با چراغ همی‌گشت گرد شهر ‌ ‌ ‌ کز دیو و دد ملولم و انسانم آرزوست
گفتند یافت می‌نشود جُسته‌ایم ما ‌ ‌ ‌ گفت آن که یافت می‌نشود، آنم آرزوست
هرچند مفلسم نپذیرم عقیق خرد ‌ ‌ ‌ کانِ عقیقِ نادرِ ارزانم آرزوست
پنهان ز دیده‌ها و همه دیده‌ها از اوست ‌ ‌ ‌ آن آشکارصنعت پنهانم آرزوست
خود کار من گذشت ز هر آرزو و آز ‌ ‌ ‌ از کان و از مکان پی ارکانم آرزوست
گوشم شنید قصّهٔ ایمان و مست شد ‌ ‌ ‌ کو قسم چشم؟ صورت ایمانم آرزوست

یک دست جام باده و یک دست جَعد یار رقصی چنین میانهٔ میدانم آرزوست
می‌گوید آن رباب که مُردم ز انتظار دست و کنار و زخمهٔ عثمانم آرزوست
من هم رباب عشقم و عشقم ربابی است وآن لطف‌های زخمهٔ رحمانم آرزوست
باقیّ این غزل را ای مطرب ظریف زین‌سان همی‌شمار که زین‌سانم آرزوست
بنمای شمس مفخر تبریز رو ز شرق من هدهدم حضور سلیمانم آرزوست

***

بر عاشقان فریضه بوَد جست‌وجوی دوست بر روی و سر چو سیل دوان تا به جوی دوست
خود اوست جمله طالب و ما همچو سایه‌ها ای گفت‌وگوی ما همگی گفت‌وگوی دوست
گاهی به جوی دوست چو آب روان خوشیم گاهی چو آب حبس شدم در سبوی دوست
گه چون حویج دیگ بجوشیم و او به فکر کفگیر می‌زند که چنین است خوی دوست
بر گوش ما نهاده دهان او به دمدمه تا جان ما بگیرد یک‌باره بوی دوست
چون جانِ جان وی آمد، از وی گزیر نیست من در جهان ندیدم یک جان عدوی دوست
بگدازدت ز ناز و چو مویت کند ضعیف ندهی به هر دو عالم یکتای موی دوست
با دوست ما نشسته که ای دوست! دوست کو؟ کو کو همی‌زنیم ز مستی به کوی دوست
تصویرهای ناخوش و اندیشهٔ رکیک از طبع سست باشد و این نیست سوی دوست
خاموش باش تا صفت خویش خود کند کو های‌های سرد تو؟ کو های‌هوی دوست؟

***

گر چپّ و راست طعنه و تشنیع بیهُده‌ست از عشق برنگردد، آن‌کس که دل‌شده‌ست
مَه نور می‌فشاند و سگ بانگ می‌کند مَه را چه جُرم؟ خاصیت سگ چنین بُده‌ست

کوه است، نیست کَه کِه به بادی ز جا رود
آن گلّهٔ پشه‌ست که بادیش ره زده‌ست

گر قاعده‌ست اینکه ملامت بود ز عشق
کرّیّ گوش عشق از آن نیز قاعده‌ست

ویرانی دو کون در این ره عمارت است
ترک همه فواید در عشق فایده‌ست

عیسی ز چرخ چارم می‌گوید الصّلا
دست و دهان بشوی که هنگام مائده‌ست

رو محو یار شو به خرابات نیستی
هرجا دو مست باشد، ناچار عربده‌ست

در بارگاه دیو درآیی که داد داد
داد از خدای خواه که اینجا همه دده‌ست

گفته‌ست مصطفی که ز زن مشورت مگیر
این نفس ما زن است اگرچه که زاهده‌ست

چندان بنوش می که بمانی ز گفت‌وگو
آخر نه عاشقی و نه این عشق میکده‌ست

گر نظم و نثر گویی، چون زرّ جعفری
آن‌سو که جعفر است، خرافات فاسده‌ست

***

جانا جمال روح، بسی خوب و با فَر است
لیکن جمال و حسن تو، خود چیز دیگر است

ای آن که سال‌ها صفت روح می‌کنی
بنمای یک صفت که به ذاتش برابر است

در دیده می‌فزاید نور از خیال او
با این‌همه به پیش وصالش مکدّر است

ماندم دهان باز ز تعظیم آن جمال
هر لحظه بر زبان و دل الله‌اکبر است

دل یافت دیده‌ای که مقیم هوای توست
آوَه که آن هوا چه دل و دیده پرور است

از حور و ماه و روح و پری هیچ دم مزن
کآن‌ها به او نمانَد، او چیز دیگر است

چاکرنوازی است که کرده‌ست عشق تو
ورنی کجا دلی که بدان عشق درخور است؟

هر دل که او نخفت شبی در هوای تو
چون روز روشن است و هوا زو منوّر است

هرکس که بی‌مراد شد، او چون مرید توست
بی‌صورت مراد، مرادش میسّر است

هر دوزخی که سوخت و در این عشق او فتاد　　در کوثر اوفتاد که عشق تو کوثر است
پایم نمی‌رسد به زمین از امید وصل　　هرچند از فراق توأم دست بر سر است
غمگین مشو دلا تو از این ظلم دشمنان　　اندیشه کن در اینکه دلارام داور است
از روی زعفران من اَر شاد شد عدو　　نی روی زعفران من از وَرد احمرست
چون برتر است خوبی معشوقم از صفت　　دردم چه فربه است و مدیحم چه لاغر است
آری چو قاعده‌ست که رنجور زار را　　هرچند رنج بیش بوَد، ناله کمتر است
همچون قمر بتافت ز تبریز شمس دین　　نی، خود قمر چه باشد؟ کآن روی اقمر است

* * *

از بامداد، روی تو دیدن حیات ماست　　امروز روی خوب تو یا رب چه دل‌رباست
امروز در جمال تو خود لطف دیگرست　　امروز هرچه عاشق شیدا کند سزاست
امروز آن کسی که مرا دی بداد پند　　چون روی تو بدید ز من عذرها بخواست
صد چشم وام خواهم تا در تو بنگرم　　این وام از که خواهم و آن چشم خود که راست؟
در پیش بود دولت امروز لاجرم　　می‌جست و می‌تپید دل بنده روزهاست
از عشق شرم دارم اگر گویمش بشر　　می‌ترسم از خدای که گویم که این خداست
ابروم می‌جهید و دل بنده می‌تپید　　این می‌نمود رو که چنین بخت در قفاست
رقّاص‌تر درخت در این باغ‌ها منم　　زیرا درخت بختم و اندر سرم صباست
چون باشد آن درخت که برگش تو داده‌ای؟　　چون باشد آن غریب که همسایهٔ هماست؟
در ظِلّ آفتاب تو چرخی همی‌زنیم　　کوریّ آن که گوید ظِل از شَجَر جداست
جان نعره می‌زند که زهی عشق آتشین　　کآب حیات دارد با تو نشست و خاست

چون بگذرد خیال تو در کوی سینه‌ها | پای برهنه دل به در آید که جان کجاست؟
روی زمین چو نور بگیرد ز ماه تو | گویی هزار زهره و خورشید بر سماست
در روزن دلم نظری کن چو آفتاب | تا آسمان نگوید کآن ماه بی‌وفاست
قدّم کمان شد از غم و دادم نشان کژ | با عشق همچو تیرم، اینک نشان راست
در دل خیال خطّهٔ تبریز نقش بست | کآن خانهٔ اجابت و دل خانهٔ دعاست

* * *

پنهان مشو که روی تو بر ما مبارک است | نظّارهٔ تو بر همه جان‌ها مبارک است
یک لحظه سایه از سر ما دورتر مکن | دانسته‌ای که سایهٔ عنقا مبارک است
ای نوبهار حسن بیا کآن هوای خوش | بر باغ و راغ و گلشن و صحرا مبارک است
ای صدهزار جان مقدس فدای او | کآید به کوی عشق که آنجا مبارک است
سودایی‌ایم از تو و بطّال و کو به کو | ما را چنین بطالت و سودا مبارک است
ای بستگانِ تن به تماشای جان روید | کآخر رسول گفت تماشا مبارک است
هر برگ و هر درخت رسولی‌ست از عدم | یعنی که کشت‌های مُصفّا مبارک است
چون برگ و چون درخت بگفتند بی‌زبان | بی‌گوش بشنوید که این‌ها مبارک است
ای جانِ چار عنصرِ عالم جمال تو | بر آب و باد و آتش و غبرا مبارک است
یعنی که هرچه کاری آن گم نمی‌شود | کس تخم دین نکارد الّا مبارک است
سجده بَرَم که خاک تو بر سر چو افسر است | پا دَرنَهم که راه تو بر پا مبارک است
می‌آیدم به چشم، همین لحظه نقش تو | والله خجسته آمد و حقّا مبارک است
نقشی که رنگ بست از این خاک بی‌وفاست | نقشی که رنگ بست ز بالا مبارک است

بر خاکیان جمال بهاران خجسته است
بـر ماهیان تپیدن دریـا مـبارک است

آن آفـتـاب کـز دل، در سینه‌ها بتافت
بر عرش و فرش و گنبد خضرا مبارک است

دل را مجال نیست که از ذوق دم زند
جان سجده می‌کند که خدایا مبارک است

هر دل که با هوای تو امشب شود حریف
او را یقین بدان تو که فردا مبارک است

بفزا شراب خامش و ما را خموش کن
کاندر درون نهفتن اشیا مبارک است

***

جان سوی جسم آمد و تن سوی جان نرفت
وآن‌سو که تیر رفت، حقیقت کمان نرفت

جان چُست شد که تا بپرد وین تنِ گران
هم در زمین فروشُد و بر آسمان نرفت

جـان مـیزبـان تـن شـد در خـانهٔ گِلین
تن خانه‌دوست بود که با میزبان نرفت

در وحشتی بماند که تن را گمان نبود
جان رفت جانبی که بدانجا گمان نرفت

پایان فراق بین که جهان آمد این جهان
اندر جهان که دید کسی کز جهان نرفت؟

مرگت گلو بگیرد، تو خیره‌سر شوی
گویی رسـول نامد ویـن را بیان نرفت

در هـر دهـان کـه آب از آزادی‌ام گشاد
در گـور هیچ مـور ورا در دهـان نرفت

***

ما را کنار گیر تو را خـود کنار نیست
عاشق‌نواختن بـه خـدا هیچ عـار نیست

بی‌حد و بـی‌کـناری، نایی تـو در کنار
ای بحر بی‌امان که تو را زینهار نیست

زآن شب که ماه خویش نمودی به عاشقان
چون چرخِ بی‌قرار کسی را قرار نیست

جز فیضِ بحرِ فضلِ تو ما را امید نیست
جـز گـوهـر ثـنای تـو مـا را نـثار نیست

تـا کـار و بـار عشق هـوای تـو دیـده‌ام
ما را تحیّری‌ست که با کار، کار نیست

یک میر وانَما که تو را او اسیر نیست
یک شیر وانَما که تو را او شکار نیست

مرغان جَسته‌ایم ز صد دام مَردوار — دامی‌ست دام تو که از این‌سو مَطار نیست
آمد رسول عشق تو چون ساقی صبوح — با جام باده‌ای که مر آن را خمار نیست
گفتم که ناتوانم و رنجورم از فراق — گفتا بگیر هین که گه اعتذار نیست
گفتم بهانه نیست تو خود حال من ببین — مپذیر عذر بنده اگر زار زار نیست
کارم به یک دم آمد از دمدمه جفا — هنگام مُردن است زمان عقار نیست
گفتا که حال خویش فراموش کن بگیر — زیرا که عاشقان را هیچ اختیار نیست
تا نگذری ز راحت و رنج و ز یاد خویش — سوی مقرّبان وصالت گذار نیست
آبی بزن از این می و بنشان غبار هوش — جز ماه عشق هرچه بوَد جز غبار نیست

***

هر نفس آواز عشق می‌رسد از چپّ و راست — ما به فلک می‌رویم، عزم تماشا که راست؟
ما به فلک بوده‌ایم، یار ملک بوده‌ایم — باز همان‌جا رَویم جمله که آن شهر ماست
خود ز فلک برتریم وز ملک افزون‌تریم — زین دو چرا نگذریم؟ منزل ما کبریاست
گوهر پاک از کجا، عالم خاک از کجا؟ — بر چه فرود آمدیت؟ بار کنید، این چه جاست؟
بخت جوان یار ما، دادن جان کار ما — قافله‌سالار ما فخر جهان مصطفاست
از مه او مه شکافت دیدن او برنتافت — ماه چنان بخت یافت او که کمینه گداست
بوی خوش این نسیم از شکن زلف اوست — شعشعهٔ این خیال زآن رخ چون والضّحاست
در دل ما درنگر هر دم، شقّ قمر — کز نظر آن نظر چشم تو آن‌سو چراست؟
خلق چو مرغابیان، زاده ز دریای جان — کی کند اینجا مقام مرغ کز آن بحر خاست؟
بلکه به دریا دریم، جمله در او حاضریم — ور نه ز دریای دل موج پیاپی چراست؟
آمد موج اَلَست، کشتی قالب ببست — باز چو کشتی شکست، نوبت وصل و لقاست

***

نوبت وصل و لقاست، نوبت حشر و بقاست　نوبت لطف و عطاست، بحر صفا در صفاست

دُرج عطا شد پدید، غرّهٔ دریا رسید　صبح سعادت دمید، صبح چه نور خداست

صورت و تصویر کیست؟ این شه و این میر کیست؟　این خرد پیر کیست؟ این همه روپوش‌هاست

چارهٔ روپوش‌ها، هست چنین جوش‌ها　چشمهٔ این نوش‌ها در سر و چشم شماست

در سر خود پیچ، لیک هست شما را دو سر　این سر خاک از زمین و آن سر پاک از سَماست

ای بس سرهای پاک، ریخته در پای خاک　تا تو بدانی که سر زآن سر دیگر به پاست

آن سر اصلی نهان وآن سر فرعی عیان　دان که پسِ این جهان، عالم بی‌منتهاست

مشک ببند ای سقا می‌نبرد خُنب ما　کوزهٔ ادراک‌ها تنگ از این تنگناست

از سوی تبریز تافت، شمس حق و گفتمش　نور تو هم متصّل با همه و هم جداست

***

باز درآمد به بزم، مجلسیان دوست دوست　گرچه غلط می‌دهد، نیست غلط، اوست اوست

گاه خوشِ خوش شود گه همه آتش شود　تعبیه‌های عجب یار مرا خوست خوست

نقش وفا وی کند، پشت به ما کی کند؟　پشت ندارد چو شمع، او همگی روست روست

پوست رها کن چو مار سر تو برآور ز یار　مغز نداری مگر، تاکی از این پوست پوست؟

هر که به جِدّ تمام در هوس ماست ماست　هر که چو سیل روان در طلب جوست جوست

از هوس عشق او، باغ پر از بلبل است　وز گل رخسار او، مغز پر از بوست بوست

مفخر تبریزیان شمس حق آگه بود　کز غم عشق این تنم، بر مثل موست موست

***

ای غم اگر مو شوی پیش مَنَت بار نیست
پر شکر است این مقام هیچ تو را کار نیست

غصّه در آن دل بوَد کز هوس او تهی‌ست
غم همه آنجا رود کآن بت عیّار نیست

ای غم اگر زر شوی ور همه شکّر شوی
بندم لب، گویمت خواجه شکرخوار نیست

در دل اگر تنگی است، تنگ شکرهای اوست
ور سفری در دل است، جز بر دلدار نیست

ای که تو بی‌غم نه‌ای، می‌کن دفع غمش
شاد شو از بوی یار کِت نظر یار نیست

ماه ازل روی او، بیت و غزل بوی او
بوی بوَد قِسم آنک محرم دیدار نیست

* * *

بخند بر همه عالم که جای خنده تو راست
که بندهٔ قد و ابروی توست هر کژ و راست

فتد به پای تو دولت نهد به پیش تو سر
که آدمی و پری در رهٔ تو بی‌سر و پاست

پرید جان من از عشق سوی گلشن رفت
تو را ندید به گلشن دمی نشست و نخاست

برون دوید ز گلشن چو آب سجده‌کنان
که جویبار سعادت که اصل جاست، کجاست؟

چو اهل دل ز دلم قصّهٔ تو بشنیدند
ز جمله نعره برآمد که مست دلبر ماست

پس آدمی و پری جمع گشت بر من و گفت
بده ز شرق نشان‌ها که این دمت چو صباست

جفات نیز شکروار چاشنی دارد
زهی جفا که در او صدهزار گنج وفاست

قفا بداد و سفر کرد شمس تبریزی
بگو مرا تو که خورشید را چه رو و قفاست

* * *

شیر خدا بند گسستن گرفت
ساقی جان شیشه شکستن گرفت

دزد دلم گشت گرفتار یار
دزد مرا دست ببستن گرفت

دوش چه شب بود؟ که در نیمشب
برق ز رخسار تو جستن گرفت

عشق تو آورد شراب و کباب / عقل به یک گوشه، نشستن گرفت
ساغر می قهقهه آغاز کرد / خابیه خونابه گرستن گرفت
در دل خُم باده چو انداخت تیر / بال و پر غصّه گسستن گرفت
پیر خرد دید که سرده توی / دست ز مستان تو شستن گرفت
طفل دلم را به کَرَم شیر ده / چون سر پستان تو جستن گرفت
جان من از شیر تو شد شیرگیر / وز سگی نفس برستن گرفت
ساقی باقی چو به جان باده داد / عمر ابد یافت و بزستن گرفت
بیش مگو راز که دلبر به خشم / جانب من کژ نگرستن گرفت

* * *

باز رسیدیم ز میخانه مست / باز رهیدیم ز بالا و پست
جمله مستان خوش و رقصان شدند / دست زنید ای صنمان دست دست
ماهی و دریا همه مستی کنند / چون که سر زلف تو افتاده شست
زیر و زبر گشت خرابات ما / خنب نگون گشت و قرابه شکست
پیر خرابات چو آن شور دید / بر سر بام آمد و از بام جست
جوش برآورد یکی می کز او / هست شود نیست، شود نیست هست
شیشه چو بشکست و به هر سوی ریخت / چند کف پای حریفان که خست
آن که سر از پای نداند کجاست / مست فتاده‌ست به کوی اَلَست
باده‌پرستان همه در عشرتند / تن‌تن تن‌تن شنو ای تن‌پرست

* * *

ماه دیدم شد مرا سودای چرخ | آن مهی نی کاو بود بالای چرخ
تو ز چرخی با تو می‌گویم ز چرخ | ور نه این خورشید را چه جای چرخ؟
زهره را دیدم همی‌زد چنگ دوش | ای همه چون دوش ما شب‌های چرخ
جان من با اختران آسمان | رقص‌رقصان گشته در پهنای چرخ
در فراق آفتاب جان ببین | از شفق پرخون شده سیمای چرخ
سر فروکن یک دمی از بام چرخ | تا زنم من چرخ‌ها در پای چرخ
سنگ از خورشید شد یاقوت و لعل | چشم از خورشید شد بینای چرخ
ماه، خود بر آسمان دیگرست | عکس آن ماه است در دریای چرخ

***

بی‌گاه شد، بی‌گاه شد، خورشید اندر چاه شد | خورشیدِ جانِ عاشقان در خلوت الله شد
روزی‌ست اندر شب نهان، ترکی میان هندوان | شب ترک‌تازی‌ها بکن کآن ترک در خرگاه شد
گر بو بری زین روشنی آتش به خواب اندرزنی | کز شب‌روی و بندگی، زُهره حریف ماه شد
ما شب گریزان و دوان وَندر پی ما زنگیان | زیرا که ما بردیم زر تا پاسبان آگاه شد
ما شب‌روی آموخته، صد پاسبان را سوخته | رخ‌ها چو شمع افروخته کآن بَیذَق ما شاه شد
ای شاد آن فرّخ‌رخی کاو رخ بدان رخ آورد | ای کرّ و فرّ آن دلی کاو سوی آن دلخواه شد
آن کیست اندر راه دل کاو را نباشد آه دل؟ | کار آن کسی دارد که او غرقابهٔ آن آه شد
چون غرق دریا می‌شود دریاش بر سر می‌نهد | چون یوسف چاهی که او از چاه سوی جاه شد
گویند اصل آدمی خاک است و خاکی می‌شود | کی خاک گردد آن کسی کاو خاک این درگاه شد؟
یکسان نماید کشت‌ها تا وقت خرمن دررسد | نیمیش مغز نغز شد وآن نیم دیگر کاه شد

***

بی‌گاه شد، بی‌گاه شد، خورشید اندر چاه شد
خیزید ای خوش‌طالعان وقت طلوع ماه شد

ساقی به سوی جام رو ای پاسبان بر بام رو
ای جانِ بی‌آرام رو کآن یار، خلوت‌خواه شد

اشکی که چشم افروختی، صبری که خرمن سوختی
عقلی که راه آموختی، در نیم‌شب گمراه شد

جان‌های باطن‌روشنان شب را به دل روشن‌کنان
هندوی شب نعره‌زنان کآن ترک در خرگاه شد

باشد ز بازی‌های خوش، بیدق رَوَد فرزین شود
در سایهٔ فرّخ‌رخی، بیدق برفت و شاه شد

شب روح‌ها واصل شود، مقصودها حاصل شود
چون روز روشن‌دل شود، هر کاو ز شب آگاه شد

ای روز چون حشری مگر وی شب، شب قدری مگر
یا چون درخت موسی‌ای کاو مظهر الله شد

شب ماه خرمن می‌کند ای روز زین بر گاو نه
بنگر که راه کهکشان از سنبله پرکاه شد

در چاه شب غافل مشو، در دَلوِ گردون دست زن
یوسف گرفت آن دلو را از چاه سوی جاه شد

در تیره‌شب چون مصطفی، می‌رو طلب می‌کن صفا
کآن شه ز معراج شبی بی‌مثل و بی‌اشباه شد

خاموش شد عالم به شب تا چست باشی در طلب
زیرا که بانگ و عربده تشویش خلوتگاه شد

ای شمس تبریزی که تو از پردهٔ شب فارغی
لاشرقی و لاغربی‌ای اکنون سخن کوتاه شد

* * *

ای لولیان! ای لولیان! یک لولی‌ای دیوانه شد
تشتش فتاد از بام ما، نک سوی مجنون‌خانه شد

می‌گشت گِرد حوض او، چون تشنگان در جست‌وجو
چون خشک‌نانه ناگهان در حوض ما تَرنانه شد

ای مرد دانشمند تو دو گوش از این بربند تو
مشنو تو این افسون که او ز افسون ما افسانه شد

زین حلقه نجهد گوش‌ها کاو عقل بُرد از هوش‌ها
تا سر نهد بر آسیا چون دانه در پیمانه شد

بازی مبین، بازی مبین، اینجا تو جانبازی گزین
سرها ز عشق جعد او بس سرنگون چون شانه شد

غرّه مشو با عقل خود، بس اوستاد معتمد
کِاسْتون عالم بود او، نالان‌تر از حنّانه شد

من که ز جان ببریده‌ام چون گل قبا بدریده‌ام
زآن رو شدم که عقل من با جان من بیگانه شد

این قطره‌های هوش‌ها مغلوب بحر هوش شد
ذرّات این جان‌ریزه‌ها مستهلک جانانه شد

خامش کنم، فرمان کنم وین شمع را پنهان کنم
شمعی که اندر نور او خورشید و مه پروانه شد

* * *

گر جان عاشق دم زند آتش در این عالم زند
وین عالم بی‌اصل را چون ذرّه‌ها برهم زند

عالم همه دریا شود، دریا ز هیبت لا شود
آدم نماند و آدمی گر خویش با آدم زند

دودی برآید از فلک، نی خلق ماند، نی ملک
زآن دود ناگه آتشی بر گنبد اعظم زند

بشکافد آن دم آسمان، نی کون ماند، نی مکان
شوری درافتد در جهان، وین سور بر ماتم زند

گه آب را آتش برد گه آب آتش را خورد
گه موج دریای عدم بر اَشهَب و اَدهَم زند

خورشید افتد در کمی از نور جان آدمی
کم پرس از نامحرمان، آنجا که محرم کم زند

مرّیخ بگذارد نَری، دفتر بسوزد مشتری
مَه را نماند مِهتری، شادیّ او بر غم زند

افتد عطارد در وَحَل، آتش درافتد در زحل
زَهره نماند زُهره را تا پردهٔ خرّم زند

نی قوس ماند، نی قُزَح، نی باده ماند، نی قدح
نی عیش ماند، نی فرح، نی زخم بر مرهم زند

نی آب نقّاشی کند، نی باد فرّاشی کند / نی باغ خوش‌باشی کند، نی ابر نیسان نم زند

نی درد ماند، نی دوا، نی خصم ماند، نی گوا / نی نای مانَد، نی نوا، نی چنگ زیر و بم زند

اسباب در باقی شود، ساقی به خود ساقی شود / جان «رَبّیَ الأعلی» گُوَد، دل «رَبّیَ الأعلَم» زند

برجَه که نقّاش ازل بار دوم شد در عمل / تا نقش‌های بی‌بدل بر کسوهٔ مَعلَم زند

حق آتشی افروخته تا هرچه ناحق سوخته / آتش بسوزد قلب را بر قلب آن عالم زند

خورشید حق دل شرق او، شرقی که هر دم برق او / بر پورهٔ اَدهَم جهد، بر عیسی مریم زند

***

آن کیست آن؟ آن کیست آن؟ کاو سینه را غمگین کند / چون پیش او زاری کنی تلخ تو را شیرین کند

اوّل نماید مار کر آخر بود گنج گهر / شیرین‌شهی کاین تلخ را در دم نکوآیین کند

دیوی بوَد حورش کند ماتم بوَد سورش کند / وآن کور مادرزاد را دانا و عالمبین کند

تاریک را روشن کند وآن خار را گلشن کند / خار از کفت بیرون کشد وز گل تو را بالین کند

بهر خلیل خویشتن آتش دهد افروختن / وآن آتش نمرود را اشکوفه و نسرین کند

روشن‌کنِ اِستارگان چاره‌گرِ بیچارگان / بر بندهٔ او احسان کند هم بند را تحسین کند

جمله گناه مجرمان چون برگ دی ریزان کند / در گوش بدگویان خود عذر گنه تلقین کند

گوید بگو «یا ذا الوفا اِغفِر لِذَنبٍ قَد هفا» / چون بنده آید در دعا او در نهان آمین کند

آمین او آن است کاو اندر دعا ذوقش دهد / او را برون و اندرون شیرین و خوش چون تین کند

ذوق است کاندر نیک و بد در دست و پا قوّت دهد / کاین ذوقْ زورِ رستمان جفتِ تن مسکین کند

با ذوق مسکین رستمی، بی‌ذوق رستم پرغمی / گر ذوق نبْوَد یار جان، جان را چه با تمکین کند؟

دل را فرستادم به گه کاو تیز داند رفت ره / تا سوی تبریز وفا اوصاف شمس‌الدّین کند

***

امروز خندانیم و خوش کآن بخت خندان می‌رسد
سلطان سلطانان ما از سوی میدان می‌رسد

امروز توبه بشکنم، پرهیز را برهم زنم
کآن یوسف خوبانِ من از شهر کنعان می‌رسد

مست و خرامان می‌روم پوشیده چون جان می‌روم
پرسان و جویان می‌روم آن‌سو که سلطان می‌رسد

اقبال آبادان شده دستار دل ویران شده
افتان شده خیزان شده کز بزم مستان می‌رسد

فرمان ما کن ای پسر با ما وفا کن ای پسر
نسیه رها کن ای پسر کامروز فرمان می‌رسد

پرنور شو چون آسمان سرسبزه شو چون بوستان
شو آشنا چون ماهیان کآن بحر عمّان می‌رسد

هان ای پسر! هان ای پسر! خود را ببین در من نگر
زیرا ز بوی زعفران گوینده خندان می‌رسد

بازآمدی کف می‌زنی تا خانه‌ها ویران کنی
زیرا که در ویرانه‌ها خورشید رخشان می‌رسد

ای خانه را گشته گرو تو سایه‌پروردی برو
کز آفتاب آن سنگ را لعل بدخشان می‌رسد

گه خونی و خون‌خواره‌ای گه خستگان را چاره‌ای
خاصه که این بیچاره را کز سوی ایشان می‌رسد

امروز مستان را بجو غیبم ببین عیبم مگو
زیرا ز مستی‌های او حرفم پریشان می‌رسد

***

رندان سلامت می‌کنند جان را غلامت می‌کنند
مستی ز جامت می‌کنند مستان سلامت می‌کنند

در عشق گشتم فاش‌تر وز همگنان قلّاش‌تر
وز دلبران خوش‌باش‌تر مستان سلامت می‌کنند

غوغای روحانی نگر سیلاب طوفانی نگر
خورشید ربّانی نگر مستان سلامت می‌کنند

افسون مرا گوید کسی توبه ز من جوید کسی
بی‌پا چو من پوید کسی مستان سلامت می‌کنند

ای آرزوی آرزو، آن پرده را بردار زو
من کس نمی‌دانم جز او، مستان سلامت می‌کنند

ای ابر خوش‌باران بیا وی مستی یاران بیا
وی شاه طرّاران بیا مستان سلامت می‌کنند

حیران کن و بی‌رنج کن ویران کن و پرگنج کن
نقد ابد را سنج کن مستان سلامت می‌کنند

شهری ز تو زیر و زبر هم بی‌خبر هم باخبر
وی از تو دل صاحب‌نظر مستان سلامت می‌کنند

آن میر مه‌رو را بگو وآن چشم جادو را بگو
وآن شاه خوش‌خو را بگو مستان سلامت می‌کنند

آن میر غوغا را بگو وآن شور و سودا را بگو
وآن سرو خضرا را بگو مستان سلامت می‌کنند

آنجا که یک باخویش نیست، یک مست آنجا بیش نیست
آنجا طریق و کیش نیست، مستان سلامت می‌کنند

آن جان بی‌چون را بگو وآن دام مجنون را بگو
وآن دُرّ مکنون را بگو مستان سلامت می‌کنند

آن دام آدم را بگو وآن جان عالم را بگو
وآن یار و همدم را بگو مستان سلامت می‌کنند

آن بحر مینا را بگو وآن چشم بینا را بگو
وآن طور سینا را بگو مستان سلامت می‌کنند

آن توبه‌سوزم را بگو وآن خرقه‌دوزم را بگو
وآن نور روزم را بگو مستان سلامت می‌کنند

آن عید قربان را بگو وآن شمع قرآن را بگو
وآن فخر رضوان را بگو مستان سلامت می‌کنند

ای شه حسام‌الدین ما ای فخر جمله اولیا
ای از تو جان‌ها آشنا مستان سلامت می‌کنند

***

رو آن ربابی را بگو مستان سلامت می‌کنند
وآن مرغ آبی را بگو مستان سلامت می‌کنند

وآن میر ساقی را بگو مستان سلامت می‌کنند
وآن عمر باقی را بگو مستان سلامت می‌کنند

وآن میر غوغا را بگو مستان سلامت می‌کنند
وآن شور و سودا را بگو مستان سلامت می‌کنند

ای مه ز رخسارت خجل، مستان سلامت می‌کنند
وی راحت و آرام دل، مستان سلامت می‌کنند

ای جانِ جان! ای جانِ جان! مستان سلامت می‌کنند
یک مست اینجا بیش نیست، مستان سلامت می‌کنند

ای آرزوی آرزو مستان سلامت می‌کنند
آن پرده را بردار زو، مستان سلامت می‌کنند

***

سـودای تــو در جـوی جـان چـون آب حیـوان مـی‌رود
آب حیـات از عشـق تـو در جـوی جویـان مـی‌رود

عـالـم پـر از حمـد و ثنـا از طوطیـان آشـنـا
مـرغ دلـم بـر مـی‌پـرد چـون ذکـر مـرغـان مـی‌رود

بر ذکر ایشان جان دهم جان را خوش و خندان دهم
جان چون نخندد؟ چون ز تن در لطف جانان می‌رود

هـر مـرغ جـان چـون فاخته در عشـق طوقی ساخته
چـون مـن قفس پرداختـه سـوی سلیمـان مـی‌رود

از جـان هـر سبحانی‌ای هـر دم یکـی روحـانی‌ای
مست و خـراب و فانی‌ای تا عـرش سبحـان مـی‌رود

جـان چیسـت؟ خـمّ خسـروان در وی شـراب آسمـان
زین رو سخن چون بی‌خودان هر دم پریشان می‌رود

در خـوردنـم ذوقــی دگـر در رفتنـم ذوقــی دگـر
در گفتنم ذوقـی دگر باقـی بـر این‌سـان مـی‌رود

میدان خوش است ای ماهرو با گیر و دار ما و تو
ای هر که لنگ است اسب او لنگان ز میدان می‌رود

مـه از پـی چـوگان تـو خـود را چـو گویی ساخته
خورشید هم جان باخته چون گوی غلتان می‌رود

این دو بسی بشتافتـه پیش تو ره نایافتـه
در نـور تـو دربافتـه بیـرون ایـوان مـی‌رود

چـون نـور بیـرون این بـوَد پـس او کـه دولت‌بین بـوَد
یا رب چه با‌تمکین بـوَد یا رب چه رخشان می‌رود

✳ ✳ ✳

آمد بهار عاشقان تا خاکدان بستان شود
آمد ندای آسمان تا مرغ جان پرّان شود
هم بحر پرگوهر شود هم شوره چون کوثر شود
هم سنگ، لعلِ کان شود هم جسم جمله جان شود
گر چشم و جان عاشقان چون ابر طوفان‌بار شد
امّا دل اندر ابر تن چون برق‌ها رخشان شود
دانی چرا چون ابر شد در عشق، چشم عاشقان؟
زیرا که آن مه بیشتر در ابرها پنهان شود
ای شاد و خندان ساعتی کآن ابرها گرینده شد
یا رب خجسته حالتی کان برق‌ها خندان شود
زآن صدهزاران قطره‌ها یک قطره ناید بر زمین
ور زآنکه آید بر زمین جمله جهان ویران شود
جمله جهان ویران شود وز عشق هر ویرانه‌ای
با نوح همکشتی شود پس محرم طوفان شود
طوفان اگر ساکن بُدی گردان نبودی آسمان
زآن موج بیرون از جهت این شش جهت جُنبان شود
ای مانده زیر شش جهت، هم غم بخور، هم غم مخور
کآن دانه‌ها زیر زمین یک روز نخلستان شود
از خاک روزی سر کند، آن بیخ شاخ تر کند
شاخی دو سه گر خشک شد باقیش آبستان شود
وآن خشک چون آتش شود، آتش چو جان هم خوش شود
آن این نباشد این شود، این آن نباشد آن شود
چیزی دهانم را ببست یعنی کنار بام و مست
هرچه تو زآن حیران شوی، آن چیز از او حیران شود

***

هین سخن تازه بگو تا دو جهان تازه شود | وارَهَد از حدّ جهان بی‌حد و اندازه شود
خاک سیه بر سر او کز دم تو تازه نشد | یا همگی رنگ شود یا همه آوازه شود
هر که شُدَت حلقهٔ در زود برد حقّهٔ زر | خاصه که در باز کنی مَحرم دروازه شود
آب چه دانست که او گوهر گوینده شود؟ | خاک چه دانست که او غمزهٔ غمّازه شود؟
روی کسی سرخ نشد بی‌مدد لعل لبت | بی‌تو اگر سرخ بوَد از اثر غازه شود
ناقهٔ صالح چو ز کُه زاد یقین گشت مرا | کوه پی مژدهٔ تو اشتر جَمّازه شود
راز نهان دار و خمش ور خمشی تلخ بود | آنچه جگرسوزه بود باز جگرسازه شود

***

آب زنید راه را هین که نگار می‌رسد | مژده دهید باغ را بوی بهار می‌رسد
راه دهید یار را آن مه ده‌چهار را | کز رخ نوربخش او نور نثار می‌رسد
چاک شده‌ست آسمان غلغله‌ای‌ست در جهان | عنبر و مشک می‌دمد سنجق یار می‌رسد
رونق باغ می‌رسد چشم و چراغ می‌رسد | غم به کناره می‌رود مه به کنار می‌رسد
تیر روانه می‌رود سوی نشانه می‌رود | ما چه نشسته‌ایم پس؟ شه ز شکار می‌رسد
باغ سلام می‌کند سرو قیام می‌کند | سبزه پیاده می‌رود غنچه سوار می‌رسد
خلوتیان آسمان تا چه شراب می‌خورند؟ | روح خراب و مست شد عقل خمار می‌رسد
چون برسی به کوی ما خامشی است خوی ما | زآن که ز گفت‌وگوی ما گرد و غبار می‌رسد

***

بی‌همگان به‌سر شود بی‌تو به‌سر نمی‌شود | داغ تو دارد این دلم جای دگر نمی‌شود

دیوان شمس تبریزی

دیدهٔ عقل مست تو چرخهٔ چرخ پست تو
گوش طرب به دست تو بی‌تو به سر نمی‌شود

جان ز تو جوش می‌کند دل ز تو نوش می‌کند
عقل خروش می‌کند بی‌تو به سر نمی‌شود

خمر من و خمار من، باغ من و بهار من
خواب من و قرار من، بی‌تو به سر نمی‌شود

جاه و جلال من توی مُلکت و مال من توی
آب زلال من توی بی‌تو به سر نمی‌شود

گاه سوی وفا روی گاه سوی جفا روی
آنِ منی، کجا روی؟ بی‌تو به سر نمی‌شود

دل بنهند برکنی، توبه کنند بشکنی
این همه خود تو می‌کنی، بی‌تو به سر نمی‌شود

بی‌تو اگر به سر شدی زیرِ جهان زبر شدی
باغ ارم سقر شدی بی‌تو به سر نمی‌شود

گر تو سری قدم شوم ور تو کفی علم شوم
ور بروی عدم شوم بی‌تو به سر نمی‌شود

خواب مرا ببسته‌ای نقش مرا بشسته‌ای
وز همه‌ام گسسته‌ای بی‌تو به سر نمی‌شود

گر تو نباشی یار من گشت خراب کار من
مونس و غمگسار من بی‌تو به سر نمی‌شود

بی‌تو نه زندگی خوشم بی‌تو نه مردگی خوشم
سر ز غم تو چون کشم بی‌تو به سر نمی‌شود

هرچه بگویم ای سند نیست جدا ز نیک و بد
هم تو بگو به لطف خود بی‌تو به سر نمی‌شود

* * *

چون که جمال حسن تو اسب شکار زین کند
نیست عجب که از جنون صد چو مرا چنین کند

بال برآرد این دلم چون که غمت پرک زند
بارخدا تو حکم کن تا به ابد همین کند

چون که ستارهٔ دلم با مَهِ تو قِران کند
آه که فلک چه لطف‌ها از تو بر این زمین کند

باده به دست ساقی‌ات گرد جهان همی‌رود
آخر کار عاقبت جان مرا گزین کند

گرچه بسی بیاوَرَد در دل بنده سر کند
غیرت تو بسوزدش گر نفسی جز این کند

از دل همچو آهنم دیو و پری حذر کند
چون دل همچو آب را عشق تو آهنین کند

جانِ چو تیر راست من، در کف توست چون کمان
چرخ از این ز کین من هر طرفی کمین کند

دیدهٔ چرخ و چرخیان نقش کند نشان من
زآنکه مرا به هر نفس لطف تو همنشین کند

سجده کنم به هر نفس از پی شکر آنکه حق
در تبریز مر مرا بندهٔ شمس دین کند

* * *

دلا نزد کسی بنشین که او از دل خبر دارد
به زیر آن درختی رو که او گل‌های تر دارد

در این بازار عطّاران مرو هر سو چو بی‌کاران
به دکّان کسی بنشین که در دکّان شکر دارد

ترازو گر نداری پس تو را زو ره زند هرکس
یکی قلبی بیاراید تو پنداری که زر دارد

تو را بر در نشاند او به طرّاری که می‌آید
تو منشین منتظر بر در که آن خانه دو در دارد

به هر دیگی که می‌جوشد میاور کاسه و منشین
که هر دیگی که می‌جوشد درون چیزی دگر دارد

نه هر کِلکی شکر دارد، نه هر زیری زبر دارد
نه هر چشمی نظر دارد، نه هر بحری گهر دارد

بنال ای بلبل دستان ازیرا نالهٔ مستان
میان صخره و خارا اثر دارد اثر دارد

بنه سر گر نمی‌گنجی که اندر چشمهٔ سوزن
اگر رشته نمی‌گنجد از آن باشد که سر دارد

چراغ است این دل بیدار به زیر دامنش می‌دار
از این باد و هوا بگذر هوایش شور و شر دارد

چو تو از باد بگذشتی مقیم چشمه‌ای گشتی
حریف همدمی گشتی که آبی بر جگر دارد
چو آبت بر جگر باشد درخت سبز را مانی
که میوه نو دهد دائم درون دل سفر دارد

***

بهار آمد بهار آمد بهار مشکبار آمد   نگار آمد نگار آمد نگار بردبار آمد
صبوح آمد صبوح آمد، صبوح راح و روح آمد   خرامان ساقی مه‌رو به ایثار عِقار آمد
صفا آمد صفا آمد که سنگ و ریگ روشن شد   شفا آمد شفا آمد شفای هر نزار آمد
حبیب آمد حبیب آمد به دلداریّ مشتاقان   طبیب آمد طبیب آمد، طبیب هوشیار آمد
سماع آمد سماع آمد سماع بی‌صداع آمد   وصال آمد وصال آمد وصال پایدار آمد
ربیع آمد ربیع آمد ربیع بس بدیع آمد   شقایق‌ها و ریحان‌ها و لاله خوش‌عذار آمد
کسی آمد کسی آمد که ناکس زو کسی گردد   مهی آمد مهی آمد که دفع هر غبار آمد
دلی آمد دلی آمد که دل‌ها را بخنداند   می‌ای آمد می‌ای آمد که دفع هر خمار آمد
کفی آمد کفی آمد که دریا دُر از او یابد   شهی آمد شهی آمد که جان هر دیار آمد
کجا آمد؟ کجا آمد؟ کز اینجا خود نرفتست او   ولیکن چشم، گه آگاه و گه بی‌اعتبار آمد
ببندم چشم و گویم شد، گشایم گویم او آمد   و او در خواب و بیداری قرین و یار غار آمد
کنون ناطق خمش گردد کنون خامش به نطق آید   رها کن حرف بشمرده که حرف بی‌شمار آمد

***

مرا عاشق چنان باید که هر باری که برخیزد
قیامت‌های پرآتش ز هر سویی برانگیزد

دلی خواهیم چون دوزخ که دوزخ را فروسوزد
دو صد دریا بشورانند ز موج بحر نگریزد
ملک‌ها را چه مَندیلی به دست خویش درپیچد
چراغ لایزالی را چو قندیلی درآویزد
چو شیری سوی جنگ آید دل او چون نهنگ آید
بجز خود هیچ نگذارد و با خود نیز بستیزد
چو هفتصد پردهٔ دل را به نور خود بدراند
ز عرشش این ندا آید، بنامیزد بنامیزد
چو او از هفتمین دریا به کوه قاف رو آرَد
از آن دریا چه گوهرها کنار خاک درریزد

* * *

مرا عهدی‌ست با شادی که شادی آن من باشد
مرا قولی‌ست با جانان که جانان جان من باشد
به خط خویشتن فرمان به دستم داد آن سلطان
که تا تخت است و تا بخت است او سلطان من باشد
اگر هشیار، اگر مستم، نگیرد غیر او دستم
وگر من دست خود خَستم، هم او درمان من باشد
چه زَهره دارد اندیشه که گِرد شهر من گردد
که قصد مُلک من دارد چو او خاقان من باشد
نبیند روی من زردی به اقبال لب لعلش
بمیرد پیش من رُستم چو او دَستان من باشد
بِدَرّم زَهرهٔ زُهره خراشم ماه را چهره
بَرَم از آسمان مُهره چو او کیوان من باشد

بِدَرّم جُبّهٔ مَه را بریزم ساغر شَه را
وگر خواهند تاوانم هم او تاوان من باشد

چراغ چرخ گردونم چو اِجری‌خوار خورشیدم
امیر گوی و چوگانم چو دل میدان من باشد

منم مصر و شکرخانه چو یوسف در بَرَم گیرد
چه جویم ملک کنعان را؟ چو او کنعان من باشد

زهی حاضر زهی ناظر زهی حافظ زهی ناصر
زهی الزام هر منکر چو او برهان من باشد

یکی جانی‌ست در عالم که ننگش آید از صورت
بپوشد صورت انسان ولی انسان من باشد

سر ما هست و من مجنون مجنبانید زنجیرم
مرا هر دم سرِ مه شد چو مه بر خوان من باشد

سخن‌بخش زبان من چو باشد شمس تبریزی
تو خامُش تا زبان‌ها خود چو دل جنبان من باشد

* * *

برون شو ای غم از سینه که لطف یار می‌آید
تو هم ای دل ز من گم شو که آن دلدار می‌آید

نگویم یار را شادی که از شادی گذشته‌ست او
مرا از فرط عشق او، ز شادی عار می‌آید

مسلمانان مسلمانان، مسلمانی ز سر گیرید
که کفر از شرم یار من، مسلمان‌وار می‌آید

برو ای شُکر کاین نعمت، ز حدّ شُکر بیرون شد
نخواهم صبر گرچه او، گهی هم کار می‌آید

رَوید ای جمله صورتها که صورتهای نو آمد
عَلَمهاتان نگون گردد که آن بسیار می‌آید
دَر و دیوار این سینه، همی‌دَرَّد ز انبوهی
که اندر دَر نمی‌گنجد، پس از دیوار می‌آید

* * *

آن را که درون دل عشق و طلبی باشد / چون دل نگشاید در آن را سببی باشد
رو بر در دل بنشین کآن دلبر پنهانی / وقت سحری آید یا نیم‌شبی باشد
جانی که جدا گردد جویای خدا گردد / او نادره‌ای باشد او بوالعجبی باشد
آن دیده کز این ایوان، ایوان دگر بیند / صاحب‌نظری باشد شیرین‌لقبی باشد
آنکس که چنین باشد با روح قرین باشد / در ساعت جان دادن او را طربی باشد
پایش چو به سنگ آید دُرّیش به چنگ آید / جانش چو به لب آید با قَندلَبی باشد
چون تاج ملوکاتش در چشم نمی‌آید / او بی‌پدر و مادر عالی‌نسبی باشد
خاموش کن و هرجا اسرار مکن پیدا / در جمع سبک‌روحان هم بولَهَبی باشد

* * *

آنکس که تو را دارد از عیش چه کم دارد؟ / وآنکس که تو را بیند، ای ماه چه غم دارد؟
از رنگ بلور تو شیرین شده جور تو / هرچند که جور تو بس تند قدم دارد
ای نازش حور از تو وی تابش نور از تو / ای آنکه دو صد چون مَه شاگرد و حشم دارد
ور خود حَشَمش نبوَد خورشید بوَد تنها / آخر حشم حُسنش صد طبل و علم دارد
بس عاشق آشفته، آسوده و خوش خفته / در سایهٔ آن زلفی کاو حلقه و خم دارد
گفتم به نگار من کز جور مرا مشکن / گفتا به صدف مانی کاو دُر به شکم دارد

تا نشکنی ای شیدا آن دُر نشود پیدا آن دُر بت من باشد یا شکل بتم دارد
شمس‌الحق تبریزی بر لوح چو پیدا شد والله که بسی منّت بر لوح و قلم دارد

* * *

نان‌پاره ز من بِستان جان پاره نخواهد شد
آوارهٔ عشق ما آواره نخواهد شد
آن را که منم خرقه عریان نشود هرگز
وآن را که منم چاره بیچاره نخواهد شد
آن را که منم منصب معزول کجا گردد؟
آن خاره که شد گوهر او خاره نخواهد شد
آن قبلهٔ مشتاقان ویران نشود هرگز
وآن مصحف خاموشان سی پاره نخواهد شد
از اشک شود ساقی این دیدهٔ من لیکن
بی‌نرگس مخمورش خمّاره نخواهد شد
بیمار شود عاشق امّا بنمی‌میرد
ماه ار چه که لاغر شد اِستاره نخواهد شد
خاموش کن و چندین غمخواره مشو آخر
آن نفس که شد عاشق، امّاره نخواهد شد

* * *

خواب از پی آن آید تا عقل تو بستاند دیوانه کجا خسبد؟ دیوانه چه شب داند؟
نی روز بود نی شب، در مذهب دیوانه آن چیز که او دارد، او داند او داند
از گردش گردون شد روز و شب این عالم دیوانهٔ آنجا را گردون بنگر داند
گرچشم‌سرش‌خسپدبی‌سرهمه‌چشم‌است‌او کز دیدهٔ جان خود لوح ازلی خواند

دیوانگی ار خواهی چون مرغ شو و ماهی ... با خواب چو همراهی، آن با تو کجا ماند؟
شب‌رو شو و عیّاری در عشق چنان یاری ... تا باز شود کاری زآن طرّه که بفشاند
دیوانه دگر سان است او حاملهٔ جان است ... چشمش چو به جانان است حملش نه بدو ماند
زین شرح اگر خواهی از شمس حق و شاهی ... تبریز همه عالم زو نور نو افشاند

* * *

جان پیش تو هر ساعت می‌ریزد و می‌روید ... از بهر یکی جان کس چون با تو سخن گوید؟
هرجا که نهی پایی از خاک بروید سر ... وز بهر یکی سر، کس دست از تو کجا شوید؟
روزی که بپرّد جان از لذّت بوی تو ... جان داند و جان داند کز دوست چه می‌بوید
یک دم که خمار تو از مغز شود کمتر ... صد نوحه برآرد سر هر موی همی‌مویَد
من خانه تهی کردم کز رخت تو پر دارم ... می‌کاهم تا عشقت افزاید و افزوید
جانم ز پی عشق شمس‌الحق تبریزی ... بی‌پای چو کشتی‌ها در بحر همی‌پوید

* * *

عاشق شده‌ای ای دل! سودات مبارک باد ... از جا و مکان رَستی آن جات مبارک باد
از هر دو جهان بگذر تنها زن و تنها خور ... تا ملک و ملک گویند تنهات مبارک باد
ای پیش‌روِ مردی امروز تو برخوردی ... ای زاهد فردایی فردات مبارک باد
کفرت همگی دین شد تلخت همه شیرین شد ... حلوا شده‌ای کلّی حلوات مبارک باد
در خانقه سینه غوغاست فقیران را ... ای سینهٔ بی‌کینه غوغات مبارک باد
این دیدهٔ دل‌دیده اشکی بُد و دریا شد ... دریاش همی‌گوید دریات مبارک باد
ای عاشق پنهانی آن یار قرینت باد ... ای طالب بالایی بالات مبارک باد

ای جانِ پسندیده جوییده و کوشیده	پرهات برویـیده پرهات مبارک باد
خامش کن و پنهان کن بازار نکو کردی	کالای عجب بردی کالات مبارک باد

* * *

هر ذرّه که بر بالا می نوشد و پا کوبد	خورشید ازل بیند وز عشق خدا کوبد
آن را که بخنداند خوش دست برافشاند	وآن را که بترساند دندان به دعا کوبد
مست است از آن باده با قامت خم داده	این چرخ بر این بالا ناقوس صلا کوبد
این عشق که مست آمد در باغ الست آمد	کانگور وجودم را در جهد و عنا کوبد
گر عشق نه مَستَستی یا بادهپرستَستی	در باغ چرا آید؟ انگور چرا کوبد؟
تو پای همیکوبی و انگور نمیبینی	کاین صوفی جانِ تو در معصرهها کوبد
گویی همه رنج و غم بر من نهد آن همدم	چون باغ تو را باشد، انگور که را کوبد؟
همخرقهٔ ایّوبی زآن پای همیکوبی	هر کاو شنوَد ارکض او پای وفا کوبد
از زمزمهٔ یوسف، یعقوب به رقص آمد	وآن یوسف شیرینلب پا کوبد پا کوبد
ای طایفه پا کوبید چون حاضر آن جویید	باشد که سعادت پا در پای شما کوبد
این عشق چو باران است ما برگ و گیا ای جان!	باشد که دمی باران بر برگ و گیا کوبد
پا کوفت خلیلالله در آتش نمرودی	تا حلق ذبیحالله بر تیغ بلا کوبد
پا کوفته روحالله در بحر چو مرغابی	با طایر معراجی تا فوق هوا کوبد
خاموش کن و بیلب خوش طال بقا میزن	میترس که چشم بد بر طال بقا کوبد

* * *

ای دوست شکر بهتر یا آن که شکر سازد؟	خوبیّ قمر بهتر یا آن که قمر سازد؟

ای باغ تویی خوش‌تر یا گلشنِ گل در تو؟ — یا آن که برآرَد گُل، صد نرگس تر سازد؟
ای عقل تو بِه باشی در دانش و در بینش — یا آن که به هر لحظه صد عقل و نظر سازد؟
ای عشق اگرچه تو آشفته و پُرتابی — چیزی‌ست که از آتش بر عشق کمر سازد
بی‌خود شدهٔ آنم، سرگشته و حیرانم — گاهیم بسوزد پر، گاهی سر و پر سازد
دریای دل از لطفش پُر خسرو و پُر شیرین — وز قطرهٔ اندیشه صدگونه گهر سازد
آن جمله گهرها را اندر شکند در عشق — وآن عشق عجایب را هم چیز دگر سازد
شمس‌الحق تبریزی چون شمس دل ما را — در فعل کند تیغی، در ذات سپر سازد

* * *

نومید مشو جانا کاومید پدید آمد — اومید همه جان‌ها از غیب رسید آمد
نومید مشو گرچه مریم بشد از دستت — کآن نور که عیسی را بر چرخ کشید آمد
نومید مشو ای جان در ظلمت این زندان — کآن شاه که یوسف را از حبس خرید آمد
یعقوب برون آمد از پردهٔ مستوری — یوسف که زلیخا را پرده بدرید آمد
ای شب به سحر بُرده، در یا رب و یا رب تو — آن یا رب و یا رب را رحمت بشنید آمد
ای درد کهن گشته بخ‌بخ که شفا آمد — وی قفلِ فروبسته بگشا که کلید آمد
ای روزه گرفته تو از مائدهٔ بالا — روزه بگشا خوش‌خوش کآن غرّهٔ عید آمد
خامش کن و خامش کن، زیرا که ز امر کن — آن سکتهٔ حیرانی بر گفت مزید آمد

* * *

عید آمد و عید آمد وآن بخت سعید آمد — برگیر و دهل می‌زن کآن ماه پدید آمد
عید آمد ای مجنون! غلغل شنو از گردون — کآن معتمد سدره از عرش مجید آمد

عید آمد، ره‌جویان رقصان و غزل‌گویان کآن قیصر مه‌رویان زآن قصر مشید آمد
صد معدن دانایی مجنون شد و سودایی کآن خوبی و زیبایی بی‌مثل و ندید آمد
زآن قدرت پیوستش، داوود نبی مستش تا موم کند دستش گر سنگ و حدید آمد
عید آمد و ما بی‌او عیدیم بیا تا ما بر عید زنیم این دم کآن خوان و ثرید آمد
زو زهر شکر گردد زو ابر قمر گردد زو تازه و تر گردد هرجا که قدید آمد
برخیز به میدان رو در حلقهٔ رندان رو رو جانب مهمان رو کز راه بعید آمد
غم‌هاش همه شادی، بندش همه آزادی یک دانه بدو دادی، صد باغ مزید آمد
من بندهٔ آن شرقم در نعمت آن غرقم جز نعمت پاک او منحوس و پلید آمد
بربند لب و تن زن چون غنچه و چون سوسن رو صبر کن از گفتن چون صبر کلید آمد

***

بمیرید بمیرید در این عشق بمیرید در این عشق چو مُردید همه روح پذیرید
بمیرید بمیرید وز این مرگ مترسید کز این خاک برآیید سماوات بگیرید
بمیرید بمیرید وز این نفس ببرید که این نفس چو بند است و شما همچو اسیرید
یکی تیشه بگیرید پی حفرهٔ زندان چو زندان بشکستید همه شاه و امیرید
بمیرید بمیرید به پیش شه زیبا برِ شاه چو مُردید، همه شاه و شهیرید
بمیرید بمیرید وز این ابر برآیید چو زین ابر برآیید همه بدر منیرید
خموشید خموشید خموشی دم مرگ است هم از زندگی است اینک ز خاموش نفیرید

***

در کوی خرابات مرا عشق کشان کرد آن دلبر عیّار مرا دید نشان کرد

من در پی آن دلبر عیّار برفتم — او روی خود آن لحظه ز من باز نهان کرد
من در عجب افتادم از آن قطب یگانه — کز یک نظرش جمله وجودم همه جان کرد
ناگاه یک آهو به دوصد رنگ عیان شد — کز تابش حُسنش مه و خورشید فغان کرد
آن آهوی خوش‌ناف به تبریز روان گشت — بغداد جهان را به بصیرت همدان کرد
آن‌کس که ورا کرد به تقلید سجودی — فرخنده و بگزیده و محبوب زمان کرد
آن‌ها که بگفتند که ما کامل و فردیم — سرگشته و سودایی و رسوای جهان کرد
سلطان عرفناک بُدَش محرم اسرار — تا سِرّ تجلیّ ازل جمله بیان کرد
شمس‌الحق تبریز چو بگشاد پر عشق — جبریل امین را ز پی خویش دوان کرد

* * *

تا نقش تو در سینه ما خانه‌نشین شد — هرجا که نشینیم چو فردوس برین شد
آن فکر و خیالات چو یأجوج و چو مأجوج — هریک چو رخ حوری و چون لُعبَت چین شد
آن نقش که مرد و زن از او نوحه‌کنان‌اند — گر بِئسَ قرین بود کنون نِعمَ قرین شد
بالا همه باغ آمد و پستی همگی گنج — آخر تو چه چیزی که جهان از تو چنین شد؟
زآن روز که دیدیمش ما روزفزونیم — خاری که ورا جست گلستان یقین شد
هر غوره ز خورشید شد انگور و شکربست — وآن سنگ سیه نیز از او لعل ثمین شد
بسیار زمین‌ها که به تفصیل فلک شد — بسیار یَسار از کف اقبال یَمین شد
گر ظلمت دل بود کنون روزن دل شد — ور رهزن دین بود کنون قدوهٔ دین شد
گر چاه بلا بود که بُد محبس یوسف — از بهر برون آمدنش حبل متین شد
هر جزو چو جُندالله محکوم خدایی‌ست — بر بنده امان آمد و بر گبر کمین شد

خاموش که گفتار تو مانندهٔ نیل است		بر قِبط چو خون آمد و بر سِبط معین شد
خاموش که گفتار تو انجیر رسیده‌ست		امّا نه همه مرغ هوا درخور تین شد

* * *

ای قوم به حج رفته کجایید؟ کجایید؟		معشوق همین‌جاست بیایید بیایید
معشوق تو همسایه و دیوار به دیوار		در بادیه سرگشته شما در چه هوایید؟
گر صورت بی‌صورت معشوق ببینید		هم خواجه و هم خانه و هم کعبه شمایید
ده بار از آن راه بدان خانه برفتید		یک بار از این خانه بر این بام برآیید
آن خانه لطیف است نشان‌هاش بگفتید		از خواجهٔ آن خانه نشانی بنمایید
یک دستهٔ گل کو اگر آن باغ بدیدید؟		یک گوهر جان کو اگر از بحر خدایید؟
با این‌همه آن رنج شما گنج شما باد		افسوس که بر گنج شما پرده شمایید

* * *

تدبیر کند بنده و تقدیر نداند		تدبیر به تقدیر خداوند نماند
بنده چو بیندیشد پیداست چه بیند		حیله بکند لیک خدایی نتواند
گامی دو چنان آید کاو راست نهاده‌ست		وآن‌گاه که داند که کجاهاش کشاند؟
اِستیزه مکن مملکت عشق طلب کن		کاین مملکتت از ملک‌الموت رهاند
باری تو بِهِل کام خود و نور خِرَد گیر		کاین کام تو را زود به ناکام رساند
اِشکاری شه باش و مجو هیچ شکاری		کِاشکار تو را باز اجل بازستاند
چون باز شهی رو به سوی طبلهٔ بازش		کان طبله تو را نوش دهد طبل نخواند
از شاه وفادارتر امروز کسی نیست		خر جانب او ران که تو را هیچ نراند

زندانی مرگ‌اند همه خلق یقین دان　　　محبوس تو را از تک زندان نرهاند
دانی که در این کوی رضا بانگ سگان چیست؟　　　تا هر که مخنّث بوَد آنَش برماند
حاشا ز سواری که بوَد عاشق این راه　　　که بانگ سگ کوی، دلش را بتپاند

* * *

اگر عالم همه پرخار باشد　　　دل عاشق همه گلزار باشد
وگر بی‌کار گردد چرخ گردون　　　جهان عاشقان برکار باشد
همه غمگین شوند و جان عاشق　　　لطیف و خرّم و عیّار باشد
به عاشق ده تو هرجا شمع مرده‌ست　　　که او را صدهزار انوار باشد
وگر تنهاست عاشق، نیست تنها　　　که با معشوق پنهان یار باشد
شراب عاشقان از سینه جوشد　　　حریف عشق در اسرار باشد
به صد وعده نباشد عشق خرسند　　　که مکر دلبران بسیار باشد
وگر بیمار بینی عاشقی را　　　نه شاهد بر سر بیمار باشد
سوار عشق شو وز ره میندیش　　　که اسب عشق بس رهوار باشد
به یک حمله تو را منزل رساند　　　اگرچه راه ناهموار باشد
علف‌خواری نداند جان عاشق　　　که جان عاشقان خمّار باشد
ز شمس‌الدّین تبریزی بیابی　　　دلی کاو مست و بس هشیار باشد

* * *

دلی دارم که گرد غم نگردد　　　می‌ای دارم که هرگز کم نگردد
دلی دارم که خوی عشق دارد　　　که جز با عاشقان همدم نگردد

خطی بِستانم از میر سعادت — که دیگر غم در این عالم نگردد
چو خاص و عام آب خضر نوشند — دگر کس سخرهٔ ماتم نگردد
اگر فاسق بوَد زاهد کنندش — وگر زاهد بوَد بَلعَم نگردد
چو یابد نردبان بر چرخ شادی — ز غم چون چرخ پشتش خم نگردد
چو خرّمشاه عشق از دل برون جست — که باشد که خوش و خرم نگردد؟
ز سایه طرّه‌های درهم او — ز هر همسایه‌ای درهم نگردد
بکن توبه ز گفتار اَر چه توبه — از آن توبه‌شکن محکم نگردد

* * *

چنان کز غم، دلِ دانا گریزد — دوچندان، غم ز پیش ما گریزد
مگر ما شحنه‌ایم و غم چو دزد است؟ — چو ما را دید جا از جا گریزد
بغرّد شیر عشق و گلّهٔ غم — چو صید از شیر در صحرا گریزد
ز نابینا برهنه غم ندارد — ز پیش دیدهٔ بینا گریزد
مرا سوداست تا غم را ببینم — ولیکن غم از این سودا گریزد
همه عالم به دست غم زبون‌اند — چو او بیند مرا تنها، گریزد
اگر بالا رَوَم پستی گریزد — وگر پستی رَوَم بالا گریزد
خَمُش باشم بوَد کاین غم درافتد — غلط خود غم ز ناگویا گریزد

* * *

ز خاک من اگر گندم برآید — از آن گر نان پزی مستی فزاید

خمیر و نانبا دیوانه گردد — تنورش بیت مستانه سراید
اگر بر گور من آیی زیارت — تو را خرپشته‌ام رقصان نماید
مَیا بی‌دف به گور من برادر — که در بزم خدا غمگین نشاید
زنخ بربسته و در گور خفته — دهان افیون و نقل یار خاید
بدرّی زآن کفن بر سینه بندی — خراباتی ز جانت درگشاید
ز هر سو بانگ جنگ و چنگ مستان — ز هر کاری به لابد کار زاید
مرا حق از می عشق آفریده‌ست — همان عشقم اگر مرگم بساید
منم مستیّ و اصل من می عشق — بگو از می به‌جز مستی چه آید؟
به برج روح شمس‌الدّین تبریز — بپرّد روح من یک دم نپاید

***

ز رویت دستهٔ گل می‌توان کرد — ز زلفت شاخ سنبل می‌توان کرد
ز قدّ پرخم من در ره عشق — بر آب چشم من پل می‌توان کرد
ز اشک خونِ همچون اطلس من — بُراق عشق را جُل می‌توان کرد
ز هر حلقه از آن زُلفین پُربند — پر گردن‌کشان غُل می‌توان کرد
تو دریایی و من یک قطره ای جان! — ولیکن جزو را کل می‌توان کرد
دلم صدپاره شد هر پاره نالان — که از هر پاره بلبل می‌توان کرد
تو قاف قندی و من لام لب‌تلخ — ز قاف و لام ما قُل می‌توان کرد
مرا همشیره است اندیشهٔ تو — از این شیره بسی مُل می‌توان کرد
رهی دور است و جان من پیاده — ولی دل را چو دُلدُل می‌توان کرد

خمش کن زآن که بی‌گفت زبانی　　جهان پربانگ و غلغل می‌توان کرد

***

کی باشد کاین قفس چمن گردد؟　　و اندرخور گام و کام من گردد؟
این زهر کشنده انگبین بخشد　　وین خار خَلَنده یاسمن گردد
آن ماه دو هفته در کنار آید　　وز غصّه حسود ممتحن گردد
آن یوسف مصر الصّلا گوید　　یعقوب قرین پیرهن گردد
بر ما خورشید سایه اندازد　　وآن شمع مقیم این لگن گردد
آن چنگ نشاطِ ساز نو یابد　　وین گوش حریف تن‌تنن گردد
در خرمن ماه سنبله کوبیم　　چون نور سهیل در یمن گردد
خُم‌های شراب عشق برجوشد　　هنگام کباب و بابزن گردد
سیمرغ هوای ما ز قاف آید　　دام شبلیّ و بوالحسن گردد
هر ذرّه مثال آفتاب آید　　هر قطره به موهبت عدن گردد
هر برّه ز گرگ شیر آشامد　　هر پیل انیس کرگدن گردد
ز انبوهی دلبران و مه‌رویان　　هر گوشهٔ شهر ما ختن گردد
هر عاشقِ بی‌مرادِ سرگشته　　مستغرق عشق باختن گردد
چون قالب مرده جان نو یابد　　فارغ ز لفافه و کفن گردد
آن عقل فضول در جنون آید　　هوش از بن گوش مرتهن گردد
جان و دل صدهزار دیوانه　　از بوسهٔ یار خوش‌دهن گردد
آن روز که جان جمله مخموران　　ساقیّ هزار انجمن گردد

وآن‌کس که سبال می‌زدی بر عشق   در عشق شهیر مرد و زن گردد
در چاه فراق هر که افتاده‌ست   ره یابد و همره رسن گردد
باقیش مگو درون دل می‌دار   آن بِه که سخن در آن وطن گردد

***

ای عشق که جمله از تو شادند   وز نور تو عاشقان بزادند
تو پادشهی و جمله عشاق   همرنگ تو پادشه‌نژادند
هرکس که سریّ و دیده‌ای داشت   دیدند تو را سری نهادند
خورشید توی و ذرّه از توست   وآن نور به نور بازدادند
چون بوی عنایت تو باشد   زالان همه رستم جهادند
چون از بر تو مدد نباشد   گر حمزه و رستم‌اند بادند
ای دل برجه که ماه‌رویان   از پردهٔ غیب رو گشادند
مست‌اند و طریق خانه دانند   زیرا که نه مست از فسادند
تا عشق زِیَد، زِیَند ایشان   تا یاد بوَد، همه به یادند

***

هرچند که بلبلان گزین‌اند   مرغان دگر خمش نشینند
خود گیر که خرمنی ندارند   نَز خرمن فقر دانه‌چین‌اند؟
از حلقه برون نه‌ایم ما نیز   هرچند که آن شهان نگین‌اند
گر ولولهٔ مرا نخواهند   از بهر چه کارم آفرینند؟
شیرین و ترش مراد شاه است   دو دیگ نهاده بهر این‌اند
بایست بود ترش به مطبخ   چون مخموران بدان رهین‌اند

هر حالت ما غذای قومی‌ست — زین اغذیه غیبیان سمین‌اند
مرغان ضمیر از آسمان‌اند — روزی دو سه، بستهٔ زمین‌اند
زآن‌شان ز فلک گسیل کردند — هرچند ستارگان دین‌اند
تا قدر وصال حق بدانند — تا درد فراق حق ببینند
بر خاک قراضه گر بریزند — آن را نهلند و برگزینند
شمس تبریز کم سخن بود — شاهان همه صابر و امین‌اند

***

رفتیم بقیّه را بقا باد — لابُد برود هر آن که او زاد
پَنگان فلک ندید هرگز — طشتی که ز بام درنیفتاد
چندین مَدَوید کاندر این خاک — شاگرد همان شده‌ست کاستاد
ای خوب مَناز کاندر آن گور — بس شیرین است، لا چو فرهاد
آخر چه وفا کند بنایی — کِاستونِ وی است پاره‌ای باد؟
گر بد بودیم، بد ببردیم — ور نیک بُدیم، یادتان باد
گر اوحد دهر خویش باشی — امروز روان شوی چو آحاد
تنها ماندن اگر نخواهی — از طاعت و خیر ساز اولاد
آن رشتهٔ نور غیب باقی‌ست — کآن است لباب روح اوتاد
آن جوهر عشق کآن خلاصه‌ست — آن باقی ماند تا به آباد
این ریگ روان چو بی‌قرار است — شکل دگر افکنند بنیاد
چون کشتی نوحم اندر این خشک — کآن طوفان است ختم میعاد
زآن خانهٔ نوح کشتی‌ای بود — کز غیب بدید موج مرصاد

خفتیم میانهٔ خموشان کز حد بردیم بانگ و فریاد

* * *

این قافله بار ما ندارد از آتش یار ما ندارد
هرچند درخت‌های سبزند بویی ز بهار ما ندارد
جان تو چو گلشن است لیکن دل خسته به خار ما ندارد
بحری‌ست دل تو در حقایق کاو جوش کنار ما ندارد
هرچند که کوه برقرار است والله که قرار ما ندارد
جانی که به هر صبوح مست است بویی ز خمار ما ندارد
آن مطرب آسمان که زُهره‌ست هم طاقت کار ما ندارد
از شیر خدای پرس ما را هر شیر قفار ما ندارد
منمای تو نقد شمس تبریز آن را که عیار ما ندارد

* * *

بیچاره کسی که زر ندارد وز معدن زر خبر ندارد
بیچاره دلی که ماند بی‌تو طوطی‌ست ولی شکر ندارد
دارد هنر و هزار دولت افسوس که آن دگر ندارد
می‌گوید دست جام بخشش ما بدهیمش اگر ندارد
بر وی ریزیم آب حیوان گر آب بر آن جگر ندارد
بی برگان را دهیم برگی زآن برگ که شاخ تر ندارد
آن‌ها که ز ما خبر ندارند گویند دعا اثر ندارد

نزدیک آمد که دیده بخشیم آن را که به ما نظر ندارد
خاموش که مشکلات جان را جز دست خدای برندارد

* * *

بیچاره کسی که می ندارد غوره به سلف همی‌فشارد
بیچاره زمین که شوره باشد وین ابر کرم بر او نبارد
باری دل من صبوح مست است وام شب دوش می‌گزارد
گفتم به صبوح، خفتگان را پامُزد وی‌ام که سر برآرد
امروز گریخت شرم از من او بر کف مست کی نگارد؟
ساقی‌ست گرفته گوشم امروز یک لحظه مرا نمی‌گذارد
جام چو عصاش اژدها شد بر قِبطی عقل می‌گمارد
خاموش و ببین که خُمّ مستان چون جام شریف می‌سپارد

* * *

آن‌کس که ز جان خود نترسد از کشتن نیک و بد نترسد
وآن‌کس که بدید حُسن یوسف از حاسد و از حسد نترسد
آن‌کس که هوای شاه دارد از لشکر بی‌عدد نترسد
آخر حیوان ز ذوق صحبت از جفته و از لگد نترسد
آن‌کس که سعادت ازل دید از عاقبت ابد نترسد
چون کوهِ اُحُد دلی بباید تا او ز جز از اَحَد نترسد
مرغی که ز دام نفس خود رَست هر جای که برپرد نترسد

هر جای که هست گنج، گنج است — کشته احد از لحد نترسد
هر جانوری کز اصل آب است — گر غرقه شود عمد نترسد
هر تن که سرشته بهشت است — بر دوزخ برزند نترسد
وآن را که مدد از اندرون است — زین عالم بی‌مدد نترسد
از ابلهی است، نی شجاعت — گر جاهل از خرد نترسد
خود سر نَبُده‌ست آن خسی را — کز عشق تو پا کشد نترسد
این مایهٔ لعنت است کابله — دل‌های شهان خَلَد، نترسد
هم پردهٔ خویش می‌درد کاو — پرده من و تو دَرَد نترسد
پازهر چو نیستش چرا او — زهر دنیا خورد نترسد؟
در حضرت آن‌چنان رقیبی — در شاهد بنگرد نترسد
زنهار به سر برو بدان ره — کآنجا دلت از رصد نترسد
صرّاف کمین دَر است و آن دزد — از کیسه دِرَم برد نترسد
آنجا گرگان همه شبان‌اند — آنجا مردی ز صد نترسد
آنجا من و تو و او نباشد — چون وام ز خود ستد نترسد
هرگز دل تو ز تو نرنجد — هرگز ذَقَنت ز خَد نترسد
گلشن ز بهار و باغ سوسن — وز سرو لطیف‌قد نترسد
چون گل بشکفت و روی خود دید — زآن پس ز قبول و رد نترسد
بس کن هرچند تا قیامت — این بحر گهر دهد نترسد

***

برخیز که ساقی اندرآمد — وآن جان هزار دلبر آمد
آمد می ناب وز پی نقل — بادام و نبات و شکّر آمد
آن جان و جهان رسید و از وی — صد جان جهان مصوّر آمد
مشک آمد پیش طرّهٔ او — کآن طرّه ز حسن بر سر آمد
زد حلقهٔ مشکفام و می‌گفت — بگشای که بنده عنبر آمد
از تابش لعل او چه گویم؟ — کز لعل و عقیق برتر آمد
زآن سنبل ابروش حیاتم — با برگ و لطیف و اخضر آمد
درده می خام و بین که ما را — در مجلس، خام دیگر آمد
آن رایَتِ سرخ کز نَهیبش — اِسپاه فرج مظفّر آمد
هر کار که بسته گشت و مشکل — آن کار بدو میسّر آمد
می ده که سرِ سخن ندارم — زیرا که سخن چو لنگر آمد

***

آن شعلهٔ نور می‌خرامد — وآن فتنهٔ حور می‌خرامد
شب جامه سپید کرد زیرا — کآن ماه ز دور می‌خرامد
مستان شبانه را بشارت — ساقی به سحور می‌خرامد
جان را به مثال عود سوزیم — کآن کان بلور می‌خرامد
آن فتنه نگر که بار دیگر — با صد شر و شور می‌خرامد
آن دشمن صبرهای عاشق — در خون صبور می‌خرامد
جانم به فدای آن سلیمان — کاو جانب مور می‌خرامد

جز چهرهٔ عاشقان مبینید — کآن شاه غیور می‌خرامد
در قالب خلق شمس تبریز — چون نفخهٔ صور می‌خرامد

***

ساقی برخیز کآن مه آمد — بشتاب که سخت بی‌گه آمد
ترکانه بتاز وقت تنگ است — کآن ترک خَتا به خرگه آمد
در وهم نبود این سعادت — اقبال نگر که ناگه آمد
عاشق چو پیاله پر ز خون بود — چون ساغر می به قهقه آمد
با چون تو مَه، آن که وقت دریافت — تعجیل نکرد، ابله آمد
از خرمن عشق هر که بگریخت — کاه است به خرمنِ کَه آمد
بی‌گه شد و هر که اوست مقبل — بگریخت ز خود به درگه آمد
اندر تبریز های‌وهویی‌ست — آن را که ز هجر با ره آمد

***

پیش از آن کاندر جهان باغ و می و انگور بود
از شراب لایَزالی جان ما مخمور بود
ما به بغداد جهانِ جان، أناالحق می‌زدیم
پیش از آن کاین دار و گیر و نکتهٔ منصور بود
پیش از آن کاین نفس کل در آب و گل معمار شد
در خرابات حقایق عیش ما معمور بود
جان ما همچون جهان بُد، جام جان چون آفتاب
از شراب جان، جهان تا گردن اندر نور بود

ساقیا این مُعجَبان آب و گل را مست کن
تا بداند هر یکی کاو از چه دولت دور بود

جان فدای ساقی‌ای کز راه جان درمی‌رسد
تا براندازد نقاب از هرچه آن مستور بود

ما دهان‌ها باز مانده پیش آن ساقی کز او
خمرهای بی‌خمار و شهد بی‌زنبور بود

یا دهان ما بگیر ای ساقی ور نی فاش شد
آنچه در هفتم زمین چون گنج‌ها گنجور بود

شهر تبریز ار خبر داری بگو آن عهد را
آن زمان که شمس دین، بی‌شمس دین مشهور بود

* * *

گر یکی شاخی شکستم من ز گلزاری چه شد؟ ور ز سر مستی کشیدم زلف دلداری چه شد؟
گر بزد ناداشت زخمی از سر مستی چه باک؟ ور ز طرّاری ربودم رخت طرّاری چه شد؟
ور یکی زنبیل کم شد از همه بغداد چیست؟ ور یکی دانه برون آمد ز انباری چه شد؟
ای فلک تا چند از این دستان و مکّاری تو؟ گر یکی دم خوش نشیند یار با یاری چه شد؟
گویی‌ام از سرّ او ناگفتنی‌ها گفته‌ای چند گویی؟ چند گویی؟ گفته‌ام آری، چه شد؟
گر میان عاشق و معشوق کاری رفت، رفت تو نه معشوقی، نه عاشق، مر تو را باری چه شد؟
از لب لعلش چه کم شد گر لبش لطفی نمود؟ ور ز عیسی عافیت یابید بیماری چه شد؟
گر برات است امشب و هر کس براتی یافتند بی‌خطی گر پیشم آید، ماه‌رخساری چه شد؟
شمس تبریزی اگر من از جنون عشق تو بر شکستم عاشقان را کار و باز اری چه شد؟

* * *

قند بگشا ای صنم تا عیش را شیرین کند
هین که آمد دود غم تا خلق را غمگین کند

ای تو رنگ عافیت زیرا که ماه از خاصیت
سنگ‌ها را لعل سازد میوه را رنگین کند

پرده بردار ای قمر، پنهان مکن تنگ شکر
تا برِ سیمین تو، احوال ما زرّین کند

عشق تو حیران کند، دیدار تو خندان کند
زآنکه دریا آن کند، زیرا که گوهر این کند

از میان دل صبوحی کآفتابت تیغ زد
گردن جان را بزن گر چرخ را تمکین کند

چشم تو در چشم‌ها ریزد شرابی کز صفا
زآن سوی هفتاد پرده دیده را ره‌بین کند

گر شبی خلوت کنی گویم من اندر گوش تو
لطف‌هایی را که با ما شه صلاح‌الدّین کند

* * *

آمدم تا رو نهم بر خاک پای یار خود
آمدم تا عذر خواهم ساعتی از کار خود

آمدم کز سر بگیرم خدمت گلزار او
آمدم کآتش بیارم درزنم در خار خود

آمدم تا صاف گردم از غبار هرچه رفت
نیک خود را بد شمارم از پی دلدار خود

آمدم با چشم گریان تا ببیند چشم من
چشمه‌های سلسبیل از مهر آن عیّار خود

خیز ای عشق مجرّد مهر را از سر بگیر
مُردم و خالی شدم ز اقرار و از انکار خود

زآنکه بی‌صاف تو نتوان صاف گشتن در وجود
بی‌تو نتوان رست هرگز از غم و تیمار خود

من خمش کردم به ظاهر، لیک دانی کز درون
گفتِ خون‌آلود دارم، در دل خون‌خوار خود

درنگر در حال خاموشی به رویم نیک‌نیک
تا ببینی بر رخ من صدهزار آثار خود
این غزل کوتاه کردم، باقیِ این در دل است
گویم اَر مستم کنی از نرگس خمّار خود
ای خموش از گفت خویش و ای جدا از جفت خویش
چون چنین حیران شدی از عقل زیرکسار خود؟
ای خمُش چونی از این اندیشه‌های آتشین؟
می‌رسد اندیشه‌ها با لشکر جرّار خود
وقت تنهایی خمش باشند و با مردم به گفت
کس نگوید راز دل را با در و دیوار خود
تو مگر مردم نمی‌یابی که خامش کرده‌ای
هیچ‌کس را می‌نبینی محرم گفتار خود؟
تو مگر از عالم پاکی، نیامیزی به طبع
با سگان طبع کآلودند از مردار خود؟

***

دل من کار تو دارد گل و گلنار تو دارد
چه نکوبخت درختی که بر و بار تو دارد
چه کند چرخ فلک را؟ چه کند عالم شک را؟
چو بر آن چرخ معانی مَهَش انوار تو دارد
به خدا دیو ملامت برهد روز قیامت
اگر او مهر تو دارد اگر اقرار تو دارد
به خدا حور و فرشته به دو صد نور سرشته
نبرد سر نبرد جان اگر انکار تو دارد
تو که‌ای؟ آن که ز خاکی تو و من سازی و گویی
نه چنان ساختمت من که کس اسرار تو دارد
ز بلاهای معظّم نخورد غم، نخورد غم
دل منصور حلاجی که سرِ دار تو دارد
چو ملک کوفت دمامه بنه ای عقل عمامه
تو مپندار که آن مَه غم دستار تو دارد

بمر ای خواجه زمانی مگشا هیچ دکانی
تو مپندار که روزی همه بازار تو دارد

تو از آن روز که زادی هدف نعمت و دادی
نه کلید درِ روزی دل طرّار تو دارد

بن هر بیخ و گیاهی خورد از رزق الهی
همه وسواس و عقیله دل بیمار تو دارد

طمع روزی جان کن سوی فردوس کشان کن
که ز هر برگ و نباتش شکر انبار تو دارد

نه کدوی سرِ هرکس می راوق تو دارد
نه هر آن دست که خارَد گل بی‌خار تو دارد

چو کدو پاک بشوید ز کدو باده بروید
که سر و سینهٔ پاکان می از آثار تو دارد

خمش ای بلبل جان‌ها که غبارست زبان‌ها
که دل و جان سخن‌ها نظر یار تو دارد

بنما شمس حقایق تو ز تبریز مشارق
که مه و شمس و عطارد غم دیدار تو دارد

* * *

دل من رای تو دارد سر سودای تو دارد
رخ فرسودهٔ زردم غم صفرای تو دارد

سر من مست جمالت دل من دام خیالت
گهر دیده نثار کف دریای تو دارد

ز تو هر هدیه که بردم به خیال تو سپردم
که خیال شکرینَت فر و سیمای تو دارد

غلطم گرچه خیالت به خیالات نماند
همه خوبیّ و ملاحت ز عطاهای تو دارد

گل صدبرگ به پیش تو، فروریخت ز خجلت
که گمان برد که او هم رخ رعنای تو دارد

سر خود پیش فکنده چو گنه‌کار تو عرعر
که خطا کرد و گمان برد که بالای تو دارد

جگر و جان عزیزان چو رخ زهره فروزان
همه چون ماه گدازان که تمنّای تو دارد
دل من تابهٔ حلوا، ز برِ آتش سودا
اگر از شعله بسوزد نه که حلوای تو دارد
هله چون دوست به دستی همه‌جا جای نشستی
خنک آن بی‌خبری کاو خبر از جای تو دارد
اگرم در نگشایی ز رهِ بام درآیم
که زهی جان لطیفی که تماشای تو دارد
به دو صد بام برآیم به دو صد دام درآیم
چه کنم آهوی جانم سر صحرای تو دارد
خمش ای عاشق مجنون بمگو شعر و بخور خون
که جهان ذرّه به ذرّه غم غوغای تو دارد
سوی تبریز شو ای دل، برِ شمس الحق مفضل
چو خیالش به تو آید که تقاضای تو دارد

* * *

همه را بیازمودم ز تو خوش‌ترم نیامد
چو فروشُدم به دریا چو تو گوهرم نیامد
سر خُنب‌ها گشادم ز هزار خم چشیدم
چو شراب سرکش تو به لب و سرم نیامد
چه عجب که در دل من گل و یاسمن بخندد
که سمن‌بری لطیفی چو تو در برم نیامد
ز پیِ‌اَت مراد خود را دو سه روز ترک کردم
چه مراد ماند زآن پس که میسّرم نیامد
دو سه روز شاهی‌ات را چو شدم غلام و چاکر
به جهان نماند شاهی که چو چاکرم نیامد
خردم بگفت برپر ز مسافران گردون
چه شکسته‌پا نشستی که مسافرم نیامد
چو پرید سوی بامت ز تنم کبوتر دل
به فغان شدم چو بلبل که کبوترم نیامد

چو پی کبوتر دل به هوا شدم چو بازان / چه همای ماند و عنقا که برابرم نیامد
برو ای تن پریشان تو و آن دل پشیمان / که ز هر دو تا نرستم دل دیگرم نیامد

* * *

بر سر آتش تو سوختم و دود نکرد / آب بر آتش تو ریختم و سود نکرد
آزمودم دل خود را به هزاران شیوه / هیچ‌چیزش به‌جز از وصل تو خشنود نکرد
آنچه از عشق کشید این دل من، کُه نکشید / وآنچه در آتش کرد این دل من عود نکرد
گفتم این بنده نه در عشق گرو کرد دلی / گفت دلبر که بلی کرد ولی زود نکرد
آه دیدی که چه کرده‌ست مرا آن تقصیر / آنچه پشّه به دماغ و سر نِمرود نکرد
گرچه آن لعل لبت عیسی رنجوران است / دل رنجور مرا چارۀ بهبود نکرد
جانم از غمزۀ تیرافکن تو خسته نشد / زآنکه جز زلف خوشت را زره و خود نکرد
نمک و حسن جمال تو که رشک چمن است / در جهان جز جگر بنده نمکسود نکرد
هین خمش باش که گنجی‌ست غم یار ولیک / وصف آن گنج جز این روی زراندود نکرد

* * *

بر سر کوی تو عقل از سر جان برخیزد / خوش‌تر از جان چه بود؟ از سر آن برخیزد
بر حصار فلک اَر خوبی تو حمله برد / از مقیمان فلک بانگ امان برخیزد
بگذر از باغ جهان یک سحر ای رشک بهار / تا ز گلزار و چمن رسم خزان برخیزد
پشت افلاک خمیده‌ست از این بار گران / ای سبک‌روح ز تو بار گران برخیزد
من چو از تیر توأم بال و پری بخش مرا / خوش پرد تیر زمانی که کمان برخیزد
رمه خفته‌ست همی‌گردد گرگ از چپ و راست / سگ ما بانگ برآرد که شبان برخیزد

من گمانم تو عیان پیش تو من محو به هم	چون عیان جلوه کند چهره گمان برخیزد
هین خمش دل پنهانست کجا زیر زبان	آشکارا شود این دل چو زبان برخیزد
این مجابات مجیر است در آن قطعه که گفت	بر سر کوی تو عقل از سر جان برخیزد

***

لحظه‌ای قصّه‌کنان قصّهٔ تبریز کنید	لحظه‌ای قصّهٔ آن غمزهٔ خون‌ریز کنید
در فراق لب چون شکّر او تلخ شدیم	زآن شکرهای خدایانه شکرریز کنید
هندوی شب سر زلفین ببرّد ز طمع	زلف او گر بفشانید عبربیز کنید
بس زبان کز صفت آن لب او کُند شود	چون سنان نظر از دولت او تیز کنید
ای بسا شب که ز نور مه او روز شود	گرچه مه در طلبش شیوهٔ شبخیز کنید
وقت شمشیر بود واسطه‌ها برگیرید	صرف آرید نخواهیم که آمیز کنید
شمس تبریز که خورشید یکی ذرّهٔ اوست	ذرّه را شمس مگوییدش و پرهیز کنید

***

اندک اندک جمع مستان می‌رسند	اندک اندک می پرستان می‌رسند
دلنوازان نازنازان در رهاند	گل‌عذاران از گلستان می‌رسند
اندک اندک زین جهان هست و نیست	نیستان رفتند و هستان می‌رسند
جمله دامن‌های پرزر همچو کان	از برای تنگدستان می‌رسند
لاغرانِ خسته از مرعای عشق	فربهان و تندرستان می‌رسند
جان پاکان چون شعاع آفتاب	از چنان بالا به پَستان می‌رسند
خرّم آن باغی که بهر مریمان	میوه‌های نو زمستان می‌رسند

اصلشان لطف است و هم واگشت لطف	هم ز بستان سوی بستان می‌رسند

* * *

عشق اکنون مهربانی می‌کند	جان جان امروز جانی می‌کند
در شعاع آفتاب معرفت	ذرّه ذرّه غیب‌دانی می‌کند
کیمیای کیمیاساز است عشق	خاک را گنج معانی می‌کند
گاه درها می‌گشاید بر فلک	گه خرد را نردبانی می‌کند
گه چو صهبا بزم شادی می‌نهد	گه چو دریا دُرفشانی می‌کند
گه چو روح‌الله طبیبی می‌شود	گه خلیلش میزبانی می‌کند
اعتمادی دارد او بر عشق دوست	گر سماع لَن تَرانی می‌کند
اندر این طوفان که خون است آب او	لطف خود را نوح ثانی می‌کند
بانگ انّا نستعینِ ما شنید	لطف و داد و مستعانی می‌کند
چون قرین شد عشق او با جان‌ها	موبه‌مو صاحبقرانی می‌کند
ارمغان‌های غریب آورده است	قسمت آن ارمغانی می‌کند
هر که می‌بندد ره عشّاق را	جاهلی و قَلتَبانی می‌کند
سرنگون اندررود در آب شور	هر که چون لنگر گرانی می‌کند
تا چه خورده‌ست این دهان کز ذوق آن	اقتضای بی‌زبانی می‌کند

* * *

صاف جان‌ها سوی گردون می‌رود	درد جان‌ها سوی هامون می‌رود
چشم دل بگشا و در جان‌ها نگر	چون بیامد؟ چون شد؟ و چون می‌رود؟

جامه برکش چون که در راهی روی | چون همه ره خاک با خون می‌رود
لاله خون‌آلود می‌روید ز خاک | گرچه با دامان گلگون می‌رود
جان چو شد در زیر خاکم جا کنید | خاک در خانه چو خاتون می‌رود
جان عرشی سوی عیسی می‌رود | جان فرعونی به قارون می‌رود
سوی آن دل جان من پر می‌زند | کاو لطیف و شاد و موزون می‌رود
زآنکه آن جان، دون حق چیزی نخواست | وین دگر جان سوی مادون می‌رود

***

شب شد و هنگام خلوتگاه شد | قبلهٔ عشّاق روی ماه شد
مه‌پرستان ماه خندیدن گرفت | شبروان خیزید وقت راه شد
خواب آمد ما و من‌ها لا شدند | وقت آن بی‌خواب الاالله شد
مغزها آمیخته با کاه تن | تن بخفت و دانه‌ها بی‌کاه شد
هندوان خرگاه تن را روفتند | ترک خلوت دید و در خرگاه شد
گفت‌وگوهای جهان را آب برد | وقت گفتن‌های شاهنشاه شد
شمس تبریزی چو آمد در میان | اهل معنی را سخن کوتاه شد

***

مرگ ما هست عروسی ابد | سِرّ آن چیست هو الله احد
شمس تفریق شد از روزنه‌ها | بسته شد روزنه‌ها رفت عدد
آن عددها که در انگور بود | نیست در شیره کز انگور چکد
هر که زنده‌ست به نور الله | مرگ این روح مر او راست مدد

بد مگو نیک مگو ایشان را		که گذشتند ز نیکو و ز بد
دیده در حق نه و نادیده مگو		تا که در دیده دگر دیده نهد
دیدهٔ دیده بوَد آن دیده		هیچ غیبی و سِری زو نجهد
نظرش چون که به نورالله است		بر چنان نور چه پوشیده شود؟
نورها گرچه همه نور حق‌اند		تو مخوان آن همه را نور صمد
نور باقی‌ست که آن نور خداست		نور فانی صفت جسم و جسد
نور ناری‌ست در این دیدهٔ خلق		مگر آن را که حقش سرمه کشد
نار او نور شد از بهر خلیل		چشم خر شد به صفت چشم خرد
ای خدایی که عطایت دید است		مرغ دیده به هوای تو پرد
قطب این کُه، فلک افلاک است		در پی جستن تو بست رصد
یا ز دیدار، تو دید آر او را		یا بدین عیب مکن او را رد
دیده تر دار تو جان را هر دم		نگهش دار ز دام قد و خد
دیده در خواب ز تو بیداری		این چنین خواب کمال است و رَشَد
لیک در خواب نیابد تعبیر		تو ز خوابش به جهان رغم حسد
ور نه می‌کوشد و برمی‌جوشد		ز آتش عشق احد تا به لحد

***

از دل رفته نشان می‌آید		بوی آن جان و جهان می‌آید
نعره و غلغلهٔ آن مستان		آشکارا و نهان می‌آید
گوهر از هر طرفی می‌تابد		پای‌کوبان سوی جان می‌آید

از در مشعله‌داران فلک — آتش دل به دهان می‌آید
جان پروانه میان می‌بندد — شمع روشن به میان می‌آید
آفتابی که ز ما پنهان بود — سوی ما نورفشان می‌آید
تیر از غیب اگر پرّان نیست — پس چرا بانگ کمان می‌آید؟

* * *

گل خندان که نخندد، چه کند؟ — علم از مشک نبندد، چه کند؟
نار خندان که دهان بگشاده‌ست — چون که در پوست نگنجد، چه کند؟
مه تابان به‌جز از خوبی و ناز — چه نماید؟ چه پسندد؟ چه کند؟
آفتاب ار ندهد تابش و نور — پس بدین نادره گنبد چه کند؟
سایه چون طلعت خورشید بدید — نکند سجده، نخنبد، چه کند؟
عاشق از بوی خوش پیرهنت — پیرهن را ندراند، چه کند؟
تن مرده که بر او برگذری — نشود زنده، نجنبد، چه کند؟
دلم از چنگ غمت گشت چو چنگ — نخروشد، نَتَرَنگد، چه کند؟
شیر حق شاه صلاح‌الدین است — نکند صید و نغرّد، چه کند؟

* * *

ای آن که از عزیزی در دیده جات کردند — دیدی که جمله رفتند، تنها رهات کردند؟
ای یوسف امانت آخر برادرانت — بفروختندت ارزان و اندک بهات کردند
آن‌ها که این جهان را بس بی‌وفا بدیدند — راه اختیار کردند، ترک حیات کردند
بسیار خصم داری پنهان و می‌نبینی — کاین جمله حیله کردی و یشانْت مات کردند

شاهان که نابدیدند چون حال تو بدیدند | از مهر و از عنایت جمله دعات کردند
با ساکنان سینه بنشین که اهل کینه | مانند طفل دینه بی‌دست و پات کردند
آن‌ها نهفتگان‌اند وین‌ها که اهل رازند | از رنگ همچو چنگی باری دوتات کردند
اندیشه کن از آن‌ها کاندیشه‌هات دانند | کم جو وفا از این‌ها چون بی‌وفات کردند

* * *

یک خانه پر زِ مستان، مستان نو رسیدند | دیوانگان بندی زنجیرها دریدند
بس احتیاط کردیم تا نشنوند ایشان | گویی قضا دهل زد بانگ دهل شنیدند
جان‌های جمله مستان دل‌های دل‌پرستان | ناگه قفس شکستند چون مرغ بر پریدند
مستان سبو شکستند بر خنب‌ها نشستند | یارب چه باده خوردند؟ یارب چه مل چشیدند؟
من دی ز ره رسیدم قومی چنین بدیدم | من خویش را کشیدم ایشان مرا کشیدند
آن را که جان گزیند بر آسمان نشیند | او را دگر که بیند؟ جز دیده‌ها که دیدند
یک ساقی‌ای عیان شد آشوب آسمان شد | می تلخ از آن زمان شد خیکش از آن دریدند

* * *

آه که بار دگر آتش در من فتاد | وین دل دیوانه باز روی به صحرا نهاد
آه که دریای عشق بار دگر موج زد | وز دل من هر طرف چشمهٔ خون برگشاد
آه که جست آتشی خانهٔ دل درگرفت | دود گرفت آسمان آتش من یافت باد
آتش دل سهل نیست هیچ ملامت مکن | یا رب فریاد رس ز آتش دل داد داد
لشکر اندیشه‌ها می‌رسد از بیشه‌ها | سوی دلم طلب طلب وز غم من شاد شاد
ای دل روشن‌ضمیر بر همه دل‌ها امیر | صبر گزیدی و یافت جان تو جمله مراد

چشم همه خشک و تر مانده در همدگر　　چشم‌تو سوی خداست چشم همه بر تو باد
دست تو دست خدا چشم تو مست خدا　　بر همه پاینده باد سایهٔ ربّ العباد
نالهٔ خلق از شماست، آنِ شما از کجاست؟　　این همه از عشق زاد، عشق عجب از چه زاد؟
شمسِ حقِ دین توی مالک مُلک وجود　　ای که ندیده چو تو عشق دگر کی‌قباد

* * *

اگر دمی بنوازد مرا نگار چه باشد؟　　گر این درخت بخندند از آن بهار چه باشد؟
وگر به پیش من آید، خیال یار که چونی؟　　حیات نو بپذیرد تن نزار چه باشد؟
شکار خستهٔ اویم به تیر غمزهٔ جادو　　گَرَم به مِهر بخواند که ای شکار! چه باشد؟
چو کاسه بر سر آبم ز بی‌قراری عشقش　　اگر رسم به لب دوست کوزه‌وار چه باشد؟
کنار خاک ز اشکم چو لعل و گوهر پر شد　　اگر به وصل گشاید دمی کنار چه باشد؟
بگفت چیست شکایت هزار بار گشادم؟　　ز بهر ماهی جان را هزار بار چه باشد؟
من از قطار حریفان مهار عقل گسستم　　به پیش اشتر مستش یکی مهار چه باشد؟
اگر مهار گسستم وگرچه بار فکندم　　یکی شتر کم گیری از این قطار چه باشد؟
دلم به خشم نظر می‌کند که کوته کن هین　　اگر بجست یکی نکته از هزار چه باشد؟
چو احمد است و ابوبکر یار غار دل و عشق　　دو نام بود و یکی جان، دو یار غار چه باشد؟
انار شیرین گر خود هزار باشد وگر یک　　چو شد یکی به فشردن دگر شمار چه باشد؟
خمار و خمر یکستی ولی الف نگذارد　　الف چو شد ز میانه ببین خمار چه باشد
چو شمس مفخر تبریز ماه نو بنماید　　در آن نمایش موزون ز کار و بار چه باشد؟

* * *

اگر مرا تو نخواهی دلم تو را نگذارد
تو هم به صلح گرایی اگر خدا بگمارد

هزار عاشق داری به جان و دل نگرانت
که تا سعادت و دولت که را به تخت برآرد

ز عشق عاشق مُفلِس عجب فتند لئیمان
که آنچه رشک شَهان شد، گدا امید چه دارد؟

عجب مدار ز مرده که از خدا طلبد جان
عجب مدار ز تشنه که دل به آب سپارد

عجب مدار ز کوری که نور دیده بجوید
و یا ز چشم اسیری که اشک غربت بارد

ز بس دعا که بکردم دعا شده‌ست وجودم
که هر که بیند رویم دعا به خاطر آرد

سلام و خدمت کردم، مرا بگفت که چونی؟
مهم مس چه برآید چو کیمیا نگذارد؟

چگونه باشد صورت به وفق فکر مصوّر؟
چگونه می شود انگور گر کَفَش نفشارد؟

* * *

شدم ز عشق به جایی که عشق نیز نداند
رسید کار به جایی که عقل خیره بماند

هزار ظلم رسیده ز عقل گشت رهیده
چو عقل بسته شد اینجا بگو که‌اش برهاند

دلا مگر که تو مستی که دل به عقل ببستی
که او نشست نیابد تو را کجا بنشاند؟

متاع عقل نشان است و عشق روح‌فشان است
که عشق وقت نظاره نثار جان بفشاند

هزار جان و دل و عقل گر به هم تو ببندی
چو عشق با تو نباشد، به روزنش نرساند

به روی بت نرسی تو مگر به دام دو زلفش
ولیک کوشش می‌کن که کوششت بپزاند

چو باز چشم تو را بست دست اوست گشایش
ولی به هر سرِ کویی تو را چو کبک دواند

هر آن که بالِش دارد ز آستان عنایت
غلام خفتن اویَم که هیچ خفته نماند

میانه گیرد آهو میانهٔ دل شیری
هزار آهوی دیگر ز شیر او برهاند

چو در درونهٔ صیّاد مرغ یافت قبولی
هزار مرغ گرفته ز دام او بپراند

هرآن دلی که به تبریز و شمس دین شده باشد | چو شاه ماه به میدان چرخ اسب دواند

***

بـر آسـتـانـه اسـرار آسـمـان نـرسـد | به بام فقر و یقین هیچ نردبان نرسد
گمان عارف در معرفت چو سیر کند | هـزار اختر و مه اندر آن گمان نرسد
کسی که جغد صفت شد در این جهان خراب | ز بلبلان ببرید و به گلستان نرسد
هرآن دلی که به یک دانگ جُوجُو است ز حرص | به دانگ بسته شود جان او، به کان نرسد
علف مده حس خود را در این مکان ز بتان | که حس چو گشت مکانی به لامکان نرسد
کـه آهـوی مـتـأنّـس بـمـانـد از یـاران | به لالـه‌زار و به مرعای ارغـوان نرسد
به سوی عکّه روی تا به مکّه پیوندی | برو محال مجو کت همین همان نرسد
پیاز و سیر به بینی بری و می‌بویی | از آن پـیـاز دم نـاف آهـوان نـرسـد
خموش اگر سر گنجینهٔ ضمیرستت | که در ضمیر هدی دل رسد، زبان نرسد

***

به روز مرگ چو تابوت من روان باشد | گمان مبر که مرا درد این جهان باشد
بـرای من مَـگریّ و مگو دریـغ! دریغ! | به دوغ دیـو درافـتـی، دریـغ آن باشد
جـنـازه‌ام چـو ببینی مگو فـراق! فراق! | مـرا وصـال و مـلاقـات آن زمـان باشد
مـرا به گـور سپاری مگو وداع! وداع! | کـه گـور، پـردهٔ جمعیّت جـنـان باشد
فُـروشـدن چـو بـدیـدی بـرآمـدن بنگر | غروب، شمس و قمر را چرا زیان باشد؟
تـو را غـروب نماید ولـی شـروق بود | لحد چو حبس نماید خلاص جان باشد
کدام دانه فرورفت در زمین که نَرُست؟ | چـرا به دانـهٔ انسانت ایـن گمان باشد؟

کدام دَلو فرورفت و پُر برون نامد؟ ز چاه، یوسف جان را چرا فغان باشد؟
دهان چو بستی از این سوی آن طرف بگشا که های‌هوی تو در جوّ لامکان باشد

* * *

نگفتمت مرو آنجا که مبتلات کنند که سخت دست‌درازند، بسته‌پات کنند؟
نگفتمت که بدان سوی دام در دام است چو درفتادی در دام کی رهات کنند؟
نگفتمت به خرابات طُرفه مستان‌اند که عقل را هدف تیر ترّهات کنند؟
چو تو سلیمدلی را چو لقمه بربایند به هر پیاده شهی را به طرح مات کنند
بسی مثال خمیرت دراز و گرد کنند کَهَت کنند و دوصد بار کهربات کنند
تو مرد دل‌تُنُکی پیش آن جگرخواران اگر رَوی چو جگربند شوربات کنند
تو اعتماد مکن بر کمال و دانش خویش که کوه قاف شوی زود در هوات کنند
هزار مرغ عجب از گل تو برسازند چو ز آب و گل گذری تا دگر چه‌هات کنند
برون‌کشندت از این تن چنان‌که پنبه ز پوست مثال شخص خیالیت بی‌جهات کنند
چو در کشاکش احکام راضی‌ات یابند ز رنج‌ها برهانند و مرتضات کنند
خموش باش که این کودنان پست سخن حشیشی‌اند و همین لحظه ژاژخات کنند

* * *

چو عشق را هوس بوسه و کنار بُوَد که را قرار بود؟ جان! که را قرار بُوَد؟
شکارگاه بخندد چو شه شکار رَوَد ولی چه گویی آن دم که شه شکار بُوَد؟
هزار ساغر می نشکند خمار مرا دلم چو مست چنان چشم پرخمار بُوَد
گهی که خاک شَوَم، خاک ذرّه‌ذرّه شود نه ذرّه‌ذرّهٔ من، عاشق نگار بُوَد؟

ز هر غبار که آواز های‌وهو شنوی
بدان که ذرّهٔ من اندر آن غبار بُوَد

دلم ز آه شود ساکن و ازو خجلم
اگرچه آه ز ماه تو شرمسار بُوَد

بِه از صبوری اندر زمانه چیزی نیست
ولی نه از تو که صبر از تو سخت عار بُوَد

اَیا به خویش فرورفته در غم کاری
تو تا برون نروی از میان، چه کار بُوَد؟

چو عنکبوت ز دود لعاب اندیشه
دگر مباف که پوسیده پود و تار بُوَد

برو تو بازده اندیشه را بدو که بداد
به شه نگر نه به اندیشه کآن نثار بُوَد

چو تو نگویی، گفت تو، گفت او باشد
چو تو نبافی، بافنده کردگار بُوَد

***

میان باغ، گل سرخ های‌وهو دارد
که بو کنید دهان مرا چه بو دارد؟

به باغ خود همه مست‌اند، لیک نی چون گل
که هر یکی به قدح خورد و او سبو دارد

چو سال، سال نشاط است و روز، روز طرب
خنک مرا و کسی را که عیش خو دارد

چرا مقیم نباشد چو ما به مجلس گل؟
کسی که ساقیِ باقیّ ماه رو دارد

به باغ جمله شراب خدای می‌نوشند
در آن میانه کسی نیست کاو گلو دارد

عجایب‌اند درختانش بکر و آبستن
چو مریمی که نه معشوقه و نه شو دارد

هزار بار چمن را بسوخت و بازآراست
چه عشق دارد با ما؟ چه جست‌وجو دارد؟

وجود ما و وجود چمن بدو زنده‌ست
زهی وجود لطیف و ظریف کاو دارد

چراست خار سلح‌دار و ابر روی تُرُش؟
ز رشک آنکه گل سرخ صد عدو دارد

چو آینه‌ست و ترازو خموش و گویا یار
ز من رمیده که او خوی گفت‌وگو دارد

***

دیوان شمس تبریزی

اگر مرا تو نخواهی دلم تو را خواهد
تو هم به صلح گرایی اگر خدا خواهد

هزار عاشق داری تو را به جان جویان
که تا سعادت و دولت ز ما که را خواهد؟

ز عشق عاشق درویش، خلق در عجب‌اند
که آنچه رشک شهان است، او چرا خواهد؟

عجب نباشد اگر مرده‌ای بجوید جان
و یا گیاه بپژمرده‌ای صبا خواهد

و یا دو دیدهٔ کور از خدا بصر جوید
و یا گرسنهٔ ده ساله‌ای نوا خواهد

همه دعا شده‌ام من ز بس دعا کردن
که هرکه بیند رویم ز من دعا خواهد

ولی به چشم تو من رنگ کافران دارم
که چشم خیره‌کُشَت بیندم غزا خواهد

اگر مرا بکشد هجر تو ز من بحل است
اسیر کشته ز غازی چه خون‌بها خواهد؟

سلام و خدمت کردم، بگفتی‌ام، چونی؟
چنان بوَد مسِ مسکین که کیمیا خواهد

چنان برآید صورت که بست صورتگر
چنان بوَد تن خسته که‌اش دوا خواهد

ز آفتاب مزن گفت‌وگوی چون سایه
ز سایه ذرّه گریزد همه ضیا خواهد

زهی سخاوت و ایثار شمس تبریزی
که شمس گنبد خضرا از او عطا خواهد

***

سیبَکی نیم سرخ و نیمی زرد
زعفران لاله را حکایت کرد

چون جدا گشت عاشق از معشوق
نیمه‌ای خنده بود و نیمی درد

سست‌پایی بمانده بر جایی
پاک می‌کرد از رخ مَه گرد

دست می‌کوفت، نیز می‌لافید
کاین چنین صنعتی کسی ناورد

صعوهٔ پر شکسته‌ای دیدی
بیضهٔ چرخ زیر پر پرورد

باز شد خنده‌خانه‌ای اینجا
رو بجو یار خنده‌ای ای مرد

نـاز تـا کـی کـنـنـد ایـن زشـتـان؟ بـازگـونـه هـمـی‌رود ایـن نـرد
جفت و طـاق از چـه روی مـی‌بازند؟ چـون نـداننـد جـفـت را از فـرد
بِـهِـل ایـن تـا بـه یـار خـویـش رَویـم آن کـه رویَـش هـزار لالـه و وَرد

* * *

دیـدهٔهـا شـب فـراز بـایـد کـرد روز شـد دیـده بـاز بـایـد کـرد
تُـرک مـا هـر طـرف کـه مـرکـب رانـد آن طـرف تـرکـتـاز بـایـد کـرد
مطبخ جـان بـه سـوی بی‌سوییست پـوز آن سـو دراز بـایـد کـرد
چـون چـنـیـن کـان زر پـدیـد آمـد خـویـش را جـمـلـه گـاز بـایـد کـرد
جـامـهٔ عـمـر را ز آب حـیـات چـون خـضـر خـوش‌طـراز بـایـد کـرد
چـون غـیـوراسـت آن نـبـات حیات زیـن شـکـر احـتـراز بـایـد کـرد
چـون چنین نازنین بـه خانهٔ ماست وقـت نـاز اسـت، نـاز بـایـد کـرد
بـا گـل و خـار سـاخـتـن مـردی‌سـت مـرد را سـاز سـاز بـایـد کـرد
قـبـلـهٔ روی او چـو پـیـدا شـد کـعـبـه‌هـا را نـمـاز بـایـد کـرد
سـجـدهٔهـایـی کـه آن‌سـری بـاشـد پـیـش آن سـرفـراز بـایـد کـرد
پـیـش آن عـشـق عـاقـبـت مـحـمـود خـویـشـتـن را اَیـاز بـایـد کـرد
چـون حقیقت نهفته در خمشی‌ست تَـرکِ گـفـتِ مـجـاز بـایـد کـرد

* * *

عـیـد بـر عـاشـقـان مـبـارک بـاد عـاشـقـان عـیـدتـان مـبـارک بـاد
عـیـد اَر بـوی جـان مـا دارد در جـهـان هـمـچـو جـان مـبـارک بـاد

بر تو ای ماه آسمان و زمین — تا به هفت آسمان مبارک باد
عید آمد به کف نشان وصال — عاشقان این نشان مبارک باد
روزه مگشای جز به قند لبش — قند او در دهان مبارک باد
عید بنوشت بر کنار لبش — کاین می بی‌کران مبارک باد
عید آمد که ای سبک‌روحان — رطل‌های گران مبارک باد
چند پنهان خوری صلاح‌الدّین — بوسه‌های نهان مبارک باد
گر نصیبی به من دهی گویم — بر من و بر فلان مبارک باد

***

دوست همان بِه که بلاکش بُوَد — عود همان بِه که در آتش بُوَد
جام جفا باشد دشوارخوار — چون ز کف دوست بُوَد خوش بُوَد
زهر بنوش از قدحی کآن قدح — از کرم و لطف منقّش بُوَد
عشق خلیل است، درآ در میان — غم مخور اَر زیر تو آتش بُوَد
سرد شود آتش پیش خلیل — بید و گل و سنبلهٔ کش بُوَد
در خم چوگانش یکی گوی شو — تا که فلک زیر تو مفرش بُوَد
رقص‌کنان گوی اگرچه ز زخم — در غم و در کوب و کشاکش بُوَد
سابق میدان بود او لاجرم — قبلهٔ هر فارِس مه‌وش بُوَد
چون که تراشیده شده‌ست او تمام — رَست از آن غم که تراشش بُوَد
هر که مشوّش بوَد او ایمن است — گر دو جهان جمله مشوّش بُوَد
مفخر تبریز تو را شمس دین — شرق نه در پنج و نه در شش بُوَد

***

آمد ترش‌رویی دگر یا زَمهریر است او مگر
برریز جامی بر سرش ای ساقی همچون شکر
یا می دهش از بلبله یا خود به راهش کن هله
زیرا میان گل‌رخان خوش نیست عفریت ای پسر
دردهِ می پیغامبری تا خر نماند در خری
خر را بروید در زمان از بادهٔ عیسی دو پر
در مجلس مستانِ دل هشیار اگر آید مهل
دانی که مستان را بوَد در حال مستی خیر و شر
ای پاسبان بر در نشین در مجلس ما ره مده
جز عاشقی آتش‌دلی کآید از او بوی جگر
گر دست خواهی پا دهد ور پای خواهی سر نهد
ور بیل خواهی عاریت بر جای بیل آرد تبر
تا در شراب آغشته‌ام بی‌شرم و بی‌دل گشته‌ام
اسپر سلامت نیستم در پیش تیغم چون سپر
خواهم یکی گوینده‌ای آب حیاتی زنده‌ای
کآتش به خواب اندرزند وین پرده گوید تا سحر
اندر تن من گر رگی هشیار یابی بردرش
چون شیرگیر حق نشد او را در این ره سگ شمر
قومی خراب و مست و خوش قومی غلام پنج و شش
آن‌ها جدا وین‌ها جدا، آن‌ها دگر وین‌ها دگر
ز اندازه بیرون خورده‌ام کاندازه را گم کرده‌ام
شدّوا یَدی شدّوا فَمی هذا حِفاظ ذی‌السّکر
هین نیش ما را نوش کن، افغان ما را گوش کن
ما را چو خود بی‌هوش کن، بی‌هوش سوی ما نگر

***

رو چشم جان را برگشا در بی‌دلان اندرنگر
قومی چو دل زیر و زبر قومی چو جان بی‌پا و سر
بی‌کسب و بی‌کوشش همه چون دیگ در جوشش همه
بی‌پرده و پوشش همه دل پیش حکمش چون سپر
از باغ و گل دل‌شادتر وز سرو هم آزادتر
وز عقل و دانش رادتر وز آب حیوان پاک‌تر
چون ذرّه‌ها اندر هوا خورشید ایشان را قبا
بر آب و گل بنهاده پا وز عین دل برکرده سر
در موج دریاهای خون بگذشته بر بالای خون
وز موج وز غوغای خون دامانشان ناگشته تر
در خار لیکن همچو گل در حبس و لیکن همچو مل
در آب و گل لیکن چو دل در شب ولیکن چو سحر
باری تو از ارواحشان وز باده و اقداحشان
مستی خوشی از راحشان فارغ شده از خیر و شر
بس کن که هر مرغ ای پسر خود کی خورد انجیر تر
شد طعمهٔ طوطی شکر وآن زاغ را چیزی دگر

***

ما را خدا از بهر چه آورد؟ بهر شور و شر
دیوانگان را می‌کند زنجیر او دیوانه‌تر
ای عشق شوخ بوالعجب آورده جان را در طرب
آری درآ هر نیمشب بر جان مست بی‌خبر
ما را کجا باشد امان؟ کز دست این عشق آسمان
مانده‌ست اندر خرکمان چون عاشقان زیر و زبر

ای عشق خونم خورده‌ای صبر و قرارم برده‌ای
از فتنهٔ روز و شبت پنهان شدستم چون سحر
در لطف اگر چون جان شَوَم از جان کجا پنهان شوم؟
گر در عدم غلتان شوم اندر عدم داری نظر
ما را که پیدا کرده‌ای نی از عدم آورده‌ای
ای هر عدم صندوق تو ای در عدم بگشاده در
هستی خوش و سرمست تو گوش عدم در دست تو
هر دو طفیل هست تو بر حکم تو بنهاده سر
کاشانه را ویرانه کن فرزانه را دیوانه کن
وآن باده در پیمانه کن تا هر دو گردد بی‌خطر
ای عشق چُست معتمَد مستی سلامت می‌کند
بشنو سلام مست خود دل را مکن همچون حجر
چون دست او بشکسته‌ای چون خواب او بربسته‌ای
بشکن خمار مست را بر کوی مستان برگذر

* * *

ذاتت عسل است ای جان، گفتت عسلی دیگر
ای عشق تو را در جان هر دم عملی دیگر
از روی تو در هر جان باغ و چمنی خندان
وز جعد تو در هر دل از مشک تلی دیگر
مه را ز غمت باشد گه دقّ و گه استسقا
مه زین خللی رسته از صد خللی دیگر
با لطف بهارت دل چون برگ چرا لرزد؟
ترسد که خزان آید، آرَد دغلی دیگر

هر سرمه و هر دارو کز خاک درت نبود
در دیدهٔ دل آرد درد و سبلی دیگر

ابلیس ز لطف تو اومّید نمی‌بُرّد
هر دم ز تو می‌تابد در وی اَملی دیگر

فرعون ز فرعونی آمَنتُ به جان گفته
بر خرقهٔ جان دیده ز ایمان تکلی دیگر

خورشید وصال تو روزی به جمل آید
در چرخ دلم یابد برج حملی دیگر

اجزای زمین را بین بر روی زمین رقصان
این جوق چو بنشیند آید بدلی دیگر

بر روی زمین جان را چون رو شرف و نوری
در زیر زمین تن را چون تخم اجلی دیگر

تا چند غزل‌ها را در صورت و حرف آری
بی‌صورت و حرف از جان بشنو غزلی دیگر

* * *

نیمیت ز زهر آمد، نیمی دگر از شکّر
بالله که چنین منگر بالله که چنان منگر

هرچند که زهر از تو کانی‌ست شکرها را
زآن رو که چنین نوری زآن رنگ چنان انور

نوری که نیارم گفت در پای تو می‌افتد
معنیش که درویشا در ما بنگر خوش‌تر

درمن‌که‌تواَم‌بنگرخودبین‌شو و همچین‌شو
ای نور ز سر تا پا از پای مگو وز سر

چون در بصر خلقی گویی تو پر از زرقی
ای آن که تو هم غرقی در خون دل من تر

اَر زآنکه گُهَر داری دریای دو چشمم بین
ور سنگ محک داری اندر رخ من بین زر

آن شیر خدایی را شمس‌الحق تبریزی
صیدی که نه روبه شد او را به سگی مشمر

***

جفا از سر گرفتی یاد می‌دار | نکردی آنچه گفتی یاد می‌دار
نگفتی تا قیامت با تو جفتم | کنون با جور جفتی یاد می‌دار
مرا بیدار در شب‌های تاریک | رها کردی و خفتی یاد می‌دار
به گوش خصم می‌گفتی سخن‌ها | مرا دیدی نهفتی یاد می‌دار
نگفتی خار باشم پیش دشمن | چو گل با او شکفتی یاد می‌دار
گرفتم دامنت از من کشیدی | چنین کردی و رفتی یاد می‌دار
همی‌گویم عتابی من به نرمی | تو می‌گویی به زفتی یاد می‌دار
فتادی بارها دستت گرفتم | دگرباره بیفتی یاد می‌دار

***

به ساقی درنگر در مست منگر | به یوسف درنگر در دست منگر
اَیا ماهی جان در شست قالب | ببین صیّاد را در شست منگر
بدان اصلی نگر کآغاز بودی | به فرعی کآن کنون پیوست منگر
بدان گلزار بی‌پایان نظر کن | بدین خاری که پایت خَست منگر
همایی بین که سایه بر تو افکند | به زاغی کز کف تو جست منگر
چو سرو و سنبله بالاروش کن | بنفشه‌وار سوی پست منگر
چو در جویت روان شد آب حیوان | به خُمّ و کوزه گر اِشکَست منگر
به هستی‌بخش و مستی‌بخش بگرو | منال از نیست و اندر هست منگر
قناعت بین که نَرَّست و سبک‌رو | به طمع مادهٔ آبست منگر

تو صافان بین که بر بالا دویدند / به دُردی کآن به بُن بنشست منگر
جهان پر بین ز صورت‌های قدسی / بدان صورت که راهت بست منگر
به دام عشق، مرغان شکرفاند / به بومی که ز دامش رست منگر
بِه از تو ناطقی اندر کمین هست / در آن کاین لحظه خاموش است منگر

* * *

صد بار بگفتمت نگهدار / در خشم و ستیزه پا میفشار
بر چنگ وفا و مهربانی / گر زخمه زنی بزن به هنجار
دانی تو یقین و چون ندانی / کز زخمهٔ سخت بسکلد یار
می‌بخش و مَخُسب کاین نه نیکوست / ما خفته خراب و فتنه بیدار
می‌گویم و می‌کنم نصیحت / من خشک‌دماغ و گفت و تکرار
می‌خندد بر نصیحت من / آن چشم خُمار یار خَمّار
می‌گوید چشم او به تَسخَر / خوش می‌گویی بگو دگربار
از تو بترم اگر ننوشم / پوشیده نصیحت تو طرّار
اِستیزه‌گر است و لاابالی‌ست / کی عشوه خورد حریف خون‌خوار
خامش کن و از دِی‌اش مترسان / کز باغ خداست این سمن‌زار
خاموش که بی‌بهار سبز است / بی‌سبلت مهرجان و آذار

* * *

نزدیک توام مرا مبین دور / پهلوی منی مباش مهجور
آن‌کس که بعید شد ز معمار / کی گردد کارهاش معمور؟

دیوان شمس تبریزی

چشمی که ز چشم من طرب یافت — شد روشن و غیب‌بین و مخمور
هر دل که نسیم من بر او زد — شد گلشن و گلستان پرنور
بی من اگرت دهند شهدی — یک شهد بُوَد هزار زنبور
بی من اگرت امیر سازند — باشی بَتَر از هزار مأمور
می‌های جهان اگر بنوشی — بی‌من نشود مزاج محرور
در برق چه نامه بر توان خواند؟ — آخر چه سپاه آید از مور؟
خلقان برق‌اند و یار خورشید — بی‌گفت تو ظاهر است و مشهور
خلقان مورند و ما سلیمان — خاموش صبور باش و مستور

***

همه صیدها بکردی، هله میر بار دیگر — سگ خویش را رها کن که کُنَد شکار دیگر
همه غوطه‌ها بخوردی، همه کارها بکردی — منشین ز پای یک‌دم که بماند کار دیگر
همه نقدها شمردی، به وکیل در سپردی — بِشِنو از این محاسِب عدد و شمار دیگر
تو بسی سَمَن‌بران را به کنار درگرفتی — نفسی کنار بگشا بنگر کنار دیگر
خُنُک آن قماربازی که بباخت آنچه بودش — بِنَماند هیچش اِلّا هوس قمار دیگر
تو به مرگ و زندگانی، هله، تا جز او ندانی — نه‌چو روسپی که هر شب کشد او به یار دیگر
نظرش به‌سوی هرکس به‌مثال چشم نرگس — بُوَدش ز هر حریفی طرب و خمار دیگر
همه عمر خوار باشد چو برِ دو یار باشد — هله، تا تو رو نیاری سوی پشت‌دار دیگر
که اگر بتان چنین‌اند ز شه تو خوشه‌چین‌اند — نَبُدَه‌ست مرغ جان را به‌جز او مَطار دیگر

***

عشق را با گفت و با ایما چه کار؟ روح را با صورت اَسما چه کار؟
عاشقان گوی‌اند در چوگان یار گوی را با دست و یا با پا چه کار؟
هرکجا چوگانش رانَد می‌رود گوی را با پست و با بالا چه کار؟
آینه‌ست و مظهر روی بتان با نکوسیماش و بدسیما چه کار؟
سوسمار از آب خوردن فارغ است مَر وَرا با چشمه و سقّا چه کار؟
آن خیالی که ضمیر اَوطان اوست پاش را با مسکن و با جا چه کار؟
عیسی‌ای که برگذشت او از اَثیر با غم سرماش و یا گرما چه کار؟
ای رسایل کشته با نادیّ غیب رَو، تو را با گفت و با غوغا چه کار؟

***

ای خیالت در دل من هر سَحور می‌خرامد همچو مه یک پاره نور
نقش خوبت در میان جان ما آتش و شور افکند وآنگه چه شور
آتشی کردی و گویی صبر کن من ندانم صبر کردن در تنور
یاد داری کآمدی تو دوش مست؟ ماه بودی یا پری یا جان حور؟
آن سخن‌هایی که گفتی چون شکر وآن اشارت‌ها که می‌کردی ز دور
دست بر لب می‌زدی یعنی که تو از برای این دل من برمشور
دست بر لب می‌نهی یعنی که صبر با لب لعلت کجا مانَد صبور؟
رو به بالا می‌کنی یعنی خدا چشم بد را از جمالم دار دور
ای تو پاک از نقش‌ها وز روی تو هر زمانی یوسفی اندر صدور

***

آمد بهار خرّم و آمد رسول یار	مستیم و عاشقیم و خماریم و بی‌قرار
ای چشم و ای چراغ روان شو به سوی باغ	مگذار شاهدان چمن را در انتظار
اندر چمن ز غیب غریبان رسیده‌اند	رو رو که قاعده‌ست که القادم یزار
گل از پی قدوم تو در گلشن آمده‌ست	خار از پی لقای تو گشته‌ست خوش‌عذار
ای سرو گوش دار که سوسن به شرح تو	سر تا به سر زبان شد بر طرف جویبار
غنچه گره‌گره شد و لطفت گره‌گشاست	از تو شکفته گردد و بر تو کُنَد نثار
گویی قیامت است که برکرد سر ز خاک	پوسیدگان بهمن و دی مردگان پار
تخمی که مرده بود کنون یافت زندگی	رازی که خاک داشت کنون گشت آشکار
شاخی که میوه داشت همی‌نازد از نشاط	بیخی که آن نداشت خجل گشت و شرمسار
آخر چنین شوند درختان روح نیز	پیدا شود درخت نکوشاخ بختیار
لشکر کشیده شاه بهار و بساخت برگ	اسپر گرفته یاسمن و سبزه ذوالفقار
گویند سر بُریم فلان را چو گندنا	آن را ببین معاینه در صُنع کردگار
آری چو دررسد مدد نصرت خدا	نِمرود را برآید از پشّه‌ای دمار

* * *

عمر که بی‌عشق رفت هیچ حسابش مگیر	آب حیات است عشق در دل و جانش پذیر
هرکه جزِ عاشقان ماهی بی‌آب دان	مرده و پژمرده است گرچه بوَد او وزیر
عشق چو بگشاد رخت سبز شود هر درخت	برگ جوان بردمد هر نفس از شاخ پیر
هرکه شود صید عشق، کی شود او صید مرگ؟	چون سپرش مَه بوَد، کی رسدش زخم تیر؟
سر ز خدا تافتی هیچ رهی یافتی	جانب ره بازگرد یاوه مرو خیرخیر

تُنگ شکر خر بَلاش ور نخری سرکه باش — عاشق این میر شو ور نشوی رو بمیر
جملهٔ جان‌های پاک گشته اسیران خاک — عشق فروریخت زر تا برهاند اسیر
ای که به زنبیل تو هیچ‌کسی نان نریخت — در بن زنبیل خود هم بطلب ای فقیر
چُست‌شو و مرد باش حق دهدت صد قماش — خاکِ سیه گشت زر، خونِ سیه گشت شیر
مفخر تبریزیان شمس حق و دین بیا — تا برهد پای دل ز آب و گل همچو قیر

***

تو شاخ خشک چرایی؟ به روی یار نگر — تو برگ زرد چرایی؟ به نوبهار نگر
درآ به حلقهٔ رندان که مصلحت این است — شراب و شاهد و ساقیّ بی‌شمار نگر
بدانکه عشق جهانی‌ست بی‌قرار در او — هزار عاشق بی‌جان و بی‌قرار نگر
چو دررسی تو بدان شه که نام او نبرم — به حقّ شاهی آن شه که شاهوار نگر
چو دیدهٔ سرمه‌کشی، باز رو از این سو کن — بدین جهانِ پر از دود و پرغبار نگر
هزار دود مرکّب که چیست؟ این فلک است — غبار رنگ برآرد که سبزه‌زار نگر
نگه مکن تو به خورشید چون که درتابد — به گاه شام ورا زرد و شرمسار نگر
چو ماه نیز به دریوزه پر کند زنبیل — ز بعد پانزده روزش تو خوار و زار نگر
بیا به بحر ملاحت به سوی کان وصال — بدان دو غمزهٔ مخمور یار غار نگر
چو روح قدس ببوسید نعل مرکب او — ز نعل نعره برآمد که حال و کار نگر
اگر نه عفو کند حِلم شمس تبریزی — تو روح را ز چنین یار شرمسار نگر

***

عشق جان است، عشق تو جان‌تر — لطف درمان و از تو درمان‌تر

کافری‌های زلف کافر تو گشته ز ایمان جمله ایمان‌تر
جان سپردن به عشق آسان است وز پی عشق توست آسان‌تر
همه مهمان خوان لطف توانَد لیک این بنده‌زاده مهمان‌تر
بی‌تو هستند جمله بی‌سامان لیک من بی‌طریق و سامان‌تر
عشق تو کانِ دولت ابدست لیک وصل جمال تو کان‌تر
تیغ هندیّ هجر بُرّان است لیک هندیّ عشق بُرّان‌تر
هر دلی چارپرّه در پی توست دل ما صدپر است و پَرّان‌تر
دیدن تو به صد چو جان ارزان عوض نیم جانم ارزان‌تر
گرچه این چرخ نیک گردان است چرخ افلاک عشق گردان‌تر
همه ز افلاک عشق در ترس‌اند وآن فلک در غم تو ترسان‌تر
شمس تبریز همّتی می‌دار تا شوَم در تو من عجب‌دان‌تر

***

مطربا عیش و نوش از سر گیر یک دو ابریشمک فروتر گیر
ننگ بگذار و با حریف بساز جنگ بگذار جام و ساغر گیر
لطف گل بین و جرم خار مبین جعد بگشا و مشک و عنبر گیر
فربه از توست آسمان و زمین این یک اِستاره را تو لاغر گیر
داروی فربهیّ خلق توی فربهش کن چو خواهی و برگیر
خرّمش کن به یک شکرخنده شکری را ز مصر کمتر گیر
بخت و اقبال خاک پای توانَد هرچه می‌بایدت میسّر گیر

چون که سعد و ظفر غلام تواَند		دشمنت را هزار لشکر گیر
ای دل اَر آب کوثرت باید		آتش عشق را تو کوثر گیر
گر غلامیّ قیصرت باید		بنده‌اش را قباد و قیصر گیر
هرکه را نبض عشق می‌نجهد		گر فلاطون بوَد تواَش خر گیر
هر سری کاو ز عشق پُر نبوَد		آن سرش را ز دُم مؤخّر گیر
هین مگو راز شمس تبریزی		مکن اِسپید و جام احمر گیر

* * *

به سوی ما نگر چشمی برانداز		وگر فرصت بوَد بوسی درانداز
چو کردی نیّت نیکو مگردان		از آن گلشن گلی بر چاکر انداز
اگر خواهی که روزافزون بود کار		نظر بر کار ما افزون‌تر انداز
وگر تو فتنه‌انگیزی و خودکام		رها کن داد و رسمی دیگر انداز
نگون کن سرو را همچون بنفشه		گناه غنچه بر نیلوفر انداز
ز باد و بوی توست امروز در باغ		درختان جمله رقّاص و سرانداز
چو شاخ لاغری افزون کند رقص		تو میوه سوی شاخ لاغر انداز
چو آمد خار گل را اِسپَری بخش		چو خصم آمد به سوسن خنجر انداز
بَرِ عاشق، بَری چون سیم بگشا		سوی مفلس یکی مشتی زر انداز
برآ ای شاه شمس‌الدّین تبریز		یکی نوری عجب بر اختر انداز

* * *

چنان مستم، چنان مستم، من امروز		که از چنبر برون جستم من امروز

چنان چیزی که در خاطر نیابد | چنانستم چنانستم من امروز
به جان با آسمان عشق رفتم | به صورت گر در این پستم من امروز
گرفتم گوش عقل و گفتم ای عقل | برون رو کز تو وارَستم من امروز
بشوی ای عقل دست خویش از من | که در مجنون بپیوستم من امروز
به دستم داد آن یوسف ترنجی | که هر دو دستِ خود خَستم من امروز
چنانم کرد آن اِبریق پُر مَی | که چندین خُنب بشکستم من امروز
نمی‌دانم کجایم لیک فرّخ | مقامی کاندر او هستم من امروز
بیامد بر دَرَم اقبال نازان | ز مستی در بر او بستم من امروز
چو واگشت او پی او می‌دویدم | دمی از پای ننشستم من امروز
چو نَحنِ اَقرَب معلوم آمد | دگر خود را بنپرستم من امروز
مبند آن زلف شمس‌الدّین تبریز | که چون ماهی در این شَستم من امروز

***

در این سرما، سَرِ ما داری امروز | سر عیش و تماشا داری امروز
توی خورشید و ما پیشت چو ذرّه | که ما را بی‌سر و پا داری امروز
به چارم آسمان پهلوی خورشید | تو ما را چون مسیحا داری امروز
دلا از سنگ صد چشمه روان کن | که احسان موفّا داری امروز
تراشیدی ز رحمت نردبانی | که عزم کوچ بالا داری امروز
زهی دعوت زهی مهمانی زفت | که بر چرخ مُعَلّا داری امروز
به پیش هرکسی ماهیّ بریان | در آن ماهی تو دریا داری امروز

درون ماهی دریا که دیده‌ست؟ عجایب‌های زیبا داری امروز

* * *

ای خفته به یاد یار برخیز می‌آید یار غار برخیز
زنهارده خلایق آمد برخیز تو زینهار برخیز
جان‌بخش هزار عیسی آمد ای مرده به مرگ یار برخیز
ای ساقی خوب بنده‌پرور از بهر دو سه خمار برخیز
وی داروی صدهزار خسته نَک خستهٔ بی‌قرار برخیز
ای لطف تو دستگیر رنجور پایم بخلید خار برخیز
ای حُسن تو دام جان پاکان درماند یکی شکار برخیز
خون شد دل و خون به جوش آمد این جمله روا مدار برخیز
معذورم دار اگر بگفتم در حالت اضطرار برخیز
ای نرگسِ مستِ مست‌خفته وی دلبر خوش‌عذار برخیز
زآن چیز که بنده داند و تو پر کن قدح و بیار برخیز
زآن پیش که دل شکسته گردد ای دوست شکسته‌وار برخیز

* * *

سیر نگشت جان من، بس مکن و مگو که بس گرچه ملول گشته‌ای کم نزنی ز هیچ‌کس
چون که رسول از قَنُق گشت ملول و شد تُرُش ناصح ایزدی وَرا کرد عتاب در عَبَس
گر نکنی موافقت درد دلی بگیردت همنفسی خوش است، خوش، هین مگریز یک نفس

ذوق گرفت هرچه او پخت میان جنس خود / ما بپزیم هم به هم ما نه کمیم از عدس
من نبرم ز سرخوشان خاصه از این شکرکشان / مرگ بوَد فراقشان، مرگ که را بود هوس؟
دوش حریف مست من داد سبو به دست من / بشکنم آن سبوی را بر سر نفس مرتبس
نفس ضعیف معده را من نکنم حریف خود / زآنک خَدوک می‌شود خوان مرا از این مگس
من پس و پیش ننگرم پردهٔ شرم بردرم / زآنکه کمند سُکر مَی می‌کشدم ز پیش و پس
خوش سحری که روی او باشد آفتاب ما / شاد شبی که باشد او بر سر کوی دل عَسَس
آمد عشقِ چاشتی، شکل طبیب پیش من / دست نهاد بر رگم گفت ضعیف شد مَجَس
گفت کباب خور، پیِ قوّت دل، بگفتمش / دل همگی کباب شد، سوی شراب ران فَرَس
گفت شراب اگر خوری از کف هر خسی مخور / باده منت دهم گُزین، صاف شده ز خاک و خس
گفتم اگر بیابمت من چه کنم شراب را؟ / نیست روا تیمّمی بر لب نیل و بر ارس
خامش باش ای سقا کاین فرس الحیات تو / آب حیات می‌کشد بازگشا از او جرس
آب حیات از شرف خود نرسد به هر خلف / زین سبب است مُختَفی آب حیات در غَلَس

***

حال ما بی‌آن مه زیبا مپرس / آنچه رفت از عشق او بر ما مپرس
زیر و بالا از رُخَش پرنور بین / ز اهتزاز آن قد و بالا مپرس
گوهر اشکم نگر از رشک عشق / وز صفا و موج آن دریا مپرس
در میان خون ما پا در مَنِه / هیچم از صفرا و از سودا مپرس
خون دل می‌بین و با کس دم مزن / وز نگار شنگ سرغوغا مپرس
صدهزاران مرغ دل پرکنده بین / تو ز کوه قاف و از عنقا مپرس

صد قیامت در بلای عشق اوست — درنگر امروز و از فردا مپرس
ای خیال‌اندیش، دوری سخت دور — سِرِّ او از طبع کارافزا مپرس
چند پُرسی شمس تبریزی که بود؟ — چشم جیحون بین و از دریا مپرس

* * *

بیا که دانه لطیف است، رو ز دام مترس — قمارخانه درآ و ز ننگ وام مترس
بیا بیا که حریفان همه به گوش توانَد — بیا بیا که حریفان تو را غلام، مترس
بیا بیا به شرابی و ساقی‌ای که مپرس — درآ درآ برِ آن شاه خوش‌سلام مترس
شنیده‌ای که در این راه بیم جان و سر است — چو یار آب حیات است از این پیام مترس
چوعشق، عیسیِ وقت‌است‌و مُرده‌می‌جوید — بمیر پیش جمالش چو من تمام، مترس
اگرچه رطل گران است، او سبک‌روح است — ز دست دوست فروکش هزار جام مترس
غلام شیر شدی بی‌کباب کی مانی؟ — چو پخته‌خوار نباشی، ز هیچ خام مترس
حریف ماه شدی از عسس چه غم داری؟ — صبوح روح چو دیدی ز صبح و شام مترس
خیال دوست بیاورد سوی من جامی — که گیر، بادهٔ خاص و ز خاص و عام مترس
بگفتمش مهِ روزه‌ست و روز گفت خموش — که نشکند مَی جان روزه و صیام مترس
در این مقام خلیل است و بایزید حریف — بگیر جام مقیم و در این مقام مترس

* * *

دام دگر نهاده‌ام تا که مگر بگیرمش
آن که بِجَست از کَفَم بار دگر بگیرمش
آن که به دل اسیرمش در دل و جان پذیرمش
گرچه گذشت عمر من باز ز سر بگیرمش

دل بگداخت چون شکر، بازفِسُرد چون جگر
باز روان شد از بصر تا به نظر بگیرمش

راه بـرم به سـوی او شب به چـراغ روی او
چـون بـرسـم به کـوی او حلقهٔ در بگیرمش

درد دلـم بَتَر شـده چهـرهٔ مـن چو زر شده
تا ز رُخَـم چو زر بـرد بـر سـر زر بگیرمش

گرچه کمر شدم، چه شد؟ هرچه بتر شدم، چه شد؟
زیـر و زبـر شـدم، چه شد؟ زیـر و زبـر بگیرمش

تا به سحر بپایمش، همچو شکر بخایمش
بنـد قبـا گشایمش، بنـد کمـر بگیرمش

خـواب شده‌ست نرگسش زود درآیـم از پسش
کـرد سفـر به خـواب خوش راه سفـر بگیرمش

***

پریشان بـاد پیوسته دل از زلـف پریشانش
وگـر بـرنـاورم فـردا سـر خـویـش از گریبانش

الا ای شـحنهٔ خـوبـی ز لعـل تـو بسی گوهر
بدزدیده‌ست جان مـن، برنجانش برنجانش

گر ایمـان آورد جـانی به غیر کافـر زلفت
بـزن از آتـش شوقت تو انـدر کفر و ایمانش

پریشان باد زلف او که تا پنهان شود رویش
که تا تنها مرا بـاشد پریشانی ز پنهانش

منـم در عشـق بی‌برگی که انـدر بـاغ عشق او
چـو گل پاره کنم جامه ز سـودای گلستانش

در آن گل‌های رخسارش همی‌غلتید روزی دل
بگفتم چیست این؟ گفتا همی‌غلتم در احسانش
یکی خطّی نویسم من ز حال خود بر آن عارِض
که تا برخوانَد آن عارض که استاد است خطخوانش
ولیکن سخت می‌ترسم از آن زلف سیه‌کاوش
که بس دل در رسن بسته‌ست آن هندو ز بهتانش
به چاه آن ذقن بنگر مترس ای دل ز افتادن
که هر دل کآن رسن بیند چنان چاه است زندانش

***

ما نعره به شب زنیم و خاموش / تا درنرود درون هر گوش
تا بو نبرد دماغ هر خام / بر دیگ وفا نهیم سرپوش
بخلی نبود ولی نشاید / این شهره گلاب و خانهٔ موش
شب آمد و جوش خلق بنشست / برخیز کز آن ماست سرجوش
امشب ز تو قدر یافت و عزّت / بر دوش ز کبر می‌زند دوش
یک چند سماع گوش کردیم / بردار سماع جان بی‌هوش
ای تن دهنت پر از شکر شد / پیشت گله نیست هیچ مخروش
ای چنبر دف رسن گسستی / با چرخه و دَلو و چاه کم کوش
چون گشت شکار شیر جانی / بیزار شد از شکار خرگوش
خرگوش که صورت‌اند بی‌جان / گرمابه پر از نگار منقوش
با نفس، حدیث روح کم گوی / وز ناقهٔ مرده شیر کم دوش
از شر بگریز یار شب باش / کاندر سر شب نهند شب‌پوش

تـا صـبح وصـال دررسـیدن ‌‌ درکـش شـب تـیره را در آغـوش
از یـاد لـقـای یـار بـی‌خـواب ‌ از خـواب شـدسـتمـان فـرامـوش
شـب چـتـر سـیـاه دان و بـا وی ‌ نـعـره دُهُـل اسـت و بـانـگ چـاووش
ایـن فـتـنه بـه هـر دمـی فـزون اسـت ‌ امـشـب بَـتَـرسـت عـشق از دوش
شـب چیسـت؟ نـقـاب روی مقصود ‌ کـای رحـمـت و آفـریـن بـر آن روش
هـیـن طـبـلـک شـب روان فـروکـوب ‌ زیـرا کـه سـوار شـد سـیـاووش

* * *

شده‌ام سپند حسنت وطنم میان آتش ‌ چو ز تیر توست بنده بکشد کمان آتش
چو بسوخت جان عاشق ز حبیب سر برآرد ‌ چه بسوخت اندر آتش که نگشت جان آتش
بِمَسوز جز دلم را که ز آتشت به داغم ‌ بنگر به سینهٔ من اثر سنان آتش
که ستاره‌های آتش سوی سوخته گراید ‌ که ز سوخته بیابد شررش نشان آتش
غم عشق آتشینت چو درخت کرد خشکم ‌ چو درخت خشک گردد نبوَد جز آنِ آتش
خُنُک آن که ز آتش تو سَمَن و گُلَش برویَد ‌ که خلیل عشق داند به صفا زبان آتش
که خلیل او بر آتش چو دُخان بود سواره ‌ که خلیل مالک آمد به کَفَش عنان آتش
سحری صلای عشقت بشنید گوش جانم ‌ که درآ در آتش ما بِجَه از جهان آتش
دل چون تنور پر شد که ز سوز چند گوید ‌ دهن پرآتش من سخن از دهان آتش

* * *

آن مـایـی هـمـچـو مـا دل‌شـاد بـاش ‌ در گلستان همچو سرو آزاد باش
چـون ز شـاگـردان عشقی ای ظریف ‌ در گـشـاد دل چـو عشق اسـتـاد باش

گر غمی آید گلوی او بگیر / داد از او بستان امیرِ داد باش
جان تو مست است در بزم احد / تن میان خلق گو آحاد باش
گاه با شیرین چو خسرو خوش بخند / گه ز هجرش کوه‌کن فرهاد باش
گه نشاط‌انگیز همچون گلشنش / گه چو بلبل نال و خوش‌فریاد باش
پیش سروش چون خرامد، خاک باش / چون گلش عنبر فشاند، باد باش
حاصل این است ای برادر چون فلک / در جهان کهنه نوبنیاد باش
در میان خارها چون خارپشت / سر درون و شادمان و راد باش

* * *

باز فرود آمدیم بر در سلطان خویش / بازگشادیم خوش بال و پر جان خویش
بازِ سعادت رسید دامن ما را کشید / بر سر گردون زدیم خیمه و ایوان خویش
دیدهٔ دیو و پری دید ز ما سروری / هدهد جان بازگشت سوی سلیمان خویش
ساقی مستان ما شد شکرستان ما / یوسف جان برگشاد جعد پریشان خویش
دوش مرا گفت یار، چونی از این روزگار؟ / چون بوَد آن‌کس که دید دولت خندان خویش
آن شکری را که هیچ مصر ندیدش به خواب / شکر که من یافتم در بن دندان خویش
بی‌زر و سر سروریم، بی‌حَشَمی مهتریم / قند و شکر می‌خوریم در شکرستان خویش
تو زرِ بس نادری، نیست کست مشتری / صنعت آن زرگری رو به سوی کان خویش
دور قمر عمرها ناقص و کوته بوَد / عمر درازی نهاد یار به دوران خویش
دل سوی تبریز رفت در هوس شمس دین / رو رو ای دل بجو زر به حرمدان خویش

* * *

باز درآمد ز راه بی‌خود و سرمست دوش
توبه‌کنان توبه را سیل ببرده‌ست دوش

گرز برآورد عشق کوفت سر عقل را
شد ز بلندیّ عشق چرخ فلک پست دوش

دولت نو شد پدید، دام جهان را درید
مرغ ظریف از قفس، شُکر که وارَست دوش

آنچه به هفت آسمان، جُست فرشته و نیافت
نَک به زمین‌گاه خاک، سَهل برون جست دوش

آن که دل جبرئیل از کف او خسته بود
مرغ پر اِشکسته‌ای سینهٔ او خست دوش

عقل کمالی که او گردن شیران شکست
عاشق بی‌دست و پا گردن او بست دوش

از شرر آفتاب شیشهٔ گردون نَکَفت
سایهٔ بی‌سایه‌ای دید در اِشکست دوش

ماه که چون عاشقان در پی خورشید بود
بعد فراق دراز خُفیه بپیوست دوش

آن که در او عقل و وهم می‌نرسد از قُصور
گشت عیان تا که عشق کوفت بر او دست، دوش

هرچه بوَد آن خیال گردد روزی وصال
چند خیال عدم آمد در هست دوش

خامش باش ای دلیل خامشی‌ات گفتن است
شد سر و گوشت بلند از سخن پست دوش

* * *

جان من است او هی مزنیدش
آن من است او هی مبریدش

آب من است او نان من است او
مثل ندارد باغ امیدش

باغ و جنانش آب روانش
سرخی سیبش سبزی بیدش

متصل است او معتدل است او
شمع دل است او پیش کشیدش

هر که ز غوغا وز سر سودا
سر کشد اینجا سر ببریدش

هر که ز صهبا آرَد صفرا
کاسهٔ سَکبا پیش نهیدش

عام بیاید خاص کنیدش
خام بیاید هم بپزیدش

نک شه هادی زآن سوی وادی — جانب شادی داد نویدش
داد زکاتی آب حیاتی — شاخ نباتی تا بمزیدش
باده چو خورد او خامش کرد او — زحمت برد او تا طلبیدش

* * *

ندا رسید به عاشق ز عالم رازش — که عشق هست بُراق خدای، می‌تازش
تبارک الله در خاکیان چه باد افتاد — چو آب لطف بجوشید ز آتش نازش
گرفت شکل کبوتر ز ماه تا ماهی — ز عشق آنکه درآید به چَنگل بازش
گرفت چهرهٔ عشّاق رنگ و سکّهٔ زر — ز عشق زرگر ما و ز لذّت گازش
در آن هوا که هوا و هوس از او خیزد — چه دید مرغ دل از ما؟ ز چیست پروازش؟
گهی که مرغ دل ما بماند از پرواز — که بست شهپر او را؟ که برد انگازش؟
مگو که غیرت هر لحظه دست می‌خاید — که شرم دار ز یار و ز عشق طنّازش
ز غیرتش گله کردم به خنده گفت مرا — که هرچه بند کند او تو را براندازش

* * *

بیا بیا که توی جانِ جانِ سماع — بیا که سرو روانی به بوستان سماع
بیا که چون تو نبوده‌ست و هم نخواهد بود — بیا که چون تو ندیده‌ست دیدگان سماع
بیا که چشمهٔ خورشید زیر سایهٔ توست — هزار زهره تو داری بر آسمان سماع
سماع شکر تو گوید به صد زبان فصیح — یکی دو نکته بگویم من از زبان سماع
برون ز هر دو جهانی چو در سماع آیی — برون ز هر دو جهان است این جهان سماع

اگرچه بام بلند است بام هفتم چرخ	گذشته است از این بام نردبان سماع
به زیر پای بکوبید هرچه غیر وی است	سماع از آنِ شما و شما از آنِ سماع
چو عشق دست درآرد به گردنم چه کنم؟	کنار درکشمش همچنین میان سماع
کنار ذرّه چو پر شد ز پرتو خورشید	همه به رقص درآیند بی‌فغان سماع
بیا که صورت عشق است شمس تبریزی	که بازماند ز عشق لبش دهان سماع

* * *

گویند شاهِ عشق ندارد وفا دروغ	گویند صبح نبوَد شام تو را دروغ
گویند بهر عشق، تو خود را چه می‌کشی؟	بعد از فنای جسم نباشد بقا دروغ
گویند اشک چشم تو در عشق بیهده‌ست	چون چشم بسته گشت نباشد لقا دروغ
گویند چون ز دور زمانه برون شدیم	زآن سو روان نباشد این جان ما دروغ
گویند آن کسان که نرستند از خیال	جمله خیال بُد قصص انبیا دروغ
گویند آن کسان که نرفتند راه راست	ره نیست بنده را به جناب خدا دروغ
گویند رازدان دل اسرار و راز غیب	بی‌واسطه نگوید مر بنده را دروغ
گویند بنده را نگشایند راز دل	وز لطف بنده را نبرد بر سما دروغ
گویند آن‌کسی که بوَد در سرشت خاک	با اهل آسمان نشود آشنا دروغ
گویند جان پاک از این آشیان خاک	با پرّ عشق برنپرد بر هوا دروغ
گویند ذرّه‌ذرّه بد و نیک خلق را	آن آفتاب حق نرساند جزا دروغ
خاموش کن ز گفت وگر گویدت کسی	جز حرف و صوت نیست سخن را ادا دروغ

***

فریفت یار شکربار من مرا به طریق — که شعر تازه بگو و بگیر جام عتیق
چه چاره؟ آنچه بگوید ببایدم کردن — چگونه عاق شوم با حیات کان و عقیق
غلام ساقی خویشم شکار عشوهٔ او — که سُکر لذّت عیش است و باده نعم رفیق
به شب مثال چراغ‌اند و روز چون خورشید — ز عاشقیّ و ز مستی زهی گزیده فریق
شما و هرچه مراد شماست از بد و نیک — من و منازل ساقی و جامهای رحیق
بیار بادهٔ لعلی که در معادن روح — درافکند شررش صدهزار جوش و حریق
روا بود چو تو خورشید و در زمین سایه — روا بود چو تو ساقیّ و در زمانه مفیق
گشای زانوی اشتر، بِدَر عقال عقول — بِجَه ز رقّ جهانی به جرعه‌های رقیق
چو زانوی شتر تو گشاده شد ز عقال — اگرچه خفته بوَد طایر است در تحقیق
همی‌دَوَد به کُه و دشت و برّ و بحر روان — به قدر عقل تو گفتم نمی‌کنم تعمیق
کمال عشق در آمیزش است پیش آیید — به اختلاط مخلّد چو روغن و چو سَویق
چو اختلاط کند خاک با حقایق پاک — کند سجود مخلّد به شکر آن توفیق

***

آن میر دروغین بین با اسپک و با زینک — شَنگینک و مَنگینک سر بسته به زرّینک
چون منکر مرگ است او گوید که اجل کو؟ کو؟ — مرگ آیدش از شش سو، گوید که منم اینک
گوید اجلش کای خر! کو آن همه کرّ و فر؟ — وآن سبلت و آن بینی وآن کبرک و آن کینک
کو شاهد و کو شادی؟ مَفرَش به کیان دادی؟ — خشت است تو را بالین، خاک است نهالینک
تَرک خور و خفتن گو، رو دین حقیقی جو — تا میرِ ابد باشی بی‌رسمک و آیینک

بی‌جان مکن این جان را سرگین مکن این نان را   ای آن که فکندی تو دُر در دَر تک سرگینک
ما بستهٔ سرگین دان از بهر دریم ای جان   بشکسته شو و دُر جوای سرکش خود بینک
چون مرد خدابینی مردی کن و خدمت کن   چون رنج و بلا بینی در رخ مفکن چینک
این هجو من است ای تن و آن میر منم هم من   تا چند سخن گفتن از سینک و از شینک؟
شمس الحق تبریزی خود آب حیاتی تو   وآن آب کجا یابد جز دیدهٔ نمگینک

* * *

امروز بحمدالله از دی بَتَر است این دل
امروز در این سودا رنگی دگر است این دل
در زیر درخت گل دی باده همی‌خورد او
از خوردن آن باده زیر و زبر است این دل
از بس که نی عشقت نالید در این پرده
از ذوق نی عشقت همچون شکر است این دل
بند کمرت گشتم ای شهره قبای من
تا بسته بگرد تو همچون کمر است این دل
از پرورش آبت ای بحر حلاوت‌ها
همچون صدف است این تن همچون گهر است این دل
چون خانهٔ هر مؤمن از عشق تو ویران شد
هر لحظه در این شورش بر بام و در است این دل
شمس الحق تبریزی تابنده چو خورشید است
وز تابش خورشیدش همچون سحر است این دل

* * *

رفت عمرم در سرِ سودای دل   وز غم دل نیستم پروای دل

دل به قصد جان من برخاسته	من نشسته تا چه باشد رای دل
دل ز حلقهٔ دین گریزد زآنکه هست	حلقهٔ زلفین خوبان جای دل
گرد او گردم که دل را گرد کرد	کاو رسد فریادم از غوغای دل
خواب شب بر چشم خود کردم حرام	تا ببینم صبحدم سیمای دل
قدّ من همچون کمان شد از رکوع	تا ببینم قامت و بالای دل
آن جهان یک تابش از خورشید دل	وین جهان یک قطره از دریای دل
لب ببند ایرا به گردون می‌رسد	بی‌زبان هیهای دل هیهای دل

* * *

امروز روز شادی و امسال سال گل	نیکوست حال ما که نکو باد حال گل
گل را مدد رسید ز گلزار روی دوست	تا چشم ما نبیند دیگر زوال گل
مست است چشم نرگس و خندان دهان باغ	از کرّ و فرّ و رونق و لطف و کمال گل
سوسن زبان گشاده و گفته به گوش سرو	اسرار عشق بلبل و حسن خصال گل
جامه‌دران رسید گل از بهر داد ما	زآن می‌دریم جامه به بوی وصال گل
گل آن جهانی است نگنجد در این جهان	در عالم خیال، چه گنجد خیال گل؟
گل کیست؟ قاصدی‌ست ز بستان عقل و جان	گل چیست؟ رقعه‌ای‌ست ز جاه و جمال گل
گیریم دامن گل و همراه گل شویم	رقصان همی‌رویم به اصل و نهال گل
اصل و نهال گل عرق لطف مصطفاست	زآن صدر بدر گردد آنجا هلال گل
زنده کنند و باز پر و بال نو دهند	هرچند برکنید شما پرّ و بال گل
مانند چار مرغ خلیل از پی فنا	در دعوت بهار ببین امتثال گل

خاموش باش و لب مگشا خواجه غنچه‌وار	می‌خند زیر لب تو به زیر ظلال گل

* * *

دو چشم اگر بگشادی به آفتاب وصال	برآ به چرخ حقایق دگر مگو ز خیال
ستاره‌ها بنگر از ورای ظلمت و نور	چو ذرّه رقص‌کنان در شعاع نور جلال
اگرچه ذرّه در آن آفتاب درنرسد	ولی ز تاب شعاعش شوند نور خصال
هر آن دلی که به خدمت خمید چون ابرو	گشاد از نظرش صدهزار چشم کمال
دهان ببند ز حال دلم که با لب دوست	خدای داند کاو را چه واقعه‌ست و چه حال
مکن اشارت سوی دلم که دل آن نیست	مپر به سوی همایان شه بدان پر و بال
جراحت همه را از نمک بوَد فریاد	مرا فراق نمکهاش شد وبال وبال
چو ملک گشت وصالت ز شمس تبریزی	نماند حیلهٔ حال و نه التفات به قال

* * *

آمد بهار ای دوستان منزل سوی بستان کنیم
گرد غریبان چمن خیزید تا جولان کنیم
امروز چون زنبورها پرّان شویم از گل به گل
تا در عسل‌خانهٔ جهان شش گوشه آبادان کنیم
آمد رسولی از چمن کاین طبل را پنهان مزن
ما طبل‌خانهٔ عشق را از نعره‌ها ویران کنیم
بشنو سماع آسمان خیزید ای دیوانگان
جانم فدای عاشقان امروز جان افشان کنیم
زنجیرها را بردریم ما هر یکی آهنگریم
آهن‌گزان چون کلبتین آهنگ آتشدان کنیم

چون کورهٔ آهنگران در آتش دل می‌دمیم
کآهن‌دلان را زین نفس مستعمل فرمان کنیم
آتش در این عالم زنیم وین چرخ را برهم زنیم
وین عقل پابرجای را چون خویش سرگردان کنیم
کوبیم ما بی‌پا و سر گه پای میدانگاه سر
ما کی به فرمان خودیم تا این کنیم و آن کنیم؟
نی نی چو چوگانیم ما در دست شه گردان شده
تا صدهزاران گوی را در پای شه غلتان کنیم
خامش کنیم و خامشی هم مایهٔ دیوانگی‌ست
این عقل باشد کآتشی در پنبهٔ پنهان کنیم

* * *

ای عاشقان ای عاشقان پیمانه را گم کرده‌ام
زآن می که در پیمانه‌ها اندرنگنجد خورده‌ام
مستم ز خَمر مَن لَدُن رو محتسب را غَمز کن
مر محتسب را و تو را هم چاشنی آورده‌ام
ای پادشاه صادقان چون من منافق دیده‌ای؟
با زندگانت زنده‌ام با مردگانت مرده‌ام
با دلبران و گل‌رخان چون گلبنان بشکفته‌ام
با منکران دی‌صفت همچون خزان افسرده‌ام
ای نان طلب در من نگر والله که مستم بی‌خبر
من گرد خُنبی گشته‌ام من شیره‌ای افشرده‌ام
مستم ولی از روی او غرقم ولی در جوی او
از قند و از گلزار او چون گل‌شِکر پرورده‌ام

روزی که عکس روی او بر روی زرد من فتد
ماهی شوم، رومی رخی گر زنگی نوبَرده‌ام
در جام می آویختم اندیشه را خون ریختم
با یار خود آمیختم زیرا درون پرده‌ام
آویختم اندیشه را کاندیشه هشیاری کند
ز اندیشه بیزاری کنم ز اندیشه‌ها پژمرده‌ام
دوران کنون دوران من گردون کنون حیران من
در لامکان سیران من فرمان ز قان آورده‌ام
در جسم من جانی دگر در جان من قانی دگر
با آن من آنی دگر زیرا به آن پی برده‌ام
گر گویدم بی‌گاه شد رو رو که وقت راه شد
گویم که این با زنده گو من جان به حق بسپرده‌ام
خامش که بلبل باز را گفتا چه خامش کرده‌ای؟
گفتا خموشی را مبین در صید شه صدمرده‌ام

***

باز آمدم چون عیدِ نو، تا قفلِ زندان بشکنم
وین چرخِ مردمْخوار را چنگال و دندان بشکنم
هفت‌اخترِ بی‌آب را، کاین خاکیان را می‌خورند
هم آب بر آتش زنم، هم بادهاشان بشکنم
از شاهِ بی‌آغازْ من، پرّان شدم چون باز من
تا جغدِ طوطی‌خوار را در دِیرِ ویران بشکنم
زآغاز عهدی کرده‌ام کاین جان فدایِ شه کنم
بشکسته بادا پشتِ جان گر عهد و پیمان بشکنم

امروز همچون آصفم، شمشیر و فرمان در کفم
تا گردنِ گردن‌کشان در پیشِ سلطان بشکنم

روزی دو، باغِ طاغیان گر سبز بینی، غم مخور
چون اصل‌های بیخشان از راهِ پنهان بشکنم

من نشکنم جز جور را یا ظالمِ بدغور را
گر ذرّه‌ای دارد نمک گبرم اگر آن بشکنم

هرجا یکی‌گویی بُوَد، چوگانِ وحدت وی برد
گویی که میدان نسپرد، در زخمِ چوگان بشکنم

گشتم مقیمِ بزم او، چون لطفْ دیدم عزمِ او
گشتم حقیرِ راه او، تا ساقِ شیطان بشکنم

چون در کفِ سلطان شدم، یک حبّه بودم کان شدم
گر در ترازویم نهی، می‌دان که میزان بشکنم

چون من خراب و مست را در خانهٔ خود ره دهی
پس تو ندانی این قدَر کاین بشکنم، آن بشکنم؟

گر پاسبان گوید که «هی!»، بر وی بریزم جامِ می
دربان اگر دستم کشد، من دستِ دربان بشکنم

چرخ ار نگردد گِرْدِ دل، از بیخ و اصلش برکنم
گردون اگر دونی کند گردونِ گردان بشکنم

خوانِ کرم گسترده‌ای، مهمانِ خویشم برده‌ای
گوشم چرا مالی اگر من گوشهٔ نان بشکنم؟

نی نی، منم سَرْخوان تو، سرخیلِ مهمانان تو
جامی دو بر مهمان کنم، تا شرمِ مهمان بشکنم

ای که میانِ جانِ من تلقینِ شعرم می‌کنی
گر تن زنم خامش کنم، ترسم که فرمان بشکنم

از شمسِ تبریزی اگر باده رسد، مستم کند
من لاأبالی‌وار خود اُستُونِ کیوان بشکنم

***

ای با من و پنهان چو دل از دل سلامت می‌کنم
تو کعبه‌ای هرجا رَوَم قصد مقامت می‌کنم

هرجا که هستی حاضری از دور در ما ناظری
شب خانه روشن می‌شود چون یاد نامت می‌کنم

گه همچو باز آشنا بر دست تو پر می‌زنم
گه چون کبوتر پرزنان آهنگ بامت می‌کنم

گر غایبی هر دم چرا آسیب بر دل می‌زنی
ور حاضری پس من چرا در سینه دامت می‌کنم؟

دوری به تن لیک از دلم اندر دل تو روزنی‌ست
زآن روزن دزدیده من چون مه پیامت می‌کنم

ای آفتاب از دور تو بر ما فرستی نور تو
ای جان هر مهجور تو جان را غلامت می‌کنم

من آینهٔ دل را ز تو این جا صقالی می‌دهم
من گوش خود را دفتر لطف کلامت می‌کنم

در گوش تو در هوش تو و اندر دل پرجوش تو
این‌ها چه باشد؟ تو منی وین وصف عامت می‌کنم

ای دل نه اندر ماجرا می‌گفت آن دلبر تو را
هرچند از تو کم شود از خود تمامت می‌کنم

ای چاره در من چاره‌گر حیران شو و نظّاره‌گر
بنگر کز این جمله صُوَر این دم کدامت می‌کنم

گه راست مانند الف گه کژ چو حرف مختلف
یک لحظه پخته می‌شوی یک لحظه خامت می‌کنم
گر سال‌ها ره می‌روی چون مهره‌ای در دست من
چیزی که رامش می‌کنی زآن چیز رامت می‌کنم
ای شه حسام‌الدین حسن می‌گوی با جانان که من
جان را غلام معرفت بهر حسامت می‌کنم

* * *

آمد خیال خوش که من از گلشن یار آمدم
در چشم مست من نگر کز کوی خمّار آمدم
سرمایهٔ مستی منم، هم دایهٔ هستی منم
بالا منم پستی منم چون چرخ دوّار آمدم
آنم کز آغاز آمدم با روح دمساز آمدم
برگشتم و بازآمدم بر نقطه پرگار آمدم
گفتم بیا شاد آمدی دادم بده داد آمدی
گفتا بدید و داد من کز بهر این کار آمدم
هم من مه و مهتاب تو هم گلشن و هم آب تو
چندین ره از اشتاب تو بی‌کفش و دستار آمدم
فرخنده‌نامی ای پسر گرچه که خامی ای پسر
تلخی مکن زیرا که من از لطف بسیار آمدم
خندان درآ تلخی بکش شاباش ای تلخیّ خوش
گل‌ها دهم گرچه که من اوّل همه خار آمدم
گل سر برون کرد از درج کالصّبر مفتاح الفرج
هر شاخ گوید لاحرج کز صبر دربار آمدم

***

تا من بدیدم روی تو ای ماه و شمع روشنم — هرجا نشینم خرّمم هرجا روم در گلشنم
هرجا خیال شه بود باغ و تماشاگه بود — در هر مقامی که رَوَم بر عشرتی برمی‌تنم
درها اگر بسته شود زین خانقاه شش‌دری — آن ماه‌رو از لامکان سر درکند در روزنم
گوید سلام علیک هِی، آوردمت صد نقل و می — من شاهم و شاهنشهم پرده سپاهان می‌زنم
من آفتاب انورم خوش پرده‌ها را بردرم — من نوبهارم آمدم تا خارها را برکنم
هرکس که خواهد روز و شب عیش و تماشا و طرب — من قندها را لذّتم بادامها را روغنم
گویم سخن را بازگو مردی کرم ز آغاز گو — هین بی‌ملولی شرح کن من سخت کُند و کودنم
گوید که آن گوش گران بهتر ز هوش دیگران — صد فضل دارد این بر آن کآنجا هوا اینجا منم
رو رو که صاحب دولتی جان حیات و عشرتی — رضوان و حور و جنّتی زیرا گرفتی دامنم
هم کوه و هم عنقا تویی هم عروه‌الوثقی تویی — هم آب و هم سقا تویی هم باغ و سرو و سوسنم
افلاک پیشت سر نهد املاک پیشت پر نهد — دل گویدت مومم تو را با دیگران چون آهنم

***

باز آمدم باز آمدم از پیش آن یار آمدم — در من نگر در من نگر بهر تو غمخوار آمدم
شاد آمدم شاد آمدم از جمله آزاد آمدم — چندین هزاران سال شد تا من به گفتار آمدم
آنجا روم آنجا روم بالا بدم بالا روم — بازم رهان بازم رهان کاینجا به زنهار آمدم
من مرغ لاهوتی بُدَم دیدی که ناسوتی شدم — دامش ندیدم ناگهان در وی گرفتار آمدم
من نور پاکم ای پسر نه مشت خاکم مختصر — آخر صدف من نیستم من دُرّ شهوار آمدم
ما را به چشم سَر مبین ما را به چشم سِر ببین — آنجا بیا ما را ببین کآنجا سبکبار آمدم
از چار مادر برترم وز هفت آبا نیز هم — من گوهر کانی بُدَم کاینجا به دیدار آمدم

یارم به بازار آمده‌ست چالاک و هشیار آمده‌ست ورنه به بازارم چه کار؟ وی را طلبکار آمدم
ای شمس تبریزی نظر در کل عالم کی کنی؟ کاندر بیابان فنا جان و دل افگار آمدم

***

مرده بُدم زنده شدم گریه بُدم خنده شدم دولت عشق آمد و من دولت پاینده شدم
دیدهٔ سیر است مرا جان دلیر است مرا زَهرهٔ شیر است مرا زُهره تابنده شدم
گفت که دیوانه نه‌ای لایق این خانه نه‌ای رفتم دیوانه شدم سلسله‌بندنده شدم
گفت که سرمست نه‌ای رو که از این دست نه‌ای رفتم و سرمست شدم وز طرب آکنده شدم
گفت که تو کشته نه‌ای در طرب آغشته نه‌ای پیش رخ زنده‌کُنش کشته و افکنده شدم
گفت که تو زیرککی مست خیالیّ و شکی گول شدم هول شدم وز همه برکنده شدم
گفت که تو شمع شدی قبلهٔ این جمع شدی جمع نی‌اَم شمع نی‌اَم دود پراکنده شدم
گفت که شیخیّ و سَری، پیش‌رو و راهبری شیخ نی‌اَم، پیش نی‌اَم امر تو را بنده شدم
گفت که با بال و پری، من پر و بالت ندهم در هوس بال و پرش بی‌پر و پرکنده شدم
گفت مرا دولت نو راه مرو رنجه مشو زآنکه من از لطف و کرم سوی تو آینده شدم
گفت مرا عشق کهن از بر ما نقل مکن گفتم آری نکنم ساکن و باشنده شدم
چشمهٔ خورشید تویی، سایه‌گه بید منم چون که زدی بر سر من پست و گدازنده شدم
تابش جان یافت دلم وا شد و بشکافت دلم اطلس نو بافت دلم دشمن این ژنده شدم
صورت جان وقت سحر لاف همی‌زد ز بطر بنده و خربنده بُدَم، شاه و خداونده شدم
شُکر کند کاغذ تو از شَکر بی‌حدِ تو کآمد او در برِ من با وی ماننده شدم
شکر کند خاک دژم از فلک و چرخ به خم کز نظر و گردش او نورپذیرنده شدم

شکر کند چرخِ فلک از مَلِک و مُلک و مَلَک
کز کرم و بخشش او روشن بخشنده شدم

شکر کند عارف حق کز همه بردیم سبق
بر زبر هفت طبق اختر رخشنده شدم

زُهره بُدَم ماه شدم چرخ دو صد تاه شدم
یوسف بودم ز کنون یوسف زاینده شدم

از تواَم ای شُهره قمر در من و در خود بنگر
کز اثر خندهٔ تو گلشن خندنده شدم

باش چو شطرنج روان خامش و خود جمله زبان
کز رخ آن شاه جهان فرّخ و فرخنده شدم

* * *

تیز دَوَم تیز دَوَم تا به سواران برسم
نیست شَوَم نیست شَوَم تا بر جانان برسم

خوش شده‌ام خوش شده‌ام پارهٔ آتش شده‌ام
خانه بسوزم بروم تا به بیابان برسم

خاک شوم خاک شوم تا ز تو سرسبز شوم
آب شوم سجده‌کنان تا به گلستان برسم

چون که فتادم ز فلک ذرّه‌صفت لرزانم
ایمن و بی‌لرز شوم چون که به پایان برسم

چرخ بود جای شرف خاک بود جای تلف
باز رهم زین دو خطر چون بر سلطان برسم

عالم این خاک و هوا گوهر کفر است و فنا
در دل کفر آمده‌ام تا که به ایمان برسم

آن شه موزون جهان عاشق موزون طلبد
شد رخ من سکّهٔ زر تا که به میزان برسم

رحمت حق آب بوَد جز که به پستی نرود
خاکی و مرحوم شوم تا بر رحمان برسم

هیچ طبیبی ندهد بی‌مرضی حبّ و دوا
من همگی درد شوم تا که به درمان برسم

* * *

آمده‌ام که سر نهم عشق تو را به سر برم
ور تو بگوییَم که نی، نی شکنم شکر برم

آمده‌ام چو عقل و جان از همه دیده‌ها نهان
تا سوی جان و دیدگان مشعلهٔ نظر برم

آمده‌ام که ره زنم بر سر گنج شه زنم
آمده‌ام که زر برم، زر نبرم خبر برم

گر شکند دل مرا جان بدهم به دل‌شکن
گر ز سرم کله برد من ز میان کمر برم

اوست نشسته در نظر، من به کجا نظر کنم؟
اوست گرفته شهر دل، من به کجا سفر برم؟

آن که ز زخم تیر او کوه شکاف می‌کند
پیش گشاد تیر او وای اگر سپر برم

گفتم آفتاب را گر ببری تو تاب خود
تاب تو را چو تب کند گفت بلی اگر برم

آن که ز تاب روی او نور صفا به دل کشد
وآن که ز جوی حُسن او آب سوی جگر برم

در هوس خیال او همچو خیال گشته‌ام
وز سر رشک نام او نام رخ قمر برم

این غزلم جواب آن باده که داشت پیش من
گفت بخور نمی‌خوری پیش کسی دگر برم

* * *

دوش چه خورده‌ای؟ بگو ای بت همچو شکّرم
تا همه سال روز و شب باقی عمر از آن خورم

گر تو غلط دهی مرا رنگ تو غَمز می‌کند
رنگ تو تا بدیده‌ام دنگ شده‌ست این سرم

یک نفسی عنان بکش تیز مرو ز پیش من
تا بفروزد این دلم تا به تو سیر بنگرم

دیوان شمس تبریزی

سخت دلم همی‌تپد یک نفسی قرار کن
خون ز دو دیده می‌چکد تیز مرو ز منظرم

چون ز تو دور می‌شوم عبرت خاک تیره‌ام
چون که ببینمت دمی رونق چرخ اخضرم

چون رخ آفتاب شد دور ز دیدهٔ زمین
جامه سیاه می‌کند شب ز فراق لاجرم

خور چو به صبح سرزند جامه سپید می‌کند
ای رُخَت آفتاب جان دور مشو ز محضرم

خیره‌کشی مکن بُتا خیره مریز خون من
تنگدلی مکن بُتا درمشکن تو گوهرم

ساغر می خیال تو بر کف من نهاد دی
تا بندیدمت در او میل نشد به ساغرم

داروی فربهی ز تو یافت زمین و آسمان
تربیتی نما مرا از بر خود که لاغرم

ای صنم ستیزه‌گر مست ستیزهٔات شکر
جان تو است جان من اختر توست اخترم

چند به دل بگفته‌ام خون بخور و خموش کن
دل کتفک همی‌زند که تو خموش من کرم

✶ ✶ ✶

تا که اسیر و عاشق آن صنم چو جان شدم
دیو نی‌اَم، پری نی‌اَم، از همه چون نهان شدم

برف بُدَم، گداختم تا که مرا زمین بخورد
تا همه دود دل شدم تا سوی آسمان شدم

نیستم از روان‌ها بر حذرم ز جان‌ها
جان نکند حذر ز جان، چیست حذر؟ چو جان شدم

آن که کسی گمان نبرد، رفت گمان من بدو
تا که چنین به عاقبت بر سر آن گمان شدم

از سر بی‌خودی دلم داد گواهی‌ای به دست
این دل من ز دست شد و آنچه بگفت آن شدم

این همه ناله‌های من نیست ز من، همه از اوست
کز مدد می لبش، بی‌دل و بی‌زبان شدم

گفت چرا نهان کنی عشق مرا چو عاشقی؟
من ز برای این سخن شهرهٔ عاشقان شدم

جان و جهان ز عشق تو رفت ز دست کار من
من به جهان چه می‌کنم؟ چون که از این جهان شدم

٭ ٭ ٭

دلا مشتاق دیدارم غریب و عاشق و مستم
کنون عزم لقا دارم من اینک رخت بربستم

تویی قبله همه عالم ز قبله رو نگردانم
بدین قبله نماز آرم به هر وادی که من هستم

مرا جانی در این قالب و آنگه جز توأم مذهب
که من از نیستی جانا به عشق تو برون جستم

اگر جز تو سری دارم سزاوار سرِ دارم
وگر جز دامنت گیرم بریده باد این دستم

به هرجا که رَوَم بی تو یکی حرفیم بی‌معنی
چو هی دو چشم بگشادم چو شین در عشق بنشستم

چو من هی‌ام، چو من شی‌نم، چرا گم کرده‌ام هُش را؟
که هُش ترکیب می‌خواهد، من از ترکیب بگسستم

جهانی گمره و مرتد ز وسواس هوای خود
به اقبال چنین عشقی ز شرّ خویشتن رستم

به سربالای عشق این دل از آن آمد که صافی شد
که از دُردی آب و گل من بی‌دل در این پستم

زهی لطف خیال او که چون در پاش افتادم
قدم‌های خیالش را به آسیب دو لب خستم

بشستم دست از گفتن طهارت کردم از منطق
حوادث چون پیاپی شد وضوی توبه بشکستم

***

طواف حاجیان دارم به گرد یار می‌گردم
نه اخلاق سگان دارم نه بر مردار می‌گردم

مثال باغبانانم نهاده بیل بر گردن
برای خوشهٔ خرما به گرد خار می‌گردم

نه آن خرما که چون خوردی شود بلغم، کند صفرا
ولیکن پر برویاند که چون طیّار می‌گردم

جهان مار است و زیر او یکی گنجی‌ست بس پنهان
سر گنجستم و بر وی چو دُمّ مار می‌گردم

ندارم غصّهٔ دانه اگرچه گِرد این خانه
فرورفته به اندیشه چو بوتیمار می‌گردم

نخواهم خانه‌ای در ده نه گاو و گلّهٔ فربه
ولیکن مست سالارم پی سالار می‌گردم

رفیق خضرم و هر دم قدوم خضر را جویان
قدم برجا و سرگردان که چون پرگار می‌گردم
نمی‌دانی که رنجورم که جالینوس می‌جویم؟
نمی‌بینی که مخمورم که بر خمّار می‌گردم؟
نمی‌دانی که سیمرغم که گرد قاف می‌پرّم؟
نمی‌دانی که بو بردم که بر گلزار می‌گردم؟
مرا زین مردمان مشمر خیالی دان که می‌گردد
خیال ار نیستم، ای جان چه بر اسرار می‌گردم؟
چرا ساکن نمی‌گردم؟ بر این و آن همی‌گویم
که عقلم برد و مستم کرد ناهموار می‌گردم
مرا گویی مرو شپشپ که حرمت را زیان دارد
ز حرمت عار می‌دارم از آن بر عار می‌گردم
بهانه کرده‌ام نان را ولیکن مست خبّازم
نه بر دینار می‌گردم که بر دیدار می‌گردم
هر آن نقشی که پیش آید در او نقّاش می‌بینم
برای عشق لیلی دان که مجنون‌وار می‌گردم
در این ایوان سربازان که سر هم درنمی‌گنجد
منِ سرگشته معذورم که بی‌دستار می‌گردم
نی‌اَم پروانهٔ آتش که پرّ و بال خود سوزم
منم پروانهٔ سلطان که بر انوار می‌گردم
چه لب را می‌گزی پنهان که خامش باش و کمتر گوی؟
نه فعل و مکر توست این هم که بر گفتار می‌گردم؟
بیا ای شمس تبریزی شفق‌وار ارچه بگریزی
شفق‌وار از پی شمست بر این اقطار می‌گردم

***

تو تا دوری ز من جانا چنین بی‌جان همی‌گردم
چو در چرخم درآوردی به گردت زآن همی‌گردم

چو باغ وصل خوشبویم چو آب صاف در جویم
چو احسان است هر سویم در این احسان همی‌گردم

مرا افتاد کار خوش زهی کار و شکار خوش
چو باد نوبهار خوش در این بستان همی‌گردم

چه جای باغ و بستانش که نفروشم به صد جانش؟
شدم من گوی میدانش در این میدان همی‌گردم

کسی باشد ملول ای جان که او نبوَد قبول ای جان
منم آل رسول ای جان پسِ سلطان همی‌گردم

تو را گویم چرا مستم ز لعلش بوی بُردستم
کُلَند عشق در دستم به گرد کان همی‌گردم

منم از کیمیای جان، چه جای دل، چه جای جان
نه چون تو آسیای نان که گرد نان همی‌گردم

قدحوارم در این دوران میان حلقهٔ مستان
ز دست این به دست آن، بدین دستان همی‌گردم

***

به گرد دل همی‌گردی چه خواهی کرد می‌دانم
چه خواهی کرد؟ دل را خون و رخ را زرد می‌دانم

یکی بازی برآوردی که رَخت دل همه بردی
چه خواهی بعد از این بازی دگر آورد؟ می‌دانم

به یک غمزه جگر خستی پس آتش اندر او بستی
بخواهی پخت می‌بینم، بخواهی خورد می‌دانم

به حقّ اشک گرم من، به حقّ آه سرد من
که گرمم پرس چون بینی که گرم از سرد می‌دانم

مرا دل سوزد و سینه تو را دامن ولی فرق است
که سوز از سوز و دود از دود و درد از درد می‌دانم

به دل گویم که چون مردان صبوری کن، دلم گوید
نه مردم نی ز نار از غم ز زن تا مرد می‌دانم

دلا چون گرد برخیزی ز هر بادی نمی‌گفتی
که از مردی برآوردن ز دریا گرد می‌دانم

جوابم داد دل کان مه چو جفت و طاق می‌بازد
چو ترسا جفت گویم گر ز جفت و فرد می‌دانم

چو در شطرنج شد قایم بریزد نرد شش‌پنجی
بگویم مات غم باشم اگر این نرد می‌دانم

* * *

من دَلق گرو کردم، عریان خراباتم
خوردم همه رخت خود، مهمان خراباتم

ای مطرب زیبارو دستی بزن و برگو
تو آنِ مناجاتی من آنِ خراباتم

خواهی که مرا بینی ای بستهٔ نقش تن
جان را نتوان دیدن من جان خراباتم

نی مرد شکم‌خوارم نی درد شکم دارم
زین مائده بیزارم بر خوان خراباتم

من همدم سلطانم حقّا که سلیمانم
کلّی همه ایمانم ایمان خراباتم

با عشق در این پستی کردم طرب و مستی
گفتم چه کسی؟ گفتا سلطان خراباتم

هرجا که همی‌باشم همکاسهٔ اوباشم
هر گوشه که می‌گردم گردان خراباتم

گویی بنما معنی بُرهان چنین دعوی
روشن‌تر از این برهان، برهان خراباتم

گر رفت زر و سیمم با سینهٔ سیمینم
ور بی‌سر و سامانم سامان خراباتم

دیوان شمس تبریزی

ای ساقی جان، جانی، شمع دل ویرانی ویرانِ دلم را بین، ویران خراباتم
گویی که تو را شیطان افکند در این ویران خوبیّ ملک دارد شیطان خراباتم
هرگه که خمش باشم من خُمّ خراباتم هرگه که سخن گویم دربان خراباتم

* * *

یک لحظه و یک ساعت دست از تو نمی‌دارم زیرا که تویی کارم، زیرا که تویی بارم
از قند تو می‌نوشم با پند تو می‌کوشم من صید جگرخسته، تو شیر جگرخوارم
جان من و جان تو گویی که یکی بوده‌ست سوگند بدین یک جان کز غیر تو بیزارم
از باغ جمال تو یک بند گیاهم من وز خلعت وصل تو یک پاره کله‌وارم
بر گِرد تو این عالم خار سر دیوار است بر بوی گل وصلت خاری‌ست که می‌خارم
چون خار چنین باشد، گلزار تو چون باشد؟ ای خورده و ای برده اسرار تو اسرارم
خورشید بوَد مه را بر چرخ، حریف ای جان دانم که بنگذاری در مجلس اغیارم
رفتم برِ درویشی گفتا که خدا یارت گویی به دعای او شد چون تو شهی یارم
دیدم همه عالم را نقش درِ گرمابه ای برده تو دستارم هم سوی تو دست آرم
هر جنس سوی جنسش زنجیر همی‌درّد من جنس که‌ام کاینجا در دام گرفتارم؟
گرد دل من جانا دزدیده همی‌گردی دانم که چه می‌جویی ای دلبر عیّارم
در زیر قبا جانا شمعی پنهان داری خواهی که زنی آتش در خرمن و انبارم
ای گلشن و گلزارم وی صحّت بیمارم ای یوسف دیدارم وی رونق بازارم
تو گرد دلم گردان من گرد درت گردان در دست تو در گردش سرگشته چو پرگارم
در شادی روی تو گر قصّهٔ غم گویم گر غم بخورد خونم والله که سزاوارم

بر ضرب دف حکمت این خلق همی‌رقصند / بی‌پردهٔ تو رقصد یک پرده نپندارم
آواز دفت پنهان وین رقص جهان پیدا / پنهان بوَد این خارش هر جای که می‌خارم
خامش کنم از غیرت زیرا ز نبات تو / ابر شکرافشانم جز قند نمی‌بارم
در آبم و در خاکم در آتش و در بادم / این چار بگرد من امّا نه از این چارم
گه ترکم و گه هندو گه رومی و گه زنگی / از نقش تو است ای جان! اقرارم و انکارم
تبریز دل و جانم با شمس حق است اینجا / هرچند به تن اکنون تصدیع نمی‌آرم

* * *

صورتگر نقّاشم، هر لحظه بتی سازم / وآنگه همه بت‌ها را در پیش تو بگدازم
صد نقش برانگیزم با روح درآمیزم / چون نقش تو را بینم در آتشش اندازم
تو ساقی خمّاری یا دشمن هشیاری / یا آنکه کنی ویران هر خانه که می‌سازم؟
جان ریخته شد بر تو آمیخته شد با تو / چون بوی تو دارد جان جان را هله بنوازم
هر خون که ز من رویَد با خاک تو می‌گوید / با مهر تو همرنگم با عشق تو هنبازم
در خانهٔ آب و گل بی‌توست خراب این دل / یا خانه درآ جانا یا خانه بپردازم

* * *

ای کرده تو مهمانم در پیش درآ جانم / زآن روی که حیرانم من خانه نمی‌دانم
ای گشته ز تو واله، هم شهر و هم اهل ده / کاو خانه؟ نشانم ده، من خانه نمی‌دانم
زآن‌کس که شدی جانش، زآن‌کس مطلب دانش / پیش آ و مرنجانش من خانه نمی‌دانم
وآن کز تو بود شورش می‌دار تو معذورش / وز خانه مکن دورش من خانه نمی‌دانم
من عاشق و مشتاقم من شهرهٔ آفاقم / رحم آر و مکن طاقم من خانه نمی‌دانم

ای مطرب صاحب صف می‌زن تو به زخم کف　　　بر راه دلم این دف من خانه نمی‌دانم
شمس‌الحق تبریزم جز با تو نیامیزم　　　می‌افتم و می‌خیزم من خانه نمی‌دانم

* * *

در عشق سلیمانی من همدم مرغانم　　　هم عشق پَری دارم، هم مرد پَری‌خوانم
هرکس که پری‌خوتر در شیشه کنم زوتر　　　برخوانم افسونش حرّاقه بجنبانم
زین واقعه مدهوشم باهوشم و بی‌هوشم　　　هم ناطق و خاموشم هم لوح خموشانم
فریاد که آن مریم رنگی دگر است این دم　　　فریاد کز این حالت فریاد نمی‌دانم
زآن رنگ چه بی‌رنگم زآن طرّه چو آونگم　　　زآن شمع چو پروانه یا رب چه پریشانم
گفتم که مها! جانی، امروز دگرسانی　　　گفتا که بر او منگر از دیدهٔ انسانم
ای خواجه اگر مردی تشویش چه آوردی؟　　　کز آتش حرص تو پردود شود جانم
یا عاشق شیدا شو یا از برِ ما واشو　　　در پرده میا با خود تا پرده نگردانم
هم خونم و هم شیرم، هم طفلم و هم پیرم　　　هم چاکر و هم میرم، هم اینم و هم آنم
هم شمس شکرریزم، هم خطّهٔ تبریزم　　　هم ساقی و هم مستم، هم شهره و پنهانم

* * *

امروز خوشم با تو جان تو و فردا هم　　　از تو شکر افشانم اینجا هم و آنجا هم
دل بادهٔ تو خورده وز خانه سفر کرده　　　ما بی‌دل و دل با تو، با ما هم و بی‌ما هم
ای دل که روانی تو آن سوی که دانی تو　　　خدمت برسان از ما آنجا و موصّی هم
ما منتظر وقت و دل ناظر تو دائم　　　در حالت آرامش در شورش و غوغا هم
از باده و باد تو چون موج شده این دل　　　درمستی و پستی خوش، دررفعت و بالا هم

ابر خوش لطف تو با جان و روان ما — در خاک اثر کرده در صخره و خارا هم
با تو پس از این عالم، بی‌نقش بنی‌آدم — خوش خلوت جان باشد، آمیزش جان‌ها هم
زآن غمزهٔ مست تو زآن جادو و جادوخو — خیره شده هر دیده، نادان هم و دانا هم
من ننگ نمی‌دارم، مجنونم و می‌دانی — هم عِرق جنون دارم، از مایه و سودا هم
از آتش و آب او ای جسته نشان بنگر — در آب دو چشم ما در زردی سیما هم
در عالم آب و گل در پردهٔ جان و دل — هم ایمنی از عشقت وین فتنه و غوغا هم
زآن طرّهٔ روحانی زآن سلسلهٔ جانی — زنّار تو بربسته هم مؤمن و ترسا هم

* * *

بی‌خود شده‌ام لیکن بی‌خودتر از این خواهم — با چشم تو می‌گویم من مست چنین خواهم
من تاج نمی‌خواهم، من تخت نمی‌خواهم — در خدمتت افتاده بر روی زمین خواهم
آن یار نکوی من بگرفت گلوی من — گفتا که چه می‌خواهی گفتم که همین خواهم
با باد صبا خواهم تا دم بزنم لیکن — چون من دم خود دارم، همراز مهین خواهم
در حلقهٔ میقاتم ایمن شده ز آفاتم — مومم ز پی ختمت زآن نقش نگین خواهم
ماهی دگر است ای جان! اندر دل مه پنهان — زین علم یقینستم آن عین یقین خواهم

* * *

بیایید بیایید به گلزار بگردیم — بر این نقطهٔ اقبال چو پرگار بگردیم
بیایید که امروز به اقبال و به پیروز — چو عشّاق نوآموز بر آن یار بگردیم
بسی تخم بکِشتیم بر این شوره بگشتیم — بر آن حب که نگنجید در انبار بگردیم
هر آن روی که پشت است، به آخر همه زشت است — بر آن یارِ نکوروِی وفادار بگردیم

چو از خویش برنجیم زبونِ شش و پنجیم　　یکی جانب خُمخانهٔ خَمّار بگردیم
در این غم چو نزاریم در آن دام شکاریم　　دگر کار نداریم در این کار بگردیم
چو ما بی‌سر و پاییم چو ذرّات هواییم　　بر آن نادره خورشید، قمروار بگردیم
چو دولاب چه گردیم پر از ناله و افغان؟　　چو اندیشهٔ بی‌شکوت و گفتار بگردیم

* * *

ما آتش عشقیم که در موم رسیدیم　　چون شمع به پروانهٔ مظلوم رسیدیم
یک حملهٔ مردانهٔ مستانه بکردیم　　تا علم بدادیم و به معلوم رسیدیم
در منزل اوّل به دو فرسنگیِ هستی　　در قافلهٔ امّت مرحوم رسیدیم
آن مَه که نه بالاست نه پست است بتابید　　وآنجا که نه محمود و نه مذموم رسیدیم
تا حضرت آن لعل که در کون نگنجد　　بر کوری هر سنگ‌دلِ شوم رسیدیم
با آیت کرسی به سوی عرش پریدیم　　تا حیّ بدیدیم و به قیّوم رسیدیم
امروز از آن باغ چه با برگ‌ونواییم　　تا ظن نبری خواجه که محروم رسیدیم
ویرانه به بومان بگذاریم چو بازان　　ما بوم نه‌ایم اَر چه در این بوم رسیدیم
زنّار گسستیم بر قیصر رومی　　تبریز ببر قصّه که در روم رسیدیم

* * *

بشکن قدح باده که امروز چنانیم　　کز توبه شکستن سر توبه شکنانیم
گر باده فنا گشت فنا بادهٔ ما بس　　ما نیک بدانیم گر این رنگ ندانیم
باده ز فنا دارد آن چیز که دارد　　گر باده بمانیم از آن چیز نمانیم
از چیزی خود بگذر ای چیز به ناچیز　　کاین چیز نه پرده‌ست نه ما پرده‌درانیم

با غمزهٔ سرمست تو میریم و اسیریم — با عشق جوان‌بخت تو پیریم و جوانیم

گفتی چه دهی پند وَزین پند چه سود است؟ — کآن نقش که نقّاش ازل کرد همانیم

این پند من از نقش ازل هیچ جدا نیست — زین نقش بدان نقش ازل فرق ندانیم

گفتی که جدا مانده‌ای از بر معشوق — ما در بر معشوق ز انده در امانیم

معشوق درختی‌ست که ما از برِ اوییم — از ما برِ او دور شود هیچ نمانیم

چون هیچ نمانیم ز غم هیچ نپیچیم — چون هیچ نمانیم هم اینیم و هم آنیم

شادی‌شود آن‌غم‌که‌خوریمش‌چو‌شکرخوش — ای غم برِ ما آی که اکسیر غمانیم

چون برگ خورد پیله شود برگ بریشم — ما پیلهٔ عشقیم که بی‌برگ جهانیم

ماییم در آن وقت که ما هیچ نمانیم — آن وقت که پا نیست شود پای دوانیم

بستیم دهان خود و باقی غزل را — آن وقت بگوییم که ما بسته‌دهانیم

* * *

از شهر تو رفتیم تو را سیر ندیدیم — از شاخ درخت تو چنین خام فتیدیم

در سایهٔ سرو تو مها سیر نخفتیم — وز باغ تو از بیم نگهبان نچریدیم

بر تابهٔ سودای تو گشتیم چو ماهی — تا سوخته گشتیم ولیکن نپزیدیم

گشتیم به ویرانه به سودای چو تو گنج — چون مار به آخر به تک خاک خزیدیم

چون سایه گذشتیم به هر پاکی و ناپاک — اکنون به تو محویم نه پاک و نه پلیدیم

ما را چو بجویید بر دوست بجویید — کز پوست فناییم و برِ دوست پدیدیم

تا بر نمک و نان تو انگشت زدستیم — در فرقت و در شور بس انگشت گزیدیم

چون طبل رحیل آمد و آواز جرس‌ها — ما رخت و قماشات بر افلاک کشیدیم

شُکر است که تریاق تو با ماست اگرچه — زهری که همه خلق چشیدند چشیدیم

آن دم که بریده شد از این جوی جهان آب | چون ماهی بی‌آب بر این خاک تپیدیم
چون جوی شد این چشم ز بی‌آبی آن جوی | تا عاقبت امر به سرچشمه رسیدیم
چون صبر فرج آمد و بی‌صبر حرج بود | خاموش مکن ناله که ما صبر گزیدیم

***

چنان مست است از آن دم جان آدم | که نشناسد از آن دم جان آدم
ز شور اوست چندین جوش دریا | ز سرمستیّ او مست است عالم
زهی سرده که گردن زد اجل را | که تا دنیا نبینند هیچ ماتم
شراب حق حلال اندر حلال است | می خُنبِ خدا نبوَد مُحَرّم
از این باده جوان گر خورده بودی | نبودی پشت پیر چرخ را خَم
زمین اَر خورده بودی فارغَستی | از آنکه ابر تر بارد بر او نم
دل محرم بیان این بگفتی | اگر بودی به عالم نیم محرم
ز آب و گل برون بردی شما را | اگر بودی شما را پای محکم
رسید این عشق تا پای شما را | کند محکم ز هر سستی مسلّم
بگو باقی تو شمس‌الدّین تبریز | که بر تو ختم شد واللـه اعلم

***

ز زندان خلق را آزاد کردم | روان عاشقان را شاد کردم
دهان اژدها را بردریدم | طریق عشق را آباد کردم
ز آبی من جهانی برتنیدم | پس آنگه آب را پرباد کردم
ببستم نقش‌ها بر آب کآن را | نه بر عاج و نه بر شمشاد کردم

ز شادی نقش خود جان می‌درانند — که من نقش خودش میعاد کردم
ز چاهی یوسفان را برکشیدم — که از یعقوب ایشان یاد کردم
چو خسرو زلف شیرینان گرفتم — اگر قصد یکی فرهاد کردم
زهی باغی که من ترتیب کردم — زهی شهری که من بنیاد کردم
جهان داند که تا من شاه اویم — بدادم داد ملک و داد کردم
جهان داند که بیرون از جهانم — تصوّر بهر استشهاد کردم
چه استادان که من شه‌مات کردم — چه شاگردان که من استاد کردم
بسا شیران که غرّیدند بر ما — چو روبه عاجز و مُنقاد کردم
خمُش کن، آن که او از صُلب عشق است — بَسَستش اینکه من ارشاد کردم
ولیک آن را که طوفان بلا برد — فروشُد گرچه من فریاد کردم
مگر از قعر طوفانش برآرم — چنان‌که نیست را ایجاد کردم
برآمد شمس تبریزی بزد تیغ — زبان از تیغ او پولاد کردم

***

همیشه من چنین مجنون نبودم — ز عقل و عافیت بیرون نبودم
چو تو عاقل بُدَم من نیز روزی — چنین دیوانه و مفتون نبودم
مثال دلبران صیّاد بودم — مثال دل میان خون نبودم
در این بودم که این چون است و آن چون — چنین حیران آن بی‌چون نبودم
تو باری عاقلی، بنشین بیندیش — کز اوّل بوده‌ام اکنون نبودم
همی‌جستم فزونی بر همه‌کس — چو صید عشق روزافزون نبودم

چو دود از حرص بالا می‌دویدم	به معنی جز سوی هامون نبودم
چو گنج از خاک بیرون اوفتادم	که گنجی بودم و قارون نبودم

***

مرا گویی که رایی؟ من چه دانم	چنین مجنون چرایی؟ من چه دانم
مرا گویی بدین زاری که هستی؟	به عشقم چون برآیی؟ من چه دانم
منم در موج دریاهای عشقت	مرا گویی کجایی؟ من چه دانم
مرا گویی به قربانگاه جان‌ها	نمی‌ترسی که آیی؟ من چه دانم
مرا گویی اگر کشته خدایی	چه داری از خدایی؟ من چه دانم
مرا گویی چه می‌جویی دگر تو	ورای روشنایی؟ من چه دانم
مرا گویی تو را با این قفس چیست	اگر مرغ هوایی؟ من چه دانم
مرا راه صوابی بود گم شد	ار آن ترک ختایی من چه دانم
بلا را از خوشی نشناسم ایرا	به غایت خوش بلایی من چه دانم
شبی بربود ناگه شمس تبریز	ز من یکتا دو تایی من چه دانم

***

مرا پرسی که چونی؟ بین که چونم	خرابم، بی‌خودم، مستِ جنونم
مرا از کاف و نون آورد در دام	از آن هیبت دوتا چون کاف و نونم
پری‌زاده مرا دیوانه کرده‌ست	مسلمانان که می‌داند فسونم؟
پری را چهره‌ای چون ارغوان است	بنالم کارغوان را ارغنونم
مگر من خانهٔ ماهم چو گردون؟	که چون گردون ز عشقش بی‌سکونم

غلط گفتم مزاجِ عشق دارم	ز دوران و سکونت‌ها برونم
درونِ خرقهٔ صدرنگِ قالب	خیالِ بادشکلِ آبگونم
چه جای باد و آب است ای برادر؟	که همچون عقلِ کلّی ذوفنونم
ولیک آنگه که جزو آید به کلّش	بخیزد تَلِّ مُشک از موجِ خونم
چه داند جزو راه کلِّ خود را؟	مگر هم کل فرستد رهنمونم
بکِش ای عشقِ کلّی جزوِ خود را	که اینجا در کشاکش‌ها زبونم
ز هجرت می‌کشم بارِ جهانی	که گویی من جهانی را سُتونم
به صورت کمترم از نیم ذرّه	ز روی عشق از عالم فزونم
یکی قطره که هم قطره‌ست و دریا	من این اشکال‌ها را آزمونم
نمی‌گویم من این، این گفتِ عشق است	در این نکته من از لایَعلَمونم
که این قصّهٔ هزاران سالگان است	چه دانم من که من طفل از کنونم؟
ولی طفلم طفیلِ آن قدیم است	که می‌دارد قرانش در قرونم
سخن مقلوب می‌گویم که کرده‌ست	جهانِ بازگونه بازگونم
سخن آنگه شنو از من که بِجْهَد	از این گردابها جانِ حَرونم
حدیث آب و گِل جمله شُجون است	چه یکرنگی کنم؟ چون در شُجونم
غلط گفتم که یکرنگم چو خورشید	ولی در ابرِ این دنیایِ دونم
خمش کن خاکِ آدم را مشوران	که اینجا چون پری من در کمونم

* * *

من از عالم تو را تنها گزینم	روا داری که من غمگین نشینم؟

دل من چون قلم اندر کف توست — ز توست ار شادمان و گر حزینم
به جز آنچه تو خواهی من چه باشم؟ — به جز آنچه نمایی من چه بینم؟
گه از من خار رویانی، گهی گل — گهی گل بویم و گه خار چینم
مرا تو چون چنان داری چنانم — مرا تو چون چنین خواهی چنینم
در آن خُمّی که دل را رنگ بخشی — چه باشم من؟ چه باشد مهر و کینم؟
تو بودی اوّل و آخر تو باشی — تو بِه کن آخرم از اوّلینم
چو تو پنهان شوی، از اهل کفرم — چو تو پیدا شوی، از اهل دینم
به جز چیزی که دادی من چه دارم؟ — چه می‌جویی ز جیب و آستینم؟

***

بیا تا قدر یکدیگر بدانیم — که تا ناگه ز یکدیگر نمانیم
چو مؤمن آینهٔ مؤمن یقین شد — چرا با آینه ما روگرانیم
کریمان جان فدای دوست کردند — سگی بگذار ما هم مردمانیم
فسونِ قُل أعوذ و قُل هو الله — چرا در عشق همدیگر نخوانیم
غرض‌ها تیره دارد دوستی را — غرض‌ها را چرا از دل نرانیم؟
گهی خوش‌دل شوی از من که میرم — چرا مرده‌پرست و خصم جانیم؟
چو بعد از مرگ خواهی آشتی کرد — همه عمر از غمت در امتحانیم
کنون پندار مُردم آشتی کن — که در تسلیم ما چون مردگانیم
چو بر گورم بخواهی بوسه دادن — رُخَم را بوسه ده کاکنون همانیم
خمش کن مرده‌وار ای دل ازیرا — به هستی متّهم ما زین زبانیم

***

گر از غم عشق عار داریم / پس ما به جهان چه کار داریم؟
یا رب تو مده قرار ما را / گر بی‌رخ تو قرار داریم
ای یوسف یوسفان کجایی؟ / ما روی در آن دیار داریم
هر صبح بر آن دو زلف مشکین / چون باد صبا گذار داریم
چون حلقهٔ زلف خود شماری / ما چشم در آن شمار داریم
چشم تو شکار کرد جان را / ما دیده در آن شکار داریم
ای آب حیات در کنارت / این آتش از آن کنار داریم
زآن لاله‌ستان چه زار گشتیم / یا رب که چه لاله‌زار داریم
گوییم ز رشک شمس تبریز / نی سیم و نه زر، نه یار داریم

***

تا با تو قرین شده‌ست جانم / هرجا که رَوَم به گلستانم
تا صورت تو قرین دل شد / بر خاک نی‌اَم بر آسمانم
گر سایهٔ من در این جهان است / غم نیست که من در آن جهانم
من عاریه‌ام در آن که خوش نیست / چیزی که بدان خوشم من آنم
در کشتی عشق خفته‌ام خوش / در حالت خفتگی روانم
امروز جمادها شکفته‌ست / امروز میان زندگانم
چون عَلَّمَ بِالقلم رهم داد / پس تختهٔ نانبشته خوانم
چون کان عقیق در گشاده‌ست / چه غم که خراب شد دکانم؟
زآن رطل گران دلم سبک شد / گر دل سبک است سرگرانم

ای ساقی تاج‌بخش پیش آ | تا بر سر و دیده‌ات نشانم
جز شمع و شکر مگوی چیزی | چیزی بمگو که من ندانم

* * *

نی سیم و نه زر، نه مال خواهیم | از لطف تو پرّ و بال خواهیم
نی حاکمی و نه حکم خواهیم | بر حکم تو احتمال خواهیم
ای عمر عزیز! عمر ما باش | نی هفته، نه مه، نه سال خواهیم
ما بدر نه‌ایم و از پی بدر | خود را چو قد هلال خواهیم
از بهر مطالعهٔ خیالت | خود را به کم از خیال خواهیم
چون دَلو مسافران چاهیم | کآن یوسف خوش‌خصال خواهیم
چون آینه نقش خود زداییم | چون عکس چنان جمال خواهیم
چون چشم نظر کند به‌جز تو | جان را ز تو گوشمال خواهیم
خاموش ز قال چند لافی؟ | چون حال آمد، چه قال خواهیم؟

* * *

ای خوشا روزا که ما معشوق را مهمان کنیم
دیده از روی نگارینش نگارستان کنیم
گر ز داغ هجر او دردی‌ست در دل‌های ما
ز آفتاب روی او آن درد را درمان کنیم
چون به دست ما سپارد زلف مشک‌افشان خویش
پیش مشک‌افشان او شاید که جان قربان کنیم

آن سر زلفش که بازی می‌کند از باد عشق
میل دارد تا که ما دل را در او پیچان کنیم

او به آزار دل ما هرچه خواهد آن کند
ما به فرمان دل او هرچه گوید آن کنیم

این کنیم و صد چنین و منّتش بر جان ماست
جان و دل خدمت دهیم و خدمت سلطان کنیم

آفتاب رحمتش در خاک ما درتافته‌ست
ذرّه‌های خاک خود را پیش او رقصان کنیم

ذرّه‌های تیره را در نور او روشن کنیم
چشم‌های خیره را در روی او تابان کنیم

چوب خشک جسم ما را کاو به مانند عصاست
در کف موسیّ عشقش معجز ثعبان کنیم

گر عجب‌های جهان حیران شود در ما رواست
کاین چنین فرعون را ما موسی عِمران کنیم

نیمه‌ای گفتیم و باقی نیم‌کاران بو برند
یا برای روز پنهان نیمه را پنهان کنیم

***

چه کسام من؟ چه کسام من؟ که بسی وسوسه‌مندم
گَه از آن سوی کشندم گَه از این سوی کشندم

ز کشاکش چو کمانم به کف گوش‌کشانم
قدَر از بام درافتد چو در خانه ببندم

مگر استارهٔ چرخم! که ز برجی سوی برجی
به نُحوسیش بگریم به سُعودیش بخندم

به سما و به بروجش، به هبوط و به عروجش
نفسی همتکِ بادم، نفسی من هَلَپَندم
نفَسی آتش سوزان، نفَسی سیل گریزان
ز چه اصلم؟ ز چه فصلم؟ به چه بازار خرندم؟
نفسی فوق طباقم، نفسی شام و عراقم
نفسی غرق فراقم، نفسی راز تو رَندم
نفسی همره ماهم، نفسی مست الهم
نفسی یوسف چاهم، نفسی جمله گزندم
نفسی ره‌زن و غولم، نفسی تند و ملولم
نفسی زین دو برونم که بر آن بام بلندم
بزن ای مطرب قانون، هوس لیلی و مجنون
که من از سلسله جَستم، وَتَد هوش بکندم
به خدا که نگریزی، قدح مِهر نریزی
چه شود ای شَه خوبان که کنی گوش به پندم؟
هله! ای اوّل و آخر، بده آن بادهٔ فاخر
که شد این بزم منوّر به تو ای عشق پسندم
بده آن بادهٔ جانی، ز خرابات معانی
که بدان ارزد چاکر که از آن باده دهندم
بپَران ناطق جان را تو از این منطق رسمی
که نمی‌یابد میدان به گَوِ حرف، سمندم

***

منم آن عاشق عشقت که جز این کار ندارم
که بر آن‌کس که نه عاشق، به‌جز انکار ندارم

دل غیر تو نجویم، سوی غیر تو نپویم
گل هر باغ نبویم، سر هر خار ندارم

به تو آوردم ایمان، دل من گشت مسلمان
به تو دل گفت که ای جان! چو تو دلدار ندارم

چو توی چشم و زبانم، دو نبینم، دو نخوانم
جز یک جان که توی آن به کس اقرار ندارم

چو من از شهد تو نوشم، ز چه رو سرکه فروشم
جهت رزق چه کوشم؟ نه که ادرار ندارم

ز شکربورهٔ سلطان نه ز مهمانی شیطان
بخورم سیر بر این خوان سرِ ناهار ندارم

نخورم غم، نخورم غم، ز ریاضت نزنم دم
رخ چون زر بنگر گر زر بسیار ندارم

نخورد خسرو دل غم، مگر الّا غم شیرین
به چه دل غم خورم آخر؟ دل غمخوار ندارم

پی هر خائف و ایمن کنمی شرح ولیکن
ز سخن گفتن باطن دل گفتار ندارم

تو که بی‌داغ جنونی، خبری گوی که چونی
که من از چون و چگونه دگر آثار ندارم

چو ز تبریز برآمد مه شمس‌الحق و دینم
سر این ماه شبستان سپهدار ندارم

***

به خدا کز غم عشقت نگریزم نگریزم
وگر از من طلبی جان نستیزم نستیزم

قدحی دارم بر کف به خدا تا تو نیایی
هله تا روز قیامت نه بنوشم نه بریزم

سحرم روی چو ماهت، شب من زلف سیاهت
به خدا بی‌رخ و زلفت، نه بخسبم نه بخیزم

ز جلال تو جلیلم ز دلال تو دلیلم / که من از نسل خلیلم که در این آتش تیزم
بده آن آب زکوزه که نه عشقی‌ست دوروزه / چو نماز است و چو روزه، غم تو واجب و ملزم
به خدا شاخ درختی که ندارد ز تو بختی / اگرش آب دهد یَم، شود او کندهٔ هیزم
بپر ای دل سوی بالا به پر و قوّت مولا / که در آن صدر مُعَلّا چو توی نیست ملازم
همگان وقت بلاها بستایند خدا را / تو شب و روز مهیّا چو فلک جازم و حازم
صفت مفخر تبریز نگویم به تمامت / چه کنم؟ رشک نخواهد که من آن غالیه بیزم

* * *

چو غلام آفتابم هم از آفتاب گویم / نه شبم نه شب پرستم که حدیث خواب گویم
چو رسول آفتابم به طریق ترجمانی / پنهان از او بپرسم به شما جواب گویم
به قدم چو آفتابم به خرابه‌ها بتابم / بگریزم از عمارت سخن خراب گویم
به سر درخت مانم که ز اصل دور گشتم / به میانهٔ قشورم همه از لباب گویم
من اگرچه سیب شیبم ز درخت بس بلندم / من اگر خراب و مستم سخن صواب گویم
چو دلم ز خاک کویش بکشیده است بویش / خجلم ز خاک کویش که حدیث آب گویم
بگشا نقاب از رخ که رخ تو است فرّخ / تو روا مبین که با تو ز پس نقاب گویم
چو دلت چو سنگ باشد، پر از آتشم چو آهن / تو چو لطف شیشه‌گیری، قدح و شراب گویم
ز جبین زعفرانی کر و فرّ لاله گویم / به دو چشم ناودانی صفت سحاب گویم
چو ز آفتاب زادم به خدا که کیقبادم / نه به شب طلوع سازم، نه ز ماهتاب گویم
اگرم حسود پرسد دل من ز شُکر ترسد / به شکایت اندرآیم غم اضطراب گویم
برِ رافضی چگونه ز بَنی‌قحافه لافم / برِ خارجی چگونه غم بوتراب گویم
چو رباب از او بنالد، چو کمانچه رو درافتم / چو خطیب خطبه خواند، من از آن خطاب گویم

به زبان خموش کردم که دل کباب دارم　　دل تو بسوزد اَر من ز دل کباب گویم

* * *

عقل گوید که من او را به زبان بفریبم　　عشق گوید تو خَمُش باش به جان بفریبم
جان به دل گوید رو بر من و بر خویش مخند　　چیست کاو را نبوَد؟ تاش بدان بفریبم
نیست غمگین و پر اندیشه و بی‌هوشی جوی　　تا من او را به می و رطل گران بفریبم
ناوک غمزهٔ او را به کمان حاجت نیست　　تا خدنگ نظرش را به کمان بفریبم
نیست محبوس جهان، بستهٔ این عالم خاک　　تا من او را به زر و ملک جهان بفریبم
او فرشته‌ست اگرچه که به صورت بشر است　　شهوتی نیست که او را به زنان بفریبم
خانه کاین نقش در او هست فرشته بِرَمَد　　پس کی‌اش من به چنین نقش و نشان بفریبم؟
گلّهٔ اسب نگیرد چو به پر می‌پرّد　　خور او نور بوَد، چونش به نان بفریبم؟
نیست او تاجر و سوداگر بازار جهان　　تا به افسونش به هر سود و زیان بفریبم
نیست محجوب که رنجور کنم من خود را　　آه آهی کنم او را به فغان بفریبم
سر ببندم بنهم سر که من از دست شدم　　رحمتش را به مرض یا خفقان بفریبم
موی در موی ببیند کژی و فعل مرا　　چیست پنهان برِ او کش به نهان بفریبم؟
نیست شهرت‌طلب و خسرو شاعرباره　　کش به بیت غزل و شعر روان بفریبم
عزّت صورت غیبی خود از آن افزون است　　که من او را به جنان یا به جنان بفریبم
شمس تبریز که بگزیده و محبوب وی است　　مگر او را به همان قطب زمان بفریبم

* * *

عاشقم از عاشقان نگریختم　　وز مصاف ای پهلوان نگریختم

حمله بردم سوی شیران همچو شیر | همچو روبه از میان نگریختم
قصد بام آسمان می‌داشتم | از میان نردبان نگریختم
چون که من دارو بُدَم هر درد را | از صُداع این و آن نگریختم
هیچ دیدی دارو کز دردی گریخت | داروَم من همچنان نگریختم
پیرو پیغامبران بودم به جان | من ز تهدید خسان نگریختم
زنده کوشم در شکار زندگی | زنده باشم چون ز جان نگریختم
چشم تیراندازش آنگه یافتم | که ز تیر خرکمان نگریختم
زخم تیغ و تیر من منصور شد | چون که از زخم سنان نگریختم
بحر قندم از تُرُش باکیم نیست | سودمندم از زیان نگریختم
شمس تبریزی چو آمد آشکار | ز آشکارا و نهان نگریختم

***

عاشقی بر من پریشانت کنم | کم عمارت کن که ویرانت کنم
گر دوصد خانه کنی زنبوروار | چون مگس بی‌خان‌وبی‌مانت کنم
تو بر آن که خلق را حیران کنی | من بر آن که مست و حیرانت کنم
گر کُهِ قافی تو را چون آسیا | آرَم اندر چرخ و گردانت کنم
ور تو افلاطون و لقمانی به علم | من به یک دیدار نادانت کنم
تو به دست من چو مرغی مرده‌ای | من صیادم دام مرغانت کنم
بر سر گنجی چو ماری خفته‌ای | من چو مار خسته پیچانت کنم
خواه دلیلی گو و خواهی خود مگو | در دلالت عین برهانت کنم
خواه گو لاحول، خواهی خود مگو | چون شهت لاحول شیطانت کنم

چند می‌باشی اسیر این و آن	گر برون آیی از این، آنت کنم
ای صدف چون آمدی در بحر ما	چون صدف‌ها گوهرافشانت کنم
بر گلویت تیغ‌ها را دست نیست	گر چو اسماعیل قربانت کنم
چون خلیلی هیچ از آتش مترس	من ز آتش صد گلستانت کنم
دامن ما گیر اگر تردامنی	تا چو مه از نور دامانت کنم
من همایم، سایه کردم بر سرت	تا که افریدون و سلطانت کنم
هین قرائت کم کن و خاموش باش	تا بخوانم عین قرآنت کنم

* * *

آتشی نو در وجود اندرزدیم	در میان محو نو اندرشدیم
نیک و بد اندر جهان هستی است	ما نه نیکیم ای برادر، نی بدیم
هرچه چرخ دزد از ما برده بود	شب عسس رفتیم و از وی بستدیم
ما یکی بودیم با صد ما و من	یک جوی زآن یک نماند و ما صدیم
از خودی نارفته نتوان آمدن	از خودی رفتیم وآنگه آمدیم
قدّ ما شد پست اندر قدّ عشق	قدّ ما چون پست شد، عالی‌قدیم
پیشهٔ مردی ز حق آموختیم	پهلوان عشق و یار احمدیم
بیست‌ونه حرف است بر لوح وجود	حرف‌ها شُستیم و اندر ابجدیم
سعد شمس‌الدّین تبریزی بتافت	وز قِران سعد او ما اسعدیم

* * *

ما ز بالاییم و بالا می‌رویم	ما ز دریاییم و دریا می‌رویم

ما از آنجا و از اینجا نیستیم ما ز بی‌جاییم و بی‌جا می‌رویم
لا اله اندر پی الّا لله است همچو لا ما هم به الّا می‌رویم
قُل تعالوا آیتی‌ست از جذب حق ما به جذبهٔ حق تعالی می‌رویم
کشتی نوحیم در طوفان روح لاجرم بی‌دست و بی‌پا می‌رویم
همچو موج از خود برآوردیم سر باز هم در خود تماشا می‌رویم
راه حق تنگ است چون سَمِّ الخِیاط ما مثال رشته یکتا می‌رویم
هین ز همراهان و منزل یاد کن پس بدان که هر دمی ما می‌رویم
خوانده‌ای إنّا الیه راجعون تا بدانی که کجاها می‌رویم
اختر ما نیست در دور قمر لاجرم فوق ثریّا می‌رویم
همّت عالی‌ست در سرهای ما از علی تا رَبّ اعلا می‌رویم
رو ز خرمنگاه ما ای کورموش گرنه کوری بین که بینا می‌رویم
ای سخن خاموش کن با ما میا بین که ما از رشک بی‌ما می‌رویم
ای کُهِ هستیّ ما ره را مبند ما به کوه قاف و عنقا می‌رویم

* * *

من اگر پُر غم اگر شادانم عاشق دولت آن سلطانم
تا که خاک قدمش تاج من است اگرم تاج دهی نستانم
تا لب قند خوشش پندم داد قند روید بن هر دندانم
گلم ار چند که خارم در پاست یوسفم گرچه در این زندانم
هر که یعقوب من است او را من مونس زاویهٔ احزانم

در وصال شب او همچو نی‌اَم   قند می‌نوشم و در افغانم
پای من گرچه در این گل مانده‌ست   نه که من سرو چنین بستانم
ز جهان گر پنهانم چه عجب   که نهان باشد جان، من جانم
گرچه پرخارم سر تا به قدم   کوری خار چو گل خندانم
بوده‌ام مؤمن توحید کنون   مؤمنان را پس از این ایمانم
سایهٔ شخصم و اندازهٔ او   قامتش چند بوَد، چندانم
هر که او سایه ندارد چو فلک   او بداند که ز خورشیدانم
قیمتم نبوَد هرچند زرم   که به بازار نی‌ام در کانم
من درون دل این سنگ‌دلان   چون زر و خاک به کان یکسانم
چون که از کان جهان بازرَهَم   زآن سوی کون و مکان من دانم

* * *

صد بار مُردم ای جان، وین را بیازمودم   چون بوی تو بیامد دیدم که زنده بودم
صد بار جان بدادم وز پای درفتادم   بار دگر بزادم چون بانگ تو شنودم
تا روی تو بدیدم از خویش ناپدیدم   ای ساخته چو عیدم، وی سوخته چو عودم
دامی‌ست در ضمیرم تا بازِ عشق گیرم   آن باز بازگونه چون مرغ درربودم
ای شعله‌های گردان در سینه‌های مردان   گردان به گرد ماهت چون گنبد کبودم
آن ساعت خجسته تو عهدها ببسته   من توبه‌ها شکسته، بودم چنان‌که بودم
عقلم ببرد از ره کز من رسی تو در شه   چون سوی عقل رفتم، عقلم نداشت سودم

* * *

دیوان شمس تبریزی

خیزید عاشقان که سوی آسمان رویم — دیدیم این جهان را تا آن جهان رویم
نی‌نی که این دو باغ اگرچه خوش است و خوب — زین هر دو بگذریم و بدان باغبان رویم
سجده‌کنان رویم سوی بحر همچو سیل — بر روی بحر زآن پس ما کف‌زنان رویم
زین کویِ تعزیت به عروسی سفر کنیم — زین رویِ زعفران به رخ ارغوان رویم
از بیم اوفتادن لرزان چو برگ و شاخ — دل‌ها همی‌تپند به دارالامان رویم
از درد چاره نیست چو اندر غریبی‌ایم — وز گَرد چاره نیست چو در خاکدان رویم
چون طوطیان سبز به پرّ و به بال نغز — شکّرستان شویم و به شکّرستان رویم
این نقش‌ها نشانهٔ نقّاش بی‌نشان — پنهان ز چشم بد، هله تا بی‌نشان رویم
راهی پر از بلاست ولی عشق پیشواست — تعلیممان دهد که در او بر چِسان رویم
هرچند سایهٔ کرم شاه حافظ است — در ره همان بِه است که با کاروان رویم
ماییم همچو باران بر بام پرشکاف — بجهیم از شکاف و بدان ناودان رویم
همچون کمان کژیم که زه در گلوی ماست — چون راست آمدیم چو تیر از کمان رویم
در خانه مانده‌ایم چو موشان ز گربگان — گر شیرزاده‌ایم بدان ارسلان رویم
جان آینه کنیم به سودای یوسفی — پیش جمال یوسف با ارمغان رویم
خامش کنیم تا که سخن‌بخش گوید این — او آن‌چنان‌که گوید، ما آن‌چنان رویم

* * *

ای تو تُرُش کرده رو تا که بترسانی‌ام — بسته شکرخنده را تا که بگریانی‌ام
تُرش نگردم از آنک، از تو همه شکّرم — گریه نصیب تن است من گُهَر جانی‌ام
در دل آتش رَوَم تازه و خندان شوَم — همچو زر سرخ از آنک، جمله زرِ کانی‌ام

در دل آتـش اگر غیر تـو را بنگرم / دار مرا سنگسار ز آنچه من ارزانی‌ام
هیچ نشینم به عیش هیچ نخیزم به پا / جز تو که برداری‌ام، جز تو که بنشانی‌ام
این دل من صورتی گشت و به من بنگرید / بوسه همی‌داد دل بر سر و پیشانی‌ام
گفتم ای دل بگو خیر بود، حال چیست؟ / تو نه که نوری همه، من نه که ظلمانی‌ام
ور تو منی من توأم، خیرگی از خود ز چیست؟ / مست بخندید و گفت دل که نمی‌دانی‌ام
رو مطلب تو محال، نیست زبان را مجال / سورهٔ کهفم که تو خفته فروخوانی‌ام
زود برو درفتاد صورت من پیش دل / گفت بگو راست ای صادق ربّانی‌ام
گفت که این حیرت از منظر شمس حق است / مفخر تبریزیان، آن که در او فانی‌ام

***

پیشتر آ می لبا، تا همه شیدا شویم / بیشتر آ گوهرا، تا همه دریا رویم
دست به هم وادهیم حلقه‌صفت جوق‌جوق / جمع معلّق‌زنان مست به دریا دویم
بر لب دریای عشق تازه بروییم باز / های که چون گلستان تا به ابد ما نویم
وز جگر گلستان شعلهٔ دیگر زنیم / چون ز رخ آتشین مایهٔ صد پرتویم
جوهر ما رو نمود لیک از آن سوی بحر / آه که تو زین سوی، آه که ما زآن سویم
شاه سوارا به سر تاج بجنبان چنین / تاج تو را گوهریم، اسپ تو را ما جویم
بر سر دارش کنیم هر که بگوید یکیم / آتش اندرزنیم هر که بگوید دویم

***

بار دگر ذرّه‌وار رقص‌کنان آمدیم / زآن سوی گردون عشق چرخ‌زنان آمدیم
بر سر میدان عشق چون که یکی گو شدیم / گه به کران تاختیم، گه به میان آمدیم

عشق نیاز آورد گر تو چنانی رواست — ما چو از آن سوتریم ما نه چنان آمدیم
خواجهٔ مجلس توی مجلسیان حاضرند — آب چو آتش بیار ما نه به نان آمدیم
شُکر که ناداشت‌وار از سبب زخم تو — چون که به جان آمدیم، زود به جان آمدیم
شمس حق این عشق تو، تشنهٔ خون من است — تیغ و کفن در بغل بهر همان آمدیم
جز نمکت نشکند شورش تبریز را — فخر زمین در غمت شور زمان آمدیم

* * *

نگفتمت مرو آنجا که آشنات منم — در این سراب فنا چشمهٔ حیات منم؟
وگر به خشم رَوی صدهزار سال ز من — به عاقبت به من آیی که منتهات منم
نگفتمت که به نقش جهان مشو راضی — که نقش‌بند سراپردهٔ رضات منم؟
نگفتمت که منم بحر و تو یکی ماهی — مرو به خشک که دریای با صَفات منم؟
نگفتمت که چو مرغان به سوی دام مرو — بیا که قدرت پرواز و پرّ و پات منم؟
نگفتمت که تو را ره زنند و سرد کنند — که آتش و تبش و گرمی هوات منم؟
نگفتمت که صفت‌های زشت در تو نهند — که گم کنی که سرِ چشمهٔ صفات منم؟
نگفتمت که مگو کار بنده از چه جهت — نظام گیرد و خلّاق بی‌جهات منم؟
اگر چراغ‌دلی، دان که راه خانه کجاست — وگر خداصفتی، دان که کدخدات منم

* * *

مرا اگر تو نخواهی مَنَت به جان خواهم — وگر دَرَم نگشایی مقیم درگاهم
چو ماهی‌ام که بیفکند موج بیرونش — به غیر آب نباشد پناه و دلخواهم
کجا رَوَم به سر خویش؟ که دلی دارم — من و تن و دل من سایهٔ شهنشاهم

به‌توست بی‌خودی‌ام گر خراب و سرمستم — به توست آگهی من اگر من آگاهم
نه دل‌ربام توی گر مرا دلی باقی است — نه کهربام توی گر مثل پر کاهم
نه از حلاوت حلوای بی‌حد لب توست — که چون کلیچه فتاده کنون در افواهم
ز هر دو عالم پهلوی خود تهی کردم — چو هی نشسته به پهلوی لام اللّهم
ز جاه و سلطنت و سروری نیندیشم — بس است دولت عشق تو منصب و جاهم
چو قل هو الله مجموع غرق تنزیهم — نه چون مشبّهیان سرنگون اشباهم
اگر تتار غمت خشم و ترکی‌ای آرَد — به عشق و صبر کمر بسته همچو خرگاهم
اگرچه کاهل و بی‌گاه‌خیز قافله‌ام — به سوی توست سفرهای گاه و بی‌گاهم
برآ چو ماه تمام و تمام این تو بگو — که زیر عقدهٔ هجرت بمانده چون ماهم

* * *

شد ز غمت خانهٔ سودا دلم — در طلبت رفت به هرجا دلم
در طلب زهره‌رخِ ماه‌رو — می‌نگرد جانب بالا دلم
فرش غمش گشتم و آخر ز بخت — رفت بر این سقف مصفّا دلم
آه که امروز دلم را چه شد؟ — دوش چه گفته‌ست کسی با دلم؟
از طلب گوهر گویای عشق — موج زند، موج چو دریا دلم
روز شد و چادر شب می‌دَرَد — در پی آن عیش و تماشا دلم
از دل تو در دل من نکته‌هاست — آه چه ره است از دل تو تا دلم
گر نکنی بر دل من رحمتی — وای دلم، وای دلم، وا دلم
ای تبریز از هوس شمس دین — چند رود سوی ثریّا دلم

✳ ✳ ✳

بار دگر جانب یار آمدیم   خیره‌نگر سوی نگار آمدیم
بر سر و رو سجده‌کنان جمله راه   تا سر آن گنج، چو مار آمدیم
نافهٔ آهو چو بزد بر دماغ   دام گرفتیم و شکار آمدیم
دامِ بشر لایق آن صید نیست   پس تو بگو، ما به چه کار آمدیم؟
پار دل پاره رفوی تو دید   بر طمع دولت پار آمدیم
ای همه هستی! مکن از ما کنار   زآنکه ز هستی به کنار آمدیم
همچو ستاره سوی شیطانِ کفر   نفط‌زنانیم و شرار آمدیم
همچو ابابیل سوی پیل گبر   سنگ‌زنانیم و دمار آمدیم
باز چو بینیم رخ عاشقان   با طَبَق سیم نثار آمدیم

✳ ✳ ✳

بیا بیا دلدار من دلدار من   درآ درآ در کار من در کار من
تویی تویی گلزار من گلزار من   بگو بگو اسرار من اسرار من

⁂

بیا بیا درویش من درویش من   مرو مرو از پیش من از پیش من
تویی تویی همکیش من همکیش من   تویی تویی هم خویش من هم خویش من

⁂

هرجا روم با من روی با من روی   هر منزلی محرم شوی محرم شوی
روز و شبم مونس تویی مونس تویی   دام مرا خوش آهویی خوش آهویی

□□□

ای شمع من بس روشنی بس روشنی □ در خانه‌ام چون روزنی چون روزنی
تیر بلا چون دررسد چون دررسد □ هم اسپری هم جوشنی هم جوشنی

□□□

صبر مرا بر هم زدی بر هم زدی □ عقل مرا رهزن شدی رهزن شدی
دل را کجا پنهان کنم؟ پنهان کنم □ در دلبری تو بی‌حدی تو بی‌حدی

□□□

ای فخر من سلطان من سلطان من □ فرمان ده و خاقان من خاقان من
چون سوی من میلی کنی میلی کنی □ روشن شود چشمان من چشمان من

□□□

هرجا توی جنّت بود جنّت بود □ هرجا رَوی رحمت بود رحمت بود
چون سایه‌ها در چاشتگه در چاشتگه □ فتح و ظفر پیشت دَوَد پیشت دَوَد

□□□

فضل خدا همراه تو همراه تو □ امن و امان خرگاه تو خرگاه تو
بخشایش و حفظ خدا حفظ خدا □ پیوسته در درگاه تو درگاه تو

***

دزدیده چون جان می‌روی اندر میانِ جانِ من
سروِ خرامانِ منی ای رونقِ بستانِ من
چون می‌روی بی‌من مرو ای جانِ جان بی‌تن مرو
وز چشم من بیرون مشو ای شعلۀ تابانِ من

هفت آسمان را بردرم، وز هفت دریا بگذرم
چون دلبرانه بنگری در جانِ سرگردانِ من
تا آمدی اندر برم، شد کفر و ایمان چاکرم
ای دیدن تو دین من، وی روی تو ایمان من
بی‌پا و سر کردی مرا، بی‌خواب‌وخور کردی مرا
سرمست و خندان اندرآ ای یوسفِ کنعانِ من
از لطف تو چو جان شدم، وز خویشتن پنهان شدم
ای هست تو پنهان‌شده، در هستیِ پنهانِ من
گل جامه‌در از دست تو، ای چشم نرگس مست تو
ای شاخ‌ها آبستِ تو، ای باغِ بی‌پایانِ من
یک لحظه داغم می‌کشی، یک دم به باغم می‌کشی
پیش چراغم می‌کشی، تا وا شود چشمان من
ای جانِ پیش از جان‌ها، وی کانِ پیش از کان‌ها
ای آنِ پیش از آن‌ها، ای آنِ من، ای آنِ من
منزلگه ما خاک نی، گر تن بریزد باک نی
اندیشه‌ام افلاک نی، ای وصل تو کیوان من
مر اهل کشتی را لحد، در بحر باشد تا ابد
در آب حیوان مرگ کو؟ ای بحر من، عمّان من
ای بوی تو در آه من، وی آه تو همراه من
بر بوی شاهنشاه من، شد رنگ‌وبو حیران من
جانم چو ذرّه در هوا، چون شد ز هر ثقلی جدا
بی‌تو چرا باشد؟ چرا؟ ای اصل چار ارکان من
ای شه صلاح‌الدّین من، ره‌دان من ره‌بینِ من
ای فارغ از تمکین من، ای برتر از امکان من

***

این کیست این؟ این کیست این؟ این یوسف ثانی‌ست این
خضر است و الیاس این مگر، یا آب حیوانی‌ست این

این باغ روحانی‌ست این یا بزم یزدانی‌ست این
سرمهٔ سپاهانی‌ست این یا نور سبحانی‌ست این

آن جانِ جان‌افزاست این یا جنّت المأواست این
ساقیّ خوب ماست این یا بادهٔ جانی‌ست این

تنگ شکر را مانَد این سودای سر را مانَد این
آن سیمبر را مانَد این شادی و آسانی‌ست این

امروز مستیم ای پدر، توبه شکستیم ای پدر
از قحط رَستیم ای پدر، امسال ارزانی‌ست این

ای مطرب داوودَم، آتش بزن در رخت غم
بردار بانگ زیر و بم کاین وقت سرخوانی‌ست این

مست و پریشان توأم موقوف فرمان توأم
اسحاق قربان توأم این عید قربانی‌ست این

رَستیم از خوف و رجا، عشق از کجا، شرم از کجا
ای خاک بر شرم و حیا، هنگام پیشانی‌ست این

گل‌های سرخ و زرد بین آشوب و بَردابَرد بین
در قعر دریا گرد بین، موسیّ عمرانی‌ست این

هر جسم را جان می‌کند، جان را خدادان می‌کند
داور سلیمان می‌کند یا حکم دیوانی‌ست این

ای عشق قلماشیت گو از عیش و خوش‌باشیت گو
کس می‌نداند حرف تو، گویی که سریانی‌ست این

خورشید رخشان می‌رسد، مست و خرامان می رسد
با گوی و چوگان می‌رسد، سلطان میدانی‌ست این

هر جا یکی گویی بوَد، در حکم چوگان می‌دَوَد
چون گوی شو بی‌دست و پا هنگام وحدانی‌ست این

گویی شَوی بی‌دست و پا، چوگان او پایت شود
در پیش سلطان می‌دَوی، کاین سِیر ربّانی‌ست این

آن آب بازآمد به جو، بر سنگ زن اکنون سبو
سجده کن و چیزی مگو کاین بزم سلطانی‌ست این

***

این کیست این؟ این کیست این؟ «هذا جنون العاشقین»
از آسمان خوش‌تر شده در نور او روی زمین

بی‌هوشی جان‌هاست این یا گوهر کان‌هاست این
یا سرو بستان‌هاست این یا صورت روح الأمین

سرمستی جان جهان معشوقهٔ چشم و دهان
ویرانی کسب و دکان، یغماجی تقوا و دین

خورشید و ماه از وی خجل، گوهر نثار سنگ دل
کز بیم او پشمین شود هر لحظه کوه آهنین

خورشید اندر سایه‌اش افزون شده سرمایه‌اش
صد ماه اندر خرمنش چون نسر طایر دانه‌چین

بسم الله ای روح البقا، بسم الله ای شیرین‌لقا
بسم الله ای شمس الضّحا، بسم الله ای عین الیقین

هین روی‌ها را تاب ده هین کشت دل را آب ده
نعلین برون کن برگذر بر تارک جان‌ها نشین

ای هوش ما از خود بُرو، وی گوش ما مژده شنو
وی عقل ما سرمست شو، وی چشم ما دولت ببین

ایـــوب را آمـــد نـظـر یـعـقـوب را آمـــد پـسـر
خورشید شد جفت قمر در مجلس آ عشرت گزین

مـن کیسه‌ها مـی‌دوخـتـم در حـرص زر می‌سوختم
تـرک گـداروپـی کـنـم چـون گـنـج دیـدم در کمین

ای شـهـسـوار امـرِ قُـل، ای پیش عقلت نفس کل
چـون کـودکـی کـز کـودکـی وز جـهـل، خـاید آستین

چـون بیندش صاحب‌نظر صدتو شـود او را بصر
دسـتـک‌زنـان بـالای سـر گـویـد کـه یـا نـعـم المُعین

در سایـهٔ سِـــدرهٔ نـظـر جـبـریـل‌خـو آمـد بشر
درخـــورد او نـبـوَد دگـر مـهـمـانـی عِـجـل سَـمـیـن

بـر خـوان حـق ره یافت او بـا خـاصـگـان دریافت او
بـنـهـاده بـر کـفـهـا طَـبَـق بـهـر نـثـارش حـور عین

ایـن نـامـهٔ اسـرار جـان تـا چـنـد خـوانـی بـر چپان
ایـن نـامـه مـی‌پـرّد عـیـان تـا کـفّ اصـحـاب الیمین

***

ای بـاغـبـان ای بـاغـبـان، آمـد خـزان آمـد خـزان
بـر شـاخ و بـرگ از درد دل بنگر نـشـان بنگر نشان

ای بـاغـبـان هـین گـوش کـن، نـالـهٔ درخـتـان نـوش کن
نـوحـه‌کـنـان از هـر طـرف، صـد بـی‌زبـان صـد بـی‌زبـان

هرگز نباشد بی‌سبب، گریان دو چشم و خشک لب
نـبـوَد کسی بـی‌درد دل، رخ زعـفـران، رخ زعـفـران

حـاصـل درآمـــد، زاغ غـم در بـاغ و مـی‌کـوبـد قـدم
پرسان به افسوس و ستم، کو گلستان؟ کو گلستان؟

کو سوسن و کو نسترن؟ کو سرو و لاله و یاسمن؟
کو سبزپوشان چمن؟ کو ارغـوان؟ کـو ارغـوان؟

کـو میوه‌هـا را دایـگان؟ کـو شهـد و شکّر رایـگان؟
خشک است از شیر روان هر شیردان هر شیردان

کـو بلبل شیـریـن‌فَنَم؟ کـو فاخـتـه کـوکـوزنم؟
طاووس خوب چون صنم؟ کو طوطیان؟ کو طوطیان؟

خـورده چو آدم دانـه‌ای افتـاده از کاشانه‌ای
پرّیـده تـاج و حلّه‌شان، زیـن افتنان زیـن افتنان

گلشن چو آدم مستضر، هم نوحه‌گر هم منتظر
چـون گفتشان لا تَقنَطوا ذو الإمتنان ذو الإمتنان

جمله درختـان صف‌زده، جـامـه سیـه، ماتم‌زده
بی‌برگ و زار و نوحـه‌گر، زآن امتحان زآن امتحان

ای لـکـلک و سـالار ده آخـر جـوابـی بـازده
در قعر رفتی یا شـدی بر آسـمان بر آسمان

گفتند ای زاغ عدو آن آب بـازآیـد بـه جو
عالَم شود پررنگ و بو، همچون جنان همچون جنان

ای زاغ بیـهوده‌سخـن، سـه مـاه دیـگر صبر کن
تا دررسـد کـوری تـو، عیـد جهـان، عیـد جهان

ز آواز اسـرافیـل مـا روشن شود قنـدیل ما
زنده شویم از مـردنِ آن مهر جان، آن مهر جان

تا کی از این انکار و شک؟ کانِ خوشی بین و نمک
بـر چـرخ پَر چون مردمک، بی‌نردبان بی‌نردبان

میـرَد خـزانِ همچـو دَد، بـر گور او کوبی لگد
نَک صبح دولت می‌دمد، ای پاسبان ای پاسبان

صبحا جهان پرنور کن، این هندوان را دور کن
مر دهر را محرور کن، افسون بخوان، افسون بخوان
ای آفتاب خوش عمل، بازآ سوی برج حمل
نی یخ گذار و نی وحل، عنبرفشان عنبرفشان
گلزار را پرخنده کن وآن مردگان را زنده کن
مر حشر را تابنده کن، هین العیان هین العیان
از حبس رَسته دانه‌ها، ما هم ز کنج خانه‌ها
آورده باغ از غیب‌ها، صد ارمغان، صد ارمغان
گلشن پر از شاهد شود، هم پوستین کاسد شود
زاینده و والد شود، دور زمان دور زمان
لک‌لک بیاید با یدک، بر قصر عالی چون فلک
لک‌لک‌کنان کالمُلک لک، یا مستعان، یا مستعان
بلبل رسد بربط‌زنان وآن فاخته کوکوکنان
مرغان دیگر، مطربِ بخت جوان، بخت جوان
من زین قیامت حامله گفت زبان را می‌هِلَم
می‌ناید اندیشهٔ دلم، اندر زبان اندر زبان
خاموش و بشنو ای پدر، از باغ و مرغان نو خبر
پیکانِ پرّان آمده از لامکان، از لامکان

***

ای یار من ای یار من ای یار بی‌زنهار من
ای دلبر و دلدار من ای محرم و غمخوار من
ای در زمین ما را قمر ای نیمشب ما را سحر
ای در خطر ما را سپر ای ابر شکّربار من

خوش می‌روی در جان من خوش می‌کنی درمان من
ای دین و ای ایمان من ای بحر گوهردار من

ای شبروان را مشعله ای بی‌دلان را سلسله
ای قبلهٔ هر قافله ای قافله‌سالار من

هم رهزنی هم رهبری، هم ماهی و هم مشتری
هم این سری هم آن سری، هم گنج و استظهار من

چون یوسف پیغامبری آیی که خواهم مشتری
تا آتشی اندرزنی در مصر و در بازار من

هم موسی‌ای بر طور من، عیسیّ هر رنجور من
هم نورِ نورِ نورِ من، هم احمد مختار من

هم مونس زندان من، هم دولت خندان من
والله که صد چندان من بگذشته از بسیار من

گویی مرا بر جه بگو، گویم چه گویم پیش تو؟
گویی بیا حجّت مجو ای بندهٔ طرّار من

گویم که گنجی شایگان، گوید بلی، نی رایگان
جان خواهم و آنگه چه جان، گویم سبک کن بار من

گر گنج خواهی سر بنه ور عشق خواهی جان بده
در صف درآ واپس مَجَه، ای حیدر کرّار من

* * *

پوشیده چون جان می‌روی، اندر میان جان من
سرو خرامان منی، ای رونق بُستان من

چون می‌روی بی‌من مرو، ای جانِ جان بی‌تن مرو
وز چشم من بیرون مشو، ای مشعلهٔ تابان من

هفت آسمان را بـردَرَم وز هفت دریا بگذرم
چون دلبرانه بنگری در جان سرگردان من

تا آمدی اندر برم شد کفر و ایمان چاکرم
ای دیدن تو دین من وی روی تو ایمان من

بی‌پا و سر کردی مرا بی‌خواب‌وخور کردی مرا
در پیش یعقوب اندرآ ای یوسف کنعان من

از لطف تو چون جان شدم وز خویشتن پنهان شدم
ای هست تو پنهان شده در هستی پنهان من

گل جامه‌در از دست تو، وی چشم نرگس مست تو
ای شاخه‌ها آبَستِ تو وی باغ بی‌پایان من

یک لحظه داغم می‌کشی، یک دم به باغم می‌کشی
پیش چراغم می‌کشی تا وا شود چشمان من

ای جان پیش از جان‌ها وی کان پیش از کان‌ها
ای آنِ بیش از آن‌ها، ای آنِ من، ای آنِ من

چون منزل ما خاک نیست گر تن بریزد باک نیست
اندیشه‌ام افلاک نیست، ای وصل تو کیوان من

بر یاد روی ماه من، باشد فغان و آه من
بر بوی شاهنشاه من هر لحظه‌ای حیران من

ای جان چو ذرّه در هوا، تا شد ز خورشیدت جدا
بی‌تو چرا باشد چرا؟ ای اصل چارارکان من

ای شه صلاح‌الدّین من، رهدان من، رهبین من
ای فارغ از تمکین من ای برتر از امکان من

* * *

قصد جفاها نکنی ور بکنی با دل من
وا دل من، وا دل من، وا دل من، وا دل من
قصد کنی بر تن من شاد شود دشمن من
وآنگه از این خسته شود یا دل تو یا دل من
واله و شیدا دل من، بی‌سر و بی‌پا دل من
وقت سحرها دل من، رفته به هرجا دل من
بی‌خود و مجنون دل من، خانهٔ پرخون دل من
ساکن و گردان دل من، فوق ثریّا دل من
سوخته و لاغر تو در طلب گوهر تو
آمده و خیمه زده، بر لب دریا دل من
گه چو کباب این دل من، پُر شده بویش به جهان
گه چو رباب این دل من، کرده علالا دل من
زار و معاف است کنون، غرق مصاف است کنون
بر کُهِ قاف است کنون، در پی عَنقا دل من
طفل دلم می‌نخورد، شیر از این دایهٔ شب
سینه سیه یافت مگر، دایهٔ شب را دل من
صخرهٔ موسی گر از او، چشمه روان گشت چو جو
جوی روان حکمت حق، صخره و خارا دل من
عیسی مریم به فلک، رفت و فروماند خرش
من به زمین ماندم و شد جانب بالا دل من
بس کن کاین گفت زبان، هست حجاب دل و جان
کاش نبودی ز زبان واقف و دانا دل من

***

آب حیات عشق را در رگ ما روانه کن — آینهٔ صبوح را ترجمهٔ شبانه کن
ای پدر نشاط نو بر رگ جان ما برو — جام فلک‌نمای شو وز دو جهان کرانه کن
ای خردم شکار تو تیر زدن شعار تو — شَست دلم به دست کن جان مرا نشانه کن
گر عسس خرد تو را منع کند از این روش — حیله کن و ازو بجَه دفع دهش بهانه کن
در مثل است کاشقران دور بوَند از کرم — ز اشقر می کرم نگر با همگان فسانه کن
ای که ز لعب اختران مات و پیاده گشته‌ای — اسپ گزین فروز رخ جانب شه دوانه کن
خیز کلاه کژ بنه وز همه دامها بجه — بر رخ روح بوسه ده زلف نشاط شانه کن
خیز بر آسمان برآ با ملکان شو آشنا — مَقْعَد صِدق اندرآ خدمت آن سِتانه کن
چون که خیال خوب او خانه گرفت در دلت — چون‌تو خیال گشته‌ای در دل و عقل خانه‌کن
هست دو طشت در یکی آتش و آن دگر ز زر — آتش اختیار کن، دست در آن میانه کن
شو چو کلیم هین نظر تا نکنی به طشت زر — آتش گیر در دهان لب وطن زبانه کن
حملهٔ شیر یاسه کن، کلّهٔ خصم خاصه کن — جرعهٔ خون خصم را، نام می مغانه کن
کار تو است ساقیا دفع دوی بیا بیا — ده به کفم یگانه‌ای تفرقه را یگانه کن
شش جهت است این وطن، قبله در او یکی مجو — بی‌وطنی‌ست قبله‌گه، در عدم آشیانه کن
کهنه‌گر است این زمان، عمر ابد مجو در آن — مرتع عمر خلد را خارج این زمانه کن
ای تو چو خوشه، جان تو گندم و کاه قالبت — گرنه‌خری، چه‌کَه‌خوری؟ روی‌به‌مغز و دانه‌کن
هست زبان برونِ در، حلقهٔ در چه می‌شوی؟ — در بشکن به جان تو سوی روان روانه کن

* * *

ای شده از جفای تو جانب چرخ دود من — جور مکن که بشنود شاد شود حسود من
بیش مکن تو دود را شاد مکن حسود را — وه که چه شاد می‌شود از تلف وجود من

تلخ مکن امید من، ای شکر سپید من　　تا ندرم ز دست تو پیرهن کبود من
دلبر و یار من توی، رونق کار من توی　　باغ و بهار من توی، بهر تو بود، بود من
خواب شبم ربوده‌ای مونس من تو بوده‌ای　　درد تواَم نموده‌ای غیر تو نیست سود من
جان من و جهان من زُهرهٔ آسمان من　　آتش تو نشان من در دل همچو عود من
جسم نبود و جان بُدَم، با تو بر آسمان بُدَم　　هیچ نبود در میان، گفت من و شنود من

* * *

سیر نمی‌شوم ز تو ای مه جان‌فزای من　　جور مکن جفا مکن نیست جفا سزای من
با ستم و جفا خوشم گرچه درون آتشم　　چون که تو سایه افکنی بر سرم ای همای من
چون که کند شکرفشان عشق برای سرخوشان　　نرخ نبات بشکند چاشنی بلای من
عود دمد ز دود من، کور شود حسود من　　زَفت شود وجود من، تنگ شود قبای من
آن نفس این زمین بود، چرخ‌زنان چو آسمان　　ذرّه به ذرّه رقص در نعره‌زنان که های من
آمد دی خیال تو گفت مرا که غم مخور　　گفتم غم نمی‌خورم، ای غم تو دوای من
گفت که غم غلام تو، هر دو جهان به کام تو　　لیک ز هر دو دور شو از جهت لقای من
گفتم چون اجل رسد، جان بجهد از این جسد　　گر بروم به سوی جان، باد شکسته پای من
گفت بلی به گل نگر چون ببُرد قضا سرش　　خنده‌زنان سری نهد در قدم قضای من
گفتم اگر تُرُش شوم از پی رشک می‌شوم　　تا نرسد به چشم بد، کرّ و فر ولای من
گفت که چشم بد بِهِل، کاو نخورد جز آب و گل　　چشم بَدان کجا رسد جانب کبریای من؟
گفتم روزکی دو سه، مانده‌ام در آب و گل　　بستهٔ خوفم و رجا تا برسد صلای من
گفت در آب و گل نه‌ای، سایهٔ توست این طرف　　برد تو را از این جهان، صنعت جان‌ربای من

زین‌چه بگفت دلبرم عقل پرید از سرم　　　باقی قصّه عقل کل بو نبرد، چه جای من

* * *

من طربم طرب منم، زُهره زند نوای من
عشق میان عاشقان، شیوه کند برای من
عشق چو مست و خوش شود، بی‌خود و کش‌مکش شود
فاش کند چو بی‌دلان بر همگان هوای من
ناز مرا به جان کشد بر رخ من نشان کشد
چرخ فلک حسد بَرَد ز آنچه کند به جای من
من سر خود گرفته‌ام من ز وجود رفته‌ام
ذرّه به ذرّه می‌زند دبدبهٔ فنای من
آه که روز دیر شد آهوی لطف شیر شد
دلبر و یار سیر شد از سخن و دعای من
یار برفت و ماند دل، شب همه شب در آب و گل
تلخ و خمار می‌تَپَم تا به صبوح وای من
تا که صبوح دم زند شمس فلک علم زند
باز چو سرو تر شود پشت خم دوتای من
باز شود دکان گل ناز کنند جزو و کل
نای عراق با دهل شرح دهد ثنای من
ساقی جان خوبرو باده دهد سبو سبو
تا سر و پای گم کند زاهد مرتضای من
بهر خدای ساقیا آن قدح شگرف را
بر کف پیر من بنه از جهت رضای من
گفت که باده دادمش در دل و جان نهادمش
بال و پری گشادمش از صفت صفای من

پیر کنون ز دست شد، سخت خراب و مست شد
نیست در آن صفت که او گوید نکته‌های من
ساقی آدمی کشم گر بکشد مرا خوشم
راح بود عطای او روح بود سخای من
باده توی، سبو منم، آب توی و جو منم
مست میان کو منم، ساقی من سقای من
از کف خویش جسته‌ام در تک خم نشسته‌ام
تا همگی خدا بود حاکم و کدخدای من
شمس حقی که نور او از تبریز تیغ زد
غرقهٔ نور او شد این شعشعهٔ ضیای من

* * *

دوش چه خورده‌ای دلا؟ راست بگو نهان مکن
چون خَمُشان بی‌گنه، روی بر آسمان مکن
بادهٔ خاص خورده‌ای، نُقل خلاص خورده‌ای
بوی شراب می‌زند، خربزه در دهان مکن
روزِ اَلَسْت، جان تو، خورد می‌ای ز خوان تو
خواجهٔ لامکان تویی، بندگی مکان مکن
دوش شراب ریختی، وز بر ما گریختی
بار دگر گرفتمت، بار دگر چنان مکن
من همگی تُراستم، مستِ میِ وفاستم
با تو چو تیرِ راستم، تیر مرا کمان مکن
ای دل پاره‌پاره‌ام، دیدن اوست چاره‌ام
اوست پناه و پشت من، تکیه بر این جهان مکن
ای همه خلق، نای تو، پر شده از نوای تو
گر نه سماع باره‌ای، دست به نایِ جان مکن
نَفْخِ نَفَخْتُ کرده‌ای، در همه دردمیده‌ای
چون دمِ توست جانِ نی، بی‌نیِ ما فغان مکن
کارِ دلم به جان رسد، کارد به استخوان رسد
ناله کنم بگویدم دم مزن و بیان مکن
ناله مکن که تا که من ناله کنم برای تو
گرگ تویی، شبان منم، خویشْ چو من شبان مکن

هر بن بامداد، تو جانب ما کشی سبو — کای تو بدیده روی من روی به این و آن مکن
شیر چشید موسِی از مادر خویش، ناشتا — گفت که مادرت منم، میل به دایگان مکن
باده بنوش مات شو، جملهٔ تن حیات شو — بادهٔ چون عقیق بین یاد عقیقِ کان مکن
بادهٔ عام از برون، بادهٔ عارف از درون — بوی دهان بیان کند، تو به زبان بیان مکن
از تبریز شمس دین می‌رسدم چو ماه نو — چشم سوی چراغ کن، سوی چراغدان مکن

* * *

مانده شده‌ست گوش من از پی انتظار آن — کز طرفی صدای خوش دررسدی ز ناگهان
خوی شده‌ست گوش را گوش ترانه‌نوش را — کاو شنود سماع خوش، همز زمین هم‌آسمان
فرعِ سماعِ آسمان هست سماعِ این زمین — وآنکه سماعِ تن بُوَد فرعِ سماعِ عقل و جان
نعرهٔ رعد را نگر، چه اثر است در شجر؟ — چند شکوفه و ثمر سرزده اندر آن فغان؟
بانگ رسید در عدم گفت عدم، بَلی نَعَم — می‌نهم آن طرف قدم تازه و سبز و شادمان
مستمع اَلَست شد، پای دوان و مست شد — نیست بُدا و هست شد، لاله و بید و ضیمران

* * *

باز بهار می‌کشد زندگی از بهار من — مجلس و بزم می‌نهد تا شکند خمار من
من دل پردلان بُدم، قوّت صابران بدم — برد هوای دلبری، هم دل و هم قرار من
تند نمود عشق او تیز شدم ز تندی‌اش — گفت برو ندیده‌ای تیزی ذوالفقار من
از قدم درشت او، نرم شده‌ست گردنم — تا چه کشد دگر از او گردن نرمسار من؟
پخته‌نجوشد ای صنم! جوش مده که پخته‌ام — کز سر دیگ می‌رود تا به فلک بخار من
هین که بخار خون من باخبر است از غمت — تا نبرد به آسمان راز دل نزار من

روح گریخت پیش تو از تن همچو دوزخم   شرم بریخت پیش تو دیدهٔ شرمسار من

***

چه دانستم که این سودا مرا زین‌سان کند مجنون
دلم را دوزخی سازد دو چشمم را کند جیحون
چه دانستم که سیلابی مرا ناگاه برباید
چو کشتی‌ام دراندازد میان قُلْزُم پرخون
زند موجی بر آن کشتی که تخته‌تخته بشکافد
که هر تخته فروریزد ز گردش‌های گوناگون
نهنگی هم برآرد سر، خورد آن آب دریا را
چنان دریای بی‌پایان، شود بی‌آب چون هامون
شکافد نیز آن هامون، نهنگ بحرفرسا را
کشد در قعر ناگاهان به دست قهر چون قارون
چو این تبدیل‌ها آمد، نه هامون ماند و نه دریا
چه دانم من دگر چون شد که چون غرق است در بی‌چون
چه دانم‌های بسیار است لیکن من نمی‌دانم
که خوردم از دهان‌بندی در آن دریا کفی افیون

***

عشق است بر آسمان پریدن   صد پرده به هر نفس دریدن
اوّل نفس از نفس گسستن   اوّل قدم از قدم بریدن
نادیده گرفتن این جهان را   مر دیدهٔ خویش را بدیدن
گفتم که دلا مبارکت باد   در حلقهٔ عاشقان رسیدن
زآن سوی نظر نظاره کردن   در کوچهٔ سینه‌ها دویدن

دیوان شمس تبریزی

ای دل ز کجا رسید این دم؟	ای دل ز کجاست این تپیدن؟
ای مرغ بگو زبان مرغان	من دانم رمز تو شنیدن
دل گفت به کار خانه بودم	تا خانهٔ آب و گل پریدن
از خانهٔ صنع می‌پریدم	تا خانهٔ صنع آفریدن
چون پای نماند می‌کشیدند	چون گویم صورت کشیدن؟

* * *

دیر آمده‌ای مرو شتابان	ای رفتن تو چو رفتن جان
دیر آمدن و شتاب رفتن	آیین گل است در گلستان
گفتی چونی، چنان‌که ماهی	افتاده میان ریگ سوزان
چون باشد شهر، شهریارا	بی‌دولتِ داد و عدلِ سلطان؟
من بی‌تو نی‌ام ولیک خواهم	آن با تویی‌ای که هست پنهان
شب پرتو آفتاب هم هست	خاصه به تموز گرم و تَفسان
قانع نشود به گرمی او	جز خفّاشی ز بیم مرغان
گرمی خواهند و روشنی هم	مرغان که مُعوّدند با آن
ما وصف دو جنس مرغ گفتیم	بنگر ز کدامی ای غزل‌خوان

* * *

از ما مرو ای چراغ روشن	تا زنده شود هزار چون من
تا بشکفد از درون هر خار	صد نرگس و یاسمین و سوسن
بر هر شاخی هزار میوه	در هر گل تر هزار گلشن
جانِ شب را تو چون چراغی	یا جان چراغ را چو روغن

ای روزن خانه را چو خورشید — یا خانهٔ بسته را چو روزن
ای جوشن را چو دست داوود — یا رستم جنگ را چو جوشن
خورشید پی تو غرق آتش — وز بهر تو ساخت ماه خرمن
نستاند هیچکس به‌جز تو — تاوان بهار را ز بهمن
از شوق تو باغ و راغ در جوش — وز عشق تو گل دریده‌دامن
ای دوست مرا چو سر تو باشی — من غم نخورم ز وام کردن
روزی که گذر کنی به بازار — هم مرد رَوَد ز خویش و هم زن
وآن شب که صبوح او تو باشی — هم روح بوَد خراب و هم تن
ترکی کند آن صبوح و گوید — با هندوی شب به خشم سن سن
ترکیت بِه از خراج بلغار — هر سن سن تو هزار رهزن
گفتی که خموش، من خموشم — گر زآنکه نیاری‌ام به گفتن
ور گوش رباب دل بپیچی — در گفت آیم که تن تنن تن
خاکی بودم خموش و ساکن — مستم کردی به هست کردن
هستی بگذارم و شَوَم خاک — تا هست کنی مرا دگر فن
خاموش که گفت نیز هستی‌ست — باش از پی انصتواش الکن

* * *

چون ببینی آفتاب از روی دلبر یاد کن — چون ببینی ابر را از اشک چاکر یاد کن
چون ببینی ماه نو را همچو من بگداخته — از برای جان خود زین جان لاغر یاد کن
درنگر در آسمان وین چرخ سرگردان ببین — حال سرگردان این بی‌پا و بی‌سر یاد کن

چون جهان تاریک بینی از سپاه زنگ شب از اسیران شب هجران کافر یاد کن
چون ببینی نسر طایر بر فلک بر آتشین ز آتش مرغ دل سوزیده شهپر یاد کن
چون ببینی بر فلک مرّیخ خون‌آشام را چشم مرّیخی خون‌آشام پُر شر یاد کن
لب ببند و خشک آر و هرچه بینی خشک و تر در لب و چشمم نگر زآن خشک و زین تر یاد کن

* * *

هست عاقل هر زمانی در غم پیدا شدن هست عاشق هر زمانی بی‌خود و شیدا شدن
عاقلان از غرقه گشتن بر گریز و بر حذر عاشقان را کار و پیشه، غرقهٔ دریا شدن
عاقلان را راحت از راحت رسانیدن بوَد عاشقان را ننگ باشد، بندِ راحت‌ها شدن
عاشق اندر حلقه باشد از همه تنها چنانک زیت را و آب را در یک محل تنها شدن
وآن که باشد در نصیحت دادن عشّاقِ عشق نیست او را حاصلی جز سخرهٔ سودا شدن
عشق بوی مشک دارد زآن سبب رسوا بوَد مشک را کی چاره باشد از چنین رسوا شدن؟
عشق باشد چون درخت و عاشقان سایهٔ درخت سایه گرچه دور افتد بایدش آنجا شدن
بر مقام عقل باید پیر گشتن طفل را در مقام عشق بینی پیر را برنا شدن
شمس تبریزی به عشقت هر که او پستی گزید همچو عشق تو بوَد در رفعت و بالا شدن

* * *

در میان ظلمت جانِ تو نورِ چیست آن؟ فرّ شاهی می‌نماید در دلم، آن کیست آن؟
می‌نماید کآن خیال روی چون ماه شه است وآن پناه دستگیر روز مسکینی‌ست آن
این چنین فرّ و جمال و لطف و خوبیّ و نمک فخر جان‌ها، شمس حقّ و دین تبریزی‌ست آن
برنتابد جان آدم شرح اوصافش صریح آنچه می‌تابد ز اوصافش دلا مَکنی‌ست آن

زآنکه اوصاف بقا اندر فنا کی رو دهد / مر مزیجی را که آن از عالم فانی‌ست آن؟
آن جمالی کو که حقّش نقش کرد از دست خویش / یا یکی نقشی که آنِ آذر و مانی‌ست آن
هر بصر کاو دید او را پس به غیرش بنگرید / سنگسارش کرد می‌باید که ارزانی‌ست آن
ای دل اندر عاشقی تو نام نیکو ترک کن / کابتدای عشق رسوایی و بدنامی‌ست آن
اندرون بحر عشقش جامهٔ جان زحمت است / نام و نان جستن به عشق اندر، دلا خامی‌ست آن
عشق عامهٔ خلق، خود این خاصیت دارد دلا / خاصه این عشقی که زآنِ مجلس سامی‌ست آن
خاک تبریز ای صبا تحفه بیار از بهر من / زآنکه در عزّت به جای گوهر کانی‌ست آن

* * *

مطربا نرمک بزن تا روح بازآید به تن / چون زنی بر نام شمس‌الدّین تبریزی بزن
نام شمس‌الدّین به گوشَت بهتر است از جسم و جان / نام شمس‌الدّین چو شمع و جان بنده چون لگن
مطربا بهر خدا تو غیر شمس‌الدّین مگو / بر تن چون جان او بنواز تن تن تن تنن
تا شود این نقش تو رقصان به سوی آسمان / تا شود این جان پاکت پرده‌سوز و گام‌زن
شمس دین و شمس دین و شمس دین می‌گوی و بس / تا ببینی مردگان رقصان شده اندر کفن
مطربا گرچه نه‌ای عاشق، مشو از ما ملول / عشق شمس‌الدّین کند مرجانت را چون یاسمن
لاله‌ها دستک‌زنان و یاسمین رقصان شده / سوسنک مستک شده گوید که باشد خود سمن
خارها خندان شده بر گل بجسته برتری / سنگ‌ها با جان شده با لعل گوید ما و من
أَیُّها السّاقی أَدِر کأس الحمیا نصفه / إنّ عشقی مثل خَمرٍ إنّ جسمی مثل دَن

* * *

هله نیم‌مست گشتم قدحی دگر مدد کن / چو حریف نیک داری تو به ترک نیک و بد کن

منگر که کیست گریان ز جفا و کیست عریان　　نه وصیّ آدمی تو، بنشین و کار خود کن
نظری به سوی می کن، به نوای چنگ و نی کن　　نظری دگر به سوی رخ یار سروقد کن
شکرت چو آرزو شد ز لب شکرفروشش　　چو عباس دَبس زوتر ز شکرفروش کَد کُن
نه که کودکم که میلم به مویز و جوز باشد　　تو مویز و جوز خود را بستان در آن سبد کن
شکر خوش طبرزد که هزار جان بِه ارزد　　حسد ار کنی تو باری پی آن شکر حسد کن
به بت شکرفشان شو، ز لبش شکرستان شو　　جهت قِران ماهش چو منجّمان رصد کن
چو رسید ماه روزه نه ز کاسه گو، نه کوزه　　پس از این نشاط و مستی ز صُراحی ابد کن
به سماع و طوی بنشین به میان کوی بنشین　　که کسی خورَت نبیند طرب از می احد کن
چو عروس جان ز مستی برسد به کوی هستی　　خورشش از این طَبَق دِه، تُتُقش هم از خرد کن
ز سخن ملول گشتی که کسیت نیست محرم　　سبک آینهٔ بیان را تو بگیر و در نمد کن

***

چون خیال تو درآید به دلم رقص‌کنان　　چه خیالات دگر مست درآید به میان
گرد بر گرد خیالش همه در رقص شوند　　وآن خیال چو مه تو به میان چرخ‌زنان
هر خیالی که در آن دم به تو آسیب زند　　همچو آیینه ز خورشید برآید لمعان
سخنم مست شود از صفتیّ و صد بار　　از زبانم به دلم آید و از دل به زبان
سخنم مست و دلم مست و خیالات تو مست　　همه بر همدگر افتاده و در هم نگران
همه بر همدگر از بس که بمالند دهن　　آن خیالات به هم درشکند او ز فغان
همه چون دانهٔ انگور و دلم چون چرش است　　همه چون برگ گلاب و دل من همچو دکان
ز صلاح دل و دین زر برم و زر کوبم　　تا مفرّح شود آن را که بود دیدهٔ جان

* * *

به خدا گل ز تو آموخت شکر خندیدن — به خدا که ز تو آموخت کمر بندیدن
به خدا چرخ همان دید که من دیدستم — ورنه دیدی، ز چه بودیش به سر گردیدن؟
گفتم ای نی تو چنین زار چرا می‌نالی؟ — گفت خوردم دم او شرط بوَد نالیدن
گفتم ای ماه نو این جمله گداز تو ز چیست؟ — گفت کاهش دهدم فایدهٔ بالیدن
فایدهٔ زَفت شدن در کمی و کاستن است — از پی خرج بوَد مکسبه‌ها ورزیدن
پر پروانه پی درک تَف شمع بوَد — چون که آن یافت نخواهد پر و دریازیدن
در فنا جلوه شود فایدهٔ هستی‌ها — پس نباید ز بلا گریه و درچَغْزیدن
پس خمش باش همی‌خور ز کمان‌هاش خدنگ — چون هنر در کمیت خواهد افزاییدن

* * *

نَک بهاران شد صلا ای لولیان — بانگ نای و سبزه و آب روان
لولیان از شهرِ تن بیرون شوید — لولیان را کی پذیرد خان‌ومان؟
دیگران بردند حسرت زین جهان — حسرتی بنهیم در جان جهان
با جهان بی‌وفا ما آن کنیم — هرچه او کرده‌ست با آن دیگران
تا حریف خود ببیند او یکی — امتحان او بیابد امتحان
نی غلط گفتم جهان چون عاشق است — او به جان جوید جفای نیکوان
جان عاشق زنده از جور و جفاست — ای مسلمان جان که را دارد زیان؟
راه صحرا را فروبست این سخن — کس نجوید راه صحرا را دهان
تو بگو دارد دهان تنگ یار — با لب بسته گشاد بی‌کران

هر که بر وی آن لبان صحرا نشد — او نه صحرا داند و نی آشیان
هر که بر وی زآن قمر نوری نتافت — او چه بیند از زمین و آسمان؟
هرکسی را کاین غزل صحرا شود — عیش بیند زآن سوی کون و مکان

* * *

ای خدا این وصل را هجران مکن — سرخوشان عشق را نالان مکن
باغ جان را تازه و سرسبز دار — قصد این مستان و این بستان مکن
چون خزان بر شاخ و برگ دل مزن — خلق را مسکین و سرگردان مکن
بر درختی کآشیان مرغ توست — شاخ مشکن، مرغ را پرّان مکن
جمع و شمع خویش را بر هم مزن — دشمنان را کور کن شادان مکن
گرچه دزدان خصم روز روشن‌اند — آنچه می‌خواهد دل ایشان مکن
کعبهٔ اقبال این حلقه‌ست و بس — کعبهٔ اومید را ویران مکن
این طناب خیمه را بر هم مزن — خیمهٔ توست آخر ای سلطان مکن
نیست در عالم ز هجران تلخ‌تر — هرچه خواهی کن ولیکن آن مکن

* * *

گفتی مرا که چونی؟ در روی ما نظر کن — گفتی خوشی تو بی‌ما زین طعنه‌ها گذر کن
گفتی مرا به خنده خوش باد روزگارت — کس بی‌تو خوش نباشد رو قصهٔ دگر کن
گفتی ملول گشتم، از عشق چند گویی؟ — آن‌کس که‌نیست‌عاشق، گو قصّه‌مختصر کن
در آتشم در آبم چون محرمی نیابم — کنجی روم که یا رب این تیغ را سپر کن
گستاخمان تو کردی گفتی تو روز اوّل — حاجت بخواه از ما وز درد ما خبر کن

گفتی شدم پریشان از مفلسیِّ یاران		بگشا دو لب جهان را پردُرّ و پرگهر کن
گفتی کمر به خدمت بربند تو به حرمت		بگشا دو دست رحمت بر گرد من کمر کن

* * *

رو سر بِنِه به بالین، تنها مرا رها کن		تَرک من خراب شبگرد مبتلا کن
ماییم و موج سودا، شب تا به روز تنها		خواهی بیا ببخشا، خواهی برو جفا کن
از من گریز تا تو هم در بلا نیفتی		بگزین ره سلامت، ترک ره بلا کن
ماییم و آب دیده، در کنج غم خزیده		بر آب دیدهٔ ما، صد جای آسیا کن
خیره‌کُشی است ما را، دارد دلی چو خارا		بُکْشد، کسش نگوید، تدبیر خون‌بها کن
بر شاه خوب‌رویان، واجب وفا نباشد		ای زردروی عاشق، تو صبر کن وفا کن
دردی‌ست غیر مردن، آن را دوا نباشد		پس من چگونه گویم کاین درد را دوا کن
درخواب دوش پیری، درکوی عشق دیدم		با دست اشارتم کرد که عزم سوی ما کن
گر اژدهاست بر ره، عشقی‌ست چون زمرّد		از برقِ این زمرّد هین دفع اژدها کن
بس کن که بی‌خودم من، ور تو هنرفزایی		تاریخ بوعلی گو، تنبیه بوالعلا کن

* * *

جانا بیار باده و بختم بلند کن		زآن حلقه‌های زلف دلم را کمند کن
مجلس‌خوش‌است‌وماوحریفان‌همه‌خوشیم		آتش بیار و چارهٔ مشتی سپند کن
زآن جام بی‌دریغ در اندیشه‌ها بریز		در بی‌خودی سزای دل خودپسند کن
ای غم برو برو، برِ مستانت کار نیست		آن را که هوشیار بیابی گزند کن
مستان مسلّماند ز اندیشه‌ها و غم		آن کاو نشد مسلّم او را نژند کن

ای جانِ مستِ مجلسِ ابرار یَشربون
بر گربهٔ اسیر هوا ریشخند کن

ریش همه به دست اجل بین و رحم کن
از مرگ وارَهان همه را سودمند کن

عزم سفر کن ای مه و بر گاو نِه تو رخت
با شیرگیر مست مگو ترک پند کن

در چشم ما نگر اثر بی‌خودی ببین
ما را سوار اَشقَر و پشت سمند کن

یک رگ اگر در این تن ما هوشیار هست
با او حساب دفتر هفتاد و اَند کن

ای طبع روسیاه سوی هند بازرو
وی عشق ترک‌تاز سفر سوی جند کن

آنجا که مست گشتی بنشین مقیم شو
و آنجا که باده خوردی آنجا فکند کن

در مطبخ خدا اگرت قوت روح نیست
آن‌گاه سر در آخور این گوسفند کن

خواهی که شاهدان فلک جلوه‌گر شوند
دل را حریف صیقل آیینه‌رند کن

ای دل خموش کن همه بی‌حرف گو سخن
بی‌لب حدیث عالم بی‌چون و چند کن

***

ای آن که از میانه کران می‌کنی، مکن
با ما ز خشم، روی گران می‌کنی، مکن

در بند سود خویشی و اندر زیان ما
کس زین نکرد سود، زیان می‌کنی، مکن

راضی شدی که بیش نجویی زیان ما
این از پی رضای کیان می‌کنی؟ مکن

بر جای باده سرکهٔ غم می‌دهی، مده
در جوی آب، خون چه روان می‌کنی؟ مکن

از چهره‌ام نشاط طرب می‌بری، مبر
بر چهره‌ام ز دیده نشان می‌کنی، مکن

مظلوم می‌کشیّ و تظلّم همی‌کنی
خود راه می‌زنی و فغان می‌کنی، مکن

پایم به کار نیست که سرمست دلبرم
مر مست را بِهِل، چه کشان می‌کنی؟ مکن

گویی بیا که بر تو کنم صبر را شبان
بر برّه گرگ را چه شبان می‌کنی؟ مکن

در روز زاهدی و به شب زاهدان کشی — امشب که آشتی‌ست همان می‌کنی، مکن
ای دوستان ز رشک تو خصمان همدگر — این دوست را چه دشمن آن می‌کنی؟ مکن
گویی که می مخور پس اگر می همی‌دهی — مخمور را چه خشک دهان می‌کنی؟ مکن
گویی چو تیر راست رو اندر هوای ما — پس تیر راست را چه کمان می‌کنی؟ مکن
گویی خموش کن تو خموشم نمی‌هلی — هر موی را ز عشق زبان می‌کنی، مکن

* * *

یار شو و یار بین، دل شو و دلدار بین — در پیِ سرو روان، چشمه و گلزار بین
برجَه و کاهل مباش در رهِ عیش و معاش — پیشکشی کن قماش رونق تجّار بین
جملهٔ تجّارِ ما، اهل دل و انبیا — همره این کاروان خالق غفّار بین
آمد محمود باز بر در حجرهٔ ایاز — عشق‌گزین، عشق‌باز، دولتِ بسیار بین
خاک ایازم که او هست چو من عشق‌خو — عشق شود عشق‌جو دلبرِ عیّار بین
سنّت نیکوست این، چارق با پوستین — قبله کنَش بهرِ شُکر باقی از ایثار بین
ساعت رنج و بلا چارق‌بین می‌شوی — بی‌مرضی خویش را خسته و بیمار بین
چارق ما نطفه دان خون رحم پوستین — گوهر عقل و بصر از شه بیدار بین
گوهر پیشین بنه تا کندت میر ده — کهنه ده و نو ستان دانه ده انبار بین
تا نگری در زمین هیچ نبینی فلک — یک دمه خود را مبین خلعت دیدار بین
این سخن دُرنثار هم به سخن‌دِهِ سپار — پس تو ز هر جزو خویش نکته و گفتار بین

* * *

یک غزل آغاز کن بر صفت حاضران — ای رخ تو همچو شمع، خیز درآ در میان

نور ده آن شمع را روح دِه این جمع را
از دو رخِ همچو شمع وز قدح همچو جان

سوی قدح دست کن، ما همه را مست کن
زآنکه کسی خوش نشد تا نشد از خود نهان

چون شدی از خود نهان زود گریز از جهان
روی تو واپس مکن جانب خود هان و هان!

این سخن همچو تیر، راست کِشَش سویِ گوش
تا نکشی سوی گوش کِی بجهد از کمان؟

بس کن از اندیشه بس! کاو گُوَدَت هر نفس
کای عجب آن را چه شد؟ آه چه کنم؟ کو فلان؟

* * *

باز فروریخت عشق از در و دیوار من
باز ببرّید بند اشتر کین‌دار من

بار دگر شیر عشق پنجهٔ خونین گشاد
تشنهٔ خون گشت باز این دل سگسار من

باز سر ماه شد نوبت دیوانگی‌ست
آه که سودی نکرد دانش بسیار من

بار دگر فتنه زاد جمرهٔ دیگر فتاد
خواب مرا بست باز دلبر بیدار من

صبر مرا خواب برد عقل مرا آب برد
کار مرا یار برد تا چه شود کار من

سلسلهٔ عاشقان با تو بگویم که چیست
آنکه مسلسل شود طرّهٔ دلدار من

خیز دگربار خیز، خیز که شد رستخیز
مایهٔ صد رستخیز شور دگربار من

گر ز خزان گلستان چون دل عاشق بسوخت
نَک رخ آن گلستان گلشن و گلزار من

باغ جهان سوخته، باغ دل افروخته
سوخته اسرار باغ، ساخته اسرار من

نوبت عشرت رسید ای تن محبوس من
خلعت صحّت رسید ای دل بیمار من

پیر خرابات هین از جهت شکر این
رو گرو می بنه خرقه و دستار من

خرقه و دستار چیست؟ این نه ز دون همّتی‌ست
جان و جهان جرعه‌ای‌ست از شه خَمّار من

داد سخن دادمی سوسن آزادمی
لیک ز غیرت گرفت دل ره گفتار من

شکر که آن ماه را هر طرفی مشتری‌ست
نیست ز دلّال گفت رونق بازار من

عربدهٔ قال نیست حاجت دلّال نیست
جعفر طرّار نیست جعفر طیّار من

***

ای هوس عشق تو کرده جهان را زبون
خیرهٔ عشقت چو من، این فلکِ سرنگون

می‌در و می‌دوز تو، می‌بر و می‌سوز تو
خون‌کن و می‌شوی تو، خون دلم را به خون

چون‌که ز تو خاسته‌ست، هر کژ تو راست است
لیک بتا راست گو، نیست مقام جنون؟

دوش خیال نگار، بعدِ بسی انتظار
آمد و من در خمار، یا رب چون بود چون

خواست که پر واکُند، روی به صحرا کند
باز مرا می‌فریفت از سخن پرفسون

گفتم والله که نی، هیچ مساز این بنا
گر عجمی، رفت، نیست ور عربی لایکون

در دل شب آمدی، نیک عجب آمدی
چون برِ ما آمدی نیست رهایی کنون

***

مکن مکن که روا نیست بی‌گنه کشتن
مرو مرو که چراغیّ و دیدهٔ روشن

چو برگشادی از لطف خویشتن سر خُم
دماغ ما ز خُمار تو است آبستن

مبند آن سر خُم را چو کیسهٔ مدخل
که خانه گردد تاری به بستن روزن

چو آدمی به غم آماج تیر را ماند
ندارد او جز مستیّ و بی‌خودی جوشن

دو دست عشق مثال دو دست داوود است
که همچو موم همی‌گردد از کَفَش آهن

حدیث عشق هم از عشق‌باز باید جُست
که او چو آینه، هم ناطق است و هم اَلکَن

دلا دو دست برآور سبک به گردن عشق
اگرچه دارد او خون خلق در گردن

ز خون‌بها بِنَترسد که گنج‌ها دارد
که مرده زنده شود زآن و وارَهَد ز کفن

گرفت خواب گریبان تو بپر سوی غیب		به گَه ز غیب بیایی کشان‌کشان دامن
که تا تمام غزل را بگویمت فردا		که گل پگاه بچینند مردم از گلشن

* * *

با من صنما دل یک‌دله کن		گر سر ننهم آنگه گله کن
مجنون شده‌ام از بهر خدا		زآن زلف خوشَت یک سلسله کن
سی‌پاره به کف در چلّه شدی		سی‌پاره منم ترک چله کن
مجهول مرو با غول مرو		زنهار سفر با قافله کن
ای مطرب دل زآن نغمهٔ خوش		این مغز مرا پرمشغله کن
ای زهره و مه زآن شعلهٔ رو		دو چشم مرا دو مشعله کن
ای موسیِ جان شُبان شده‌ای		بر طور برو ترک گَلِه کن
نعلین ز دو پا بیرون کن و رو		در دشت طوی پا آبله کن
تکیه‌گه تو حق شد نه عصا		انداز عصا وآن را یله کن
فرعون هوا چون شد حیوان		در گردن او رو زنگله کن

* * *

چند بوسه وظیفه تعیین کن		به شکرخنده‌ایم شیرین کن
آن دلت را خدای نرم کناد		این دعای خوش است آمین کن
مگر این را به خواب خواهم دید		من بخسبم کنار بالین کن
ای فسون اجل فراق لبت		رو فسون مسیح آیین کن
عرصهٔ چرخ بی‌تو تنگ آمد		هین بُراق وصال را زین کن

حسن داری، وفاست لایق حسن　　حسن را با وفا تو کابین کن
چون بمیرند رحم خواهی کرد　　آنچه آخر کنی تو پیشین کن
حاجیان مانده‌اند از رهٔ حج　　داروی اشتران گَرگین کن
تا به کعبهٔ وصال تو برسند　　چارهٔ آب و زاد و خرجین کن
ای دو چشم جهان به تو روشن　　این جهان را تو آن جهان بین کن
از تجلّی آفتاب رُخَت　　چشم و دل را چو طور سینین کن
بس کنم شد ز حد گستاخی　　من که باشم؟ که گویمت این کن
گر نبود این سخن ز من لایق　　آنچه آن لایق است تلقین کن
شمس تبریز بر افق بخرام　　گوشمال هلال و پروین کن

***

چیست با عشق آشنا بودن؟　　بجز از کام دل جدا بودن
خون شدن خون خود فروخوردن　　با سگان بر در وفا بودن
او فدایی‌ست هیچ فرقی نیست　　پیش او مرگ و نقل یا بودن
رو مسلمان سپر سلامت باش　　جهد می‌کن به پارسا بودن
کاین شهیدان ز مرگ نشکیبند　　عاشقان‌اند بر فنا بودن
از بلا و قضا گریزی تو　　ترس ایشان ز بی‌بلا بودن
شَشَه می‌گیر و روز عاشورا　　تو نتانی به کربلا بودن

***

شب که جهان است پر از لولیان　　زهره زند پردهٔ شنگولیان
بیند مرّیخ که بزم است و عیش　　خنجر و شمشیر کند در میان

ماه فشاند پر خود چون خروس　　پیش و پسش اختر چون ماکیان
دیدهٔ غمّاز بدوزد فلک　　تا که گواهی ندهد بر کیان
خفته گروهی و گروهی به صید　　تا که کند سود و که دارد زیان
پنج و شش است امشب مهرهٔ قمار　　سست میفکن لب چون ناشیان
جام بقا گیر و بهل جام خواب　　پرده بوَد خواب و حجاب عیان
ساقی باقی‌ست خوش و عاشقان　　خاک سیه بر سر این باقیان
زهر از آن دست کریمش بنوش　　تا که شوی مهتر حلواییان
عشق چو مغز است جهان همچو پوست　　عشق چو حلوا و جهان چون تیان
حلق من از لذّت حلوا بسوخت　　تا نکنم حلیهٔ حلوا بیان

***

مست رسید آن بت بی‌باک من　　دردکش و دلخوش و چالاک من
گفت به من بنگر و دلشاد شو　　هیچ به خود منگر غمناک من
زآب و گل این دیدهٔ تو پرگل است　　پاک کنش در نظر پاک من
دست بزد خرقهٔ من چاک کرد　　گفت مزن بخیه بر این چاک من
روی چو بر خاک نهادم بگفت　　پاک مکن روی خود از خاک من
ای مَنَت آورده، مَنَت می‌برم　　زآنکه منم شیر و تو شیشاک من
نفت زدم در تو و می‌سوز خوش　　لیک سیه می‌نکند زاک من

***

جان منی جان منی جان من　　آن منی آن منی آن من

شاه منی لایق سودای من　　قند منی لایق دندان من
نور منی باش در این چشم من　　چشم من و چشمهٔ حیوان من
گل چو تو را دید به سوسن بگفت　　سرو من آمد به گلستان من
از دو پراکنده، تو چونی؟ بگو　　زلف تو و حال پریشان من
ای رسن زلف تو پابند من　　چاه زنخدان تو زندان من
دست‌فشان، مست کجا می‌روی؟　　پیش من آ ای گل خندان من

* * *

ای عاشقان ای عاشقان آن‌کس که بیند روی او
شوریده گردد عقل او آشفته گردد خوی او
معشوق را جویان شود دکّان او ویران شود
بر رو و سر پویان شود چون آب اندر جوی او
در عشق چون مجنون شود سرگشته چون گردون شود
آن کاو چنین رنجور شد نایافت شد داروی او
جانِ ملک سجده کند آن را که حق را خاک شد
ترک فلک چاکر شود آن را که شد هندوی او
عشقش دل پردرد را بر کف نهد بو می‌کند
چون خوش نباشد آن دلی کاو گشت دستنبوی او
بس سینه‌ها را خَست او بس خواب‌ها را بست او
بسته‌ست دست جادُوان آن غمزهٔ جادوی او
شاهان همه مسکین او خوبان قراضه‌چین او
شیران زده دُم بر زمین پیش سگان کوی او

بنگر یکی بر آسمان بر قلعهٔ روحانیان
چندین چراغ و مشعله بر برج و بر باروی او
شد قلعه‌دارش عقل کل، آن شاه بی‌طبل و دهل
بر قلعه آن‌کس بررود کاو را نماند اوی او
ای ماه رویش دیده‌ای خوبی از او دزدیده‌ای
ای شب تو زلفش دیده‌ای، نی نی و نی یک موی او
این شب سیه‌پوش است از آن کز تعزیه دارد نشان
چون بیوه‌ای جامه‌سیه در خاک رفته شوی او
شب فعل و دستان می‌کند او عیش پنهان می‌کند
نی چشم بندد چشم او کژ می‌نهد ابروی او
ای شب من این نوحه‌گری از تو ندارم باوری
چون پیش چوگان قدر هستی دوان چون گوی او
آن‌کس که این چوگان خورد گوی سعادت او برد
بی‌پا و بی‌سر می‌دود چون دل به گرد کوی او
ای روی ما چون زعفران از عشق لاله‌ستان او
ای دل فرورفته به سر چون شانه در گیسوی او
مر عشق را خود پشت کو؟ سر تا به سر روی است او
این پشت و رو این سو بوَد جز رو نباشد سوی او
او هست از صورت بری کارش همه صورتگری
ای دل ز صورت نگذری زیرا نه‌ای یک توی او
داند دل هر پاک‌دل آواز دل ز آواز گل
غرّیدن شیر است این در صورت آهوی او
بافیدهٔ دست احد پیدا بوَد، پیدا بوَد
از صنعت جولاهه‌ای وز دست وز ماکوی او

دیوان شمس تبریزی

ای جان ما ماکوی او، وی قبلهٔ ما کوی او
فرّاش این کو آسمان، وین خاک کدبانوی او

سوزان دلم از رشک او گشته دو چشمم مَشک او
کِی ز آب چشم، او تر شود ای بحر تا زانوی او؟

این عشق شد مهمان من زخمی بزد بر جان من
صد رحمت و صد آفرین بر دست و بر بازوی او

من دست و پا انداختم وز جستوجو پرداختم
ای مرده جستوجوی من در پیش جستوجوی او

من چند گفتم های دل خاموش از این سودای دل
سودش ندارد های من، چون بشنود دل هوی او

* * *

حیلت رها کن عاشقا، دیوانه شو، دیوانه شو
و اندر دل آتش درآ، پروانه شو، پروانه شو

هم خویش را بیگانه کن، هم خانه را ویرانه کن
وآنگه بیا با عاشقان همخانه شو، همخانه شو

رو سینه را چون سینهها هفت آب شو از کینهها
وآنگه شراب عشق را پیمانه شو، پیمانه شو

باید که جمله جان شوی تا لایق جانان شوی
گر سوی مستان میروی مستانه شو، مستانه شو

آن گوشوارِ شاهدان، همصحبتِ عارض شده
آن گوش و عارض بایدت، دُردانه شو، دُردانه شو

چون جانِ تو شُد در هوا، ز افسانهٔ شیرین ما
فانی شو و چون عاشقان افسانه شو، افسانه شو

تو لیلة القبری برو تا لیلة القدری شوی
چون قدر، مَر ارواح را کاشانه شو، کاشانه شو

اندیشه‌ات جایی رَوَد وآنگه تو را آنجا کِشَد
ز اندیشه بگذر، چون قضا، پیشانه شو، پیشانه شو

قفلی بُوَد میل و هوا، بنهاده بر دل‌های ما
مفتاح شو، مفتاح را دندانه شو، دندانه شو

بِنْواخت نورِ مصطفی، آن اُستُنِ حنّانه را
کمتر ز چوبی نیستی، حنّانه شو، حنّانه شو

گوید سلیمان مر تو را، بشنو لسان الطّیر را
دامیّ و مرغ از تو رَمَد، رو لانه شو، رو لانه شو

گر چهره بنماید صنم، پُر شو از او چون آینه
ور زلف بگشاید صنم، رو شانه شو، رو شانه شو

تا کی دوشاخه چون رُخی؟ تا کی چو بَیذَق کم تکی؟
تا کی چو فرزین کژ روی؟ فرزانه شو، فرزانه شو

شکرانه دادی عشق را از تحفه‌ها و مال‌ها
هِل مال را، خود را بده، شُکرانه شو، شُکرانه شو

یک مدّتی ارکان بُدی، یک مدّتی حیوان بُدی
یک مدّتی چون جان شدی، جانانه شو، جانانه شو

ای ناطقه بر بام و در، تا کی روی در خانه پر؟
نطق زبان را ترک کن، بی‌چانه شو، بی‌چانه شو

***

کار جهان هرچه شود کار تو کو؟ بار تو کو؟
گر دو جهان بتکده شد آن بت عیّار تو کو؟

گیر که قحط است جهان، نیست دگر کاسه و نان
ای شه پیدا و نهان کیله و انبار تو کو؟
گیر که خار است جهان، گزدم و مار است جهان
ای طرب و شادی جان، گلشن و گلزار تو کو؟
گیر که خود مرد سخا، کشت بخیلی همه را
ای دل و ای دیدهٔ ما، خلعت و ادرار تو کو؟
گیر که خورشید و قمر هر دو فروشد به سقر
ای مدد سمع و بصر، شعله و انوار تو کو؟
گیر که خود جوهری‌ای نیست پی مشتری‌ای
چون نکنی سروری‌ای، ابر گهربار تو کو؟
گیر دهانی نبوَد گفت زبانی نبوَد
تا دم اسرار زند، جوشش اسرار تو کو؟
هین همه بگذار که ما مست وصالیم و لقا
بی‌گه شد زود بیا، خانهٔ خمّار تو کو؟
تیز نگر مست مرا، هم دل و هم دست مرا
گرنه خرابی و خرف، جُبّه و دستار تو کو؟
برد کلاه تو غَری، برد قبایت دگری
روی تو زرد از قمری، پشت و نگهدار تو کو؟
بر سر مستان ابد خارجی‌ای راه زند
شحنگی‌ای چون نکنی؟ زخم تو کو؟ دار تو کو؟
خامش ای حرف‌فشان درخور گوش خمشان
ترجمهٔ خلق مکن، حالت و گفتار تو کو؟

***

سخت خوش است چشم تو و آن رخ گل‌فشان تو دوش چه خورده‌ای دلا! راست بگو به جان تو

فتنه‌گر است نام تو، پرشکر است دام تو
با طرب است جام تو، با نمک است نان تو

مرده اگر ببیندت فهم کند که سرخوشی
چند نهان کنی؟ که می فاش کند نهان تو

بوی کباب می‌زند از دل پرفغان من
بوی شراب می‌زند از دم و از فغان تو

بهر خدا بیا بگو ور نه بهل مرا که تا
یک دو سخن به نایبی بردهم از زبان تو

خوبی جمله شاهدان مات شد و کساد شد
چون بنمود ذرّه‌ای خوبی بی‌کران تو

بازبدید چشم ما آنچه ندید چشم کس
بازرسید پیر ما بی‌خود و سرگران تو

هرنفسی‌بگو‌یی‌ام‌عقل‌تو‌کو؟چه‌شد‌تورا؟
عقل نماند بنده را در غم و امتحان تو

هر سحری چو ابر دی بارم اشک بر درت
پاک کنم به آستین اشک ز آستان تو

مشرق‌و‌مغرب‌اَر‌روم‌ور‌سوی‌آسمان‌شوم
نیست نشان زندگی تا نرسد نشان تو

زاهد کشوری بُدَم صاحب منبری بُدَم
کرد قضا دل مرا عاشق و کف‌زنان تو

از می این جهانیان حقّ خدا نخورده‌ام
سخت خراب می‌شوم خائفم از گمان تو

صبر پرید از دلم عقل گریخت از سرم
تا به کجا کشد مرا مستی بی‌امان تو

شیر سیاه عشق تو می‌کند استخوان من
نی‌تو‌ضمان‌من‌بدی، پس‌چه‌شد‌این‌ضمان‌تو؟

ای تبریز بازگو بهر خدا به شمس دین
کاین دو جهان حسد برد بر شرف جهان تو

* * *

هین کژ و راست می‌روی، باز چه خورده‌ای؟ بگو
مست و خراب می‌روی، خانه به خانه کو به کو

با که حریف بوده‌ای؟ بوسه ز که ربوده‌ای؟
زلف که را گشوده‌ای؟ حلقه به حلقه، مو به مو

نی تو حریف کی کنی؟ ای همه چشم و روشنی
خُفیه روی چو ماهیان، حوض به حوض، جو به جو
راست بگو به جان تو ای دل و جانم آنِ تو
ای دل همچو شیشه‌ام، خورده می‌اَت کدو کدو
راست بگو نهان مکن پشت به عاشقان مکن
چشمه کجاست؟ تا که من آب کشم سبو سبو
در طلبم خیال تو دوش میان انجمن
می‌نشناخت بنده را می‌نگریست روبه‌رو
چون بشناخت بنده را بندهٔ کژرونده را
گفت بیا به خانه هی، چند روی تو سو به سو؟
عمر تو رفت در سفر با بد و نیک و خیر و شر
همچو زنان خیره‌سر، حجره به حجره، شو به شو
گفتمش ای رسول جان، ای سبب نزول جان
زآنکه تو خورده‌ای بده، چند عتاب و گفت‌وگو
گفت شراره‌ای از آن گر ببری سوی دهان
حلق و دهان بسوزدت بانگ زنی، گلو گلو
لقمهٔ هر خورنده را درخور او دهد خدا
آنچه گلو بگیردت حرص مکن، مجو مجو
گفتم کو شراب جان؟ ای دل و جان فدای آن
من نه‌ام از شتردلان تا بِرَمَم به های‌وهو
حلق و گلوبریده با کاو برمد از این ابا
هر که بلنگد او از این هست مرا عدو عدو
دست کز آن تهی بوَد گرچه شهنشهی بوَد
دست‌بریده‌ای بوَد مانده به دیر بر سمو

خامش باش و معتمد محرم راز نیک و بد
آن که نیازمودی‌اش راز مگو به پیش او

* * *

سنگ شکاف می‌کند در هوس لقای تو
جان پر و بال می‌زند در طرب هوای تو
آتش آب می‌شود عقل خراب می‌شود
دشمن خواب می‌شود دیدهٔ من برای تو
جامهٔ صبر می‌درد عقل ز خویش می‌رود
مردم و سنگ می‌خورد عشق چو اژدهای تو
بند مکن رونده را گریه مکن تو خنده را
جور مکن که بنده را نیست کسی به جای تو
آب تو چون به جو رود، کی سخنم نکو رود؟
گاه دمم فرودرد از سبب حیای تو
چیست غذای عشق تو؟ این جگر کباب تو
چیست دل خراب من؟ کارگه وفای تو
خابیه جوش می‌کند، کیست که نوش می‌کند؟
چنگ خروش می‌کند، در صفت و ثنای تو
عشق درآمد از دَرَم دست نهاد بر سرم
دید مرا که بی‌توأم گفت مرا که وای تو
دیدم صعب منزلی، در هم و سخت مشکلی
رفتم و مانده‌ام دلی کشته به دست و پای تو

* * *

گشته‌ست تپان جانم ای جان و جهان برگو
هین سلسله درجنبان ای ساقی جان برگو
سلطان خوشان آمد وآن شاه‌نشان آمد
تا چند کشی گوشم ای گوش‌کشان برگو
سِرّی‌ست سمندر را ز آتش بنمی‌سوزد
جانی‌ست قلندر را نادرتر از آن برگو
بنگر حشر مستان از دست بنه دستان
با رطل گران پیش آ با ضرب گران برگو
زآن غمزهٔ چون تیرش و ابروی کمان‌گیرش
اسرار سلحشوری با تیر و کمان برگو
برگو هله جان برگو پیش همگان برگو
وآن نکته که می‌دانی با او پنهان برگو
از جام رحیق او مست است عشیق او
پیغام عقیق او ای گوهر کان برگو

دیوان شمس تبریزی

من بی‌زبر و زیرم در پنجهٔ آن شیرم ز احوال جهان سیرم ز احوال فلان برگو
زیر است نوای غم و اندرخور شادی بم یک لحظه چنین برگو یک لحظه چنان برگو
خورشید مُعینت شد، اقبال قرینت شد مقصود یقینت شد، بی‌شک و گمان برگو
چون بگذری ای عارف زین آب و گل ناشف زآن‌سو مثل هاتف بی‌نام و نشان برگو
در عالم جان جا کن در غیب تماشا کن رویی به روان‌ها کن زین گرم روان برگو
من بی‌خود و سرمستم اینک سر خُم بستم ای شاه زبردستم بی‌کام و دهان برگو

* * *

هم آگه و هم ناگه مهمان من آمد او دل گفت که کی آمد؟ جان گفت مه مه‌رو
او آمد در خانه ما جمله چو دیوانه اندر طلب آن مه رفته به میان کو
او نعره‌زنان گشته از خانه که این جایم ما غافل از این نعره هم نعره‌زنان هر سو
آن بلبل مست ما بر گلشن ما نالان چون فاخته ما پرّان فریادکنان کوکو
در نیم‌شبی جسته جمعی که چه دزد آمد و آن دزد همی‌گوید دزد آمد و آن دزد او
آمیخته شد بانگش با بانگ همه زآن‌سان پیدا نشود بانگش در غلغله‌شان یک مو
وَهوَ مَعَکُم یعنی با توست در این جستن آنگه که تو می‌جویی هم در طلب او را جو
نزدیک‌تر است از تو با تو، چه روی بیرون؟ چون برف گدازان شو خود را تو زخود می‌شو
از عشق زبان روید جان را مثل سوسن می‌دار زبان خامش از سوسن گیر این خو

* * *

ای یار قلندردل دل‌تنگ چرایی تو؟ از جغد چه اندیشی؟ چون جان همایی تو
بخرام چنین نازان در حلقهٔ جانبازان ای رفته برون از جا، آخر به کجایی تو؟

داده‌ست ز کان تو لعل تو نشانی‌ها
آن گوهر جانی را آخر ننمایی تو

بس خوب و لطیفی تو، بس چست و ظریفی تو
بس ماه‌لقایی تو، آخر چه بلایی تو

ای از فر و زیبایی وز خوبی و رعنایی
جان حلقه به گوش تو، در حلقه نیایی تو

ای بندهٔ قمر پیشت، جان بسته کمر پیشت
از بهر گشاد ما در بند قبایی تو

از دل چو ببردی غم دل گشت چو جام جم
وین جام شود تابان ای جان چو برآیی تو

هر روز برآیی تو با زیب و فر آیی تو
در مجلس سرمستان با شور و شر آیی تو

شمس‌الحق تبریزی ای مایهٔ بینایی
نادیده مکن ما را چون دیدهٔ مایی تو

* * *

خوش خرامان می‌روی ای جانِ جان بی‌من مرو
ای حیات دوستان در بوستان بی‌من مرو

ای فلک بی‌من مگرد و ای قمر بی‌من متاب
ای زمین بی‌من مروی و ای زمان بی‌من مرو

این جهان با تو خوش است و آن جهان با تو خوش است
این جهان بی‌من مباش و آن جهان بی‌من مرو

ای عیان بی‌من مدان و ای زبان بی‌من مخوان
ای نظر بی‌من مبین و ای روان بی‌من مرو

شب ز نور ماه روی خویش را بیند سپید
من شبم تو ماه من بر آسمان بی‌من مرو

خار ایمن گشت ز آتش در پناه لطف گل
تو گلی، من خار تو، در گلستان بی‌من مرو

در خم چوگانت می‌تازم چو چشمت با من است
همچنین در من نگر بی‌من مران بی‌من مرو

چـون حـریـف شـاه بـاشـی ای طـرب بـی‌مـن منوش
چـون بـه بـام شـه رَوی ای پـاسـبـان بـی‌مـن مـرو
وای آن‌کـس کـاو در ایـن ره بـی‌نـشـان تـو رَوَد
چـو نـشـان مـن تـوی ای بـی‌نـشـان بـی‌مـن مـرو
وایِ آن کـاو انـدر ایـن ره مـی‌رود بی‌دانـشـی
دانـش راهَـم تـوی ای راه‌دان بـی‌مـن مـرو
دیـگـرانـت عـشـق مـی‌خـوانـنـد و مـن سـلـطـان عشق
ای تـو بـالاتـر ز وهـم ایـن و آن بـی‌مـن مـرو

***

خُنُک آن دم که نشینیم در ایوان من و تو
به‌دو نقش و به‌دو صورت، به‌یکی جان من و تو
دادِ باغ و دم مرغان بدهد آب حیات
آن زمانی که درآییم به بستان من و تو
اختران فلک آیند به نظّارهٔ ما
مه خود را بنماییم بدیشان من و تو
من و تو بی‌من و تو جمع شویم از سر ذوق
خوش و فارغ ز خرافات پریشان من و تو
طوطیان فلکی جمله شکرخوار شوند
در مقامی که بخندیم بدان‌سان من و تو
این عجب‌تر که من و تو به یکی کنج اینجا
هم در این دم به عراقیم و خراسان من و تو
به یکی نقش بر این خاک و بر آن نقش دگر
در بهشت ابدیّ و شکرستان من و تو

***

گر رود دیده و عقل و خرد و جان تو مرو
که مرا دیدن تو بهتر از ایشان تو مرو
آفتاب و فلک اندر کنف سایهٔ توست
گر رود این فلک و اختر تابان تو مرو
ای که دُرد سخنت صاف‌تر از طبع لطیف
گر رود صَفوَت این طبع سخندان تو مرو

اهل ایمان همه در خوف دم خاتمت‌اند / خوفم از رفتن توست ای شه ایمان تو مرو
تو مرو گر بروی جان مرا با خود بر / ور مرا می‌نبری با خود از این خوان تو مرو
با تو هر جزو جهان باغچه و بستان است / در خزان گر برود رونق بستان تو مرو
هجر خویشم منما هجر تو بس سنگ‌دل است / ای شده لعل ز تو سنگ بدخشان تو مرو
که بوَد ذرّه که گوید تو مرو ای خورشید؟ / که بوَد بنده که گوید به تو سلطان تو مرو
لیک تو آب حیاتی، همه خلقان ماهی / از کمال کرم و رحمت و احسان تو مرو
هست طومار دل من به درازای ابد / برنوشته ز سرش تا سوی پایان تو مرو
گر نترسم ز ملال تو بخوانم صد بیت / که ز صد بهتر وز هجده هزاران تو مرو

* * *

من غلام قمرم غیر قمر هیچ مگو / پیش من جز سخن شمع و شکر هیچ مگو
سخن رنج مگو جز سخن گنج مگو / ور از این بی‌خبری رنج مبر هیچ مگو
دوش دیوانه شدم عشق مرا دید و بگفت / آمدم نعره مزن جامه مدر هیچ مگو
گفتم ای عشق من از چیز دگر می‌ترسم / گفت آن چیز دگر نیست دگر هیچ مگو
من به گوش تو سخن‌های نهان خواهم گفت / سر بجنبان که بلی جز که به سر هیچ مگو
قمری جان‌صفتی در ره دل پیدا شد / در ره دل چه لطیف است سفر هیچ مگو
گفتم ای دل چه مه است این دل اشارت می‌کرد / که نه اندازهٔ توست این بگذر هیچ مگو
گفتم این روی فرشته‌ست عجب یا بشر است؟ / گفت این غیر فرشته‌ست و بشر هیچ مگو
گفتم این چیست؟ بگو زیر و زبر خواهم شد / گفت می‌باش چنین زیر و زبر هیچ مگو
ای نشسته تو در این خانهٔ پر نقش و خیال / خیز از این خانه برو رخت ببر هیچ مگو

گفتم ای دل پدری کن نه که این وصف خداست / گفت این هست ولی جان پدر هیچ مگو

* * *

مطرب مهتاب رو آنچه شنیدی بگو / ما همگان محرمیم آنچه بدیدی بگو
ای شه و سلطان ما ای طربستان ما / در حرم جان ما بر چه رسیدی؟ بگو
نرگس خمّار او ای که خدا یار او / دوش ز گلزار او هرچه بچیدی بگو
ای شده از دست من چون دل سرمست من / ای همه را دیده تو آنچه گزیدی بگو
عید بیاید رَوَد عید تو ماند ابد / کز فلک بی‌مدد چون برهیدی بگو
در شکرستان جان غرقه شدم ای شکر / زین شکرستان اگر هیچ چشیدی بگو
می کشدم می به چپ می کشدم دل به راست / رو که کشاکش خوش است، تو چه کشیدی؟ بگو
می به قدح ریختی فتنه برانگیختی / کوی خرابات را تو چه کلیدی؟ بگو
شور خرابات ما نور مناجات ما / پردهٔ حاجات ما هم تو دریدی بگو
ماه به ابر اندرون تیره شده‌ست و زبون / ای مه کز ابرها پاک و بعیدی بگو
ظلّ تو پاینده باد ماه تو تابنده باد / چرخ تو را بنده باد، از چه رمیدی؟ بگو
عشق مرا گفت دی عاشق من چون شدی / گفتم بر چون مَتَن ز آنچه تنیدی بگو
مرد مجاهد بدم عاقل و زاهد بدم / عافیتا! همچو مرغ از چه پریدی؟ بگو

* * *

این کیست این؟ این کیست این؟ شیرین و زیبا آمده
سرمست و نعلین در بغل، در خانهٔ ما آمده
خانه در او حیران شده، اندیشه سرگردان شده
صد عقل و جان اندر پی‌اش، بی‌دست و بی‌پا آمده

آمد به مکر آن لعل لب کفچه به کف، آتش طلب
تا خود که را سوزد عجب، آن یار تنها آمده
ای معدن آتش بیا آتش چه می‌جویی ز ما؟
والله که مکر است و دغا ای ناگه اینجا آمده
روپوش چون پوشد تو را ای روی تو شمس‌الضّحی
ای کنج و خانه از رُخَت چون دشت و صحرا آمده
ای یوسف از بالای چَه بر آب چَه زد عکس تو
آن آب چَه از عشق تو جوشیده بالا آمده
شاد آمدی شاد آمدی جادو و استاد آمدی
چون هدهد پیغامبری از پیش عنقا آمده
ای آب حیوان در جگر هر جور تو صد من شکر
هر لحظه‌ای شکلی دگر از ربّ اعلا آمده
ای دلنواز و دلبری کاندر نگنجی در بری
ای چشم ما از گوهرت افزون ز دریا آمده
چرخ و زمین آیینه‌ای وز عکس ماه روی تو
آن آینه زنده شده و اندر تماشا آمده
خاموش کن خاموش کن از راه دیگر جوش کن
ای دود آتش‌های تو سودای سرها آمده

***

یکی ماهی همی‌بینم برون از دیده در دیده
نه او را دیده‌ای دیده نه او را گوش بشنیده
زبان و جان و دل را من نمی‌بینم مگر بی‌خود
از آن دم که نظر کردم در آن رخسار دزدیده

گر افلاطون بدیدستی جمال و حُسن آن مه را
ز من دیوانه‌تر گشتی ز من بتّر بشوریده
قِدَم آیینهٔ حادث، حدث آیینهٔ قدمت
در آن آیینه این هر دو چو زلفینش بپیچیده
یکی ابری ورای حس که بارانش همه جان است
نثار خاک جسم او چه باران‌ها بباریده
قمررویان گردونی بدیده عکس رخسارش
خجل گشته از آن خوبی پسِ گردن بخاریده
ابد دست ازل بگرفت سوی قصر آن مه برد
بدیده هر دو را غیرت، بدین هر دو بخندیده
که گرداگرد قصر او چه شیران‌اند کز غیرت
به قصد خون جانبازان و صدّیقان بغرّیده
به ناگه جست از لفظم که آن شه کیست شمس‌الدّین؟
شه تبریز و خون من در این گفتن بجوشیده

* * *

من بی‌خود و تو بی‌خود ما را که بَرَد خانه؟
من چند تو را گفتم کم خور دو سه پیمانه؟
در شهر یکی کس را هشیار نمی‌بینم
هریک بَتَر از دیگر شوریده و دیوانه
جانا به خرابات آ تا لذّتِ جان بینی
جان را چه خوشی باشد بی‌صحبتِ جانانه؟
هر گوشه یکی مستی دستی ز بَرِ دستی
وآن ساقیِ هر هستی با ساغرِ شاهانه
تو وقفِ خراباتی دَخلت می و خَرجت می
زین وقف به هُشیاران مَسپار یکی دانه
ای لولیِ بَربَطزن تو مست‌تری یا من؟
ای پیشِ چو تو مستی افسونِ من افسانه
از خانه برون رفتم مستیم به پیش آمد
در هر نظرش مُضمَر صد گلشن و کاشانه
چون کشتیِ بی‌لنگر کَژ می‌شد و مَژ می‌شد
وز حَسرتِ او مُرده صد عاقل و فرزانه

گفتم: زکجایی تو؟ تَسخر زد و گفت: ای جان
نیمیم ز تُرکستان، نیمیم ز فَرغانه

نیمیم ز آب و گِل، نیمیم ز جان و دل
نیمیم لبِ دریا، نیمی همه دُردانه

گفتم که رفیقی کن با من که منم خویشت
گفتا که بِنَشْناسَم من، خویش ز بیگانه

من بی‌دل و دستارم در خانهٔ خَمّارم
یک سینه سخن دارم هین شرح دهم یا نه؟

در حلقهٔ لنگانی می‌باید لنگیدن
این پند ننوشیدی از خواجه علیانه

سرمستِ چنان خوبی، کی کم بُوَد از چوبی؟
برخاست فَغان آخر از اُستُن حنّانه

شمس‌الحق تبریزی، از خلق چه پرهیزی؟
اکنون که درافکندی صد فتنهٔ فتّانه

* * *

اینجا کسی‌ست پنهان دامان من گرفته
خود را سپس کشیده پیشان من گرفته

اینجا کسی‌ست پنهان، چون جان و خوش‌تر از جان
باغی به من نموده ایوان من گرفته

اینجا کسی‌ست پنهان همچون خیال در دل
امّا فروغ رویَش ارکان من گرفته

اینجا کسی‌ست پنهان مانند قند در نی
شیرین شکرفروشی دکّان من گرفته

جادو و چشم‌بندی چشم کسش نبیند
سوداگری‌ست موزون میزان من گرفته

چون گُل‌شکر من و او در همدگر سرشته
من خوی او گرفته او آنِ من گرفته

در چشم من نیاید خوبان جمله عالم
بنگر خیال خوبش مژگان من گرفته

من خسته گِرد عالم درمان ز کس ندیدم
تا درد عشق دیدم درمان من گرفته

تو نیز دل‌کبابی درمان ز درد یابی
گر گِرد درد گردی فرمان من گرفته

در بحر ناامیدی از خود طمع بریدی
زین بحر سر برآری مرجان من گرفته

بشکن طلسم صورت بگشای چشم سیرت
تا شرق و غرب بینی سلطان من گرفته

ساقیّ غیب بینی پیدا سلام کرده — پیمانه جام کرده پیمان من گرفته
من دامنش کشیده کای نوح روح‌دیده — از گریه عالمی بین طوفان من گرفته
تو تاج ما و آنکه سرهای ما شکسته — تو یار غار و آنکه یاران من گرفته
گوید ز گریه بگذر زآن سوی گریه بنگر — عشّاق روح گشته ریحان من گرفته
یاران دل‌شکسته بر صدر دل نشسته — مستان و می‌پرستان میدان من گرفته
همچو سگان تازی می‌کُن شکار خامش — نی چون سگان عوعو کهدان من گرفته
تبریز شمس دین را بر چرخ جان ببینی — اشراق نور رویش کیهان من گرفته

* * *

برگذری درنگری جز دل خوبان نبری — سرمکش ای دل که از او هرچه کنی جان نبری
تا نشوی خاک درش در نگشاید به رضا — تا نکشی خار غمش گل ز گلستان نبری
تا نکَنی کوه بسی، دست به لعلی نرسد — تا سوی دریا نروی، گوهر و مرجان نبری
سر ننهد چرخ تو را تا که تو بی‌سر نشوی — کس نخرد نقد تو را تا سوی میزان نبری
تا نشوی مست خدا غم نشود از تو جدا — تا صفت گرگ دری یوسف کنعان نبری
تا تو ایازی نکنی، کی همه محمود شوی؟ — تا تو ز دیوی نرهی، ملک سلیمان نبری
نعمت تن خام کند محنت تن رام کند — محنت دین تا نکشی دولت ایمان نبری
خیره میا خیره مرو جانب بازار جهان — زآنکه در این بیع و شری این ندهی آن نبری
خاک که خاکی نهلد سوسن و نسرین نشود — تا نکنی دلق کهن خلعت سلطان نبری
آه گدارو شده‌ای خاطر تو خوش نشود — تا نکنی کافری‌ای مال مسلمان نبری
هیچ نبرده‌ست کسی مهره ز انبان جهان — رنجه مشو زآنکه تو هم مهره ز انبان نبری

دیوان شمس تبریزی

مهره ز انبان نبرم گوهر ایمان ببرم / گو تو به جان بُخل کنی جان بر جانان نبری
ای کشش عشق خدا می‌ننشیند کرمت / دست نداری ز کِهان تا دل از ایشان نبری
هین بکشان هین بکشان دامن ما را به خوشان / زآنکه دلی که تو بَری راه پریشان نبَری
راست کنی وعدهٔ خود دست نداری ز کشش / تا همه را رقص‌کنان جانب میدان نبری
هیچ مگو ای لب من تا دل من باز شود / زآنکه تو تا سنگ‌دلی لعل بدخشان نبری
گرچه که صد شرط کنی، بی همه شرطی بدهی / زآنکه تو بس بی‌طمعی زر به حرمدان نبری

* * *

هم نظری هم خبری هم قمران را قمری / هم شکر اندر شکر اندر شکر اندر شکری
هم سوی دولت درجی هم غم ما را فرجی / هم قدحی هم فرحی هم شب ما را سحری
هم گل سرخ و سمنی در دل گل طعنه زنی / سوی فلک حمله کنی زهره و مه را ببری
چند فلک گشت قمر تا به خودش راه دهی / چند گدازید شکر تا تو بدو درنگری
چند جنون کرد خرد در هوس سلسله‌ای / چند صفت گشت دلم تا تو بر او برگذری
آن قدح شاده بده دم مده و باده بده / هین که خروس سحری مانده شد از ناله‌گری
گر به خرابات بتان هر طرفی لاله‌رخی‌ست / لاله‌رخا تو ز یکی لاله‌ستان دگری
هم تو جنون را مددی هم تو جمال خردی / تیر بلا از تو رسد هم تو بلا را سپری
چون که صلاح دل و دین مجلس دل را شد امین / مادر دولت بکند دختر جان را پدری

* * *

چشم تو خواب می‌رود یا که تو ناز می‌کنی؟ / نی به خدا که از دغل چشم فراز می‌کنی
چشم ببسته‌ای که تا خواب کنی حریف را / چون که بخفت بر زرش دست دراز می‌کنی

سلسله‌ای گشاده‌ای دام ابد نهاده‌ای
بند که سخت می‌کنی بند که باز می‌کنی

عاشق بی‌گناه را بهر ثواب می‌کشی
بر سر گور کشتگان بانگ نماز می‌کنی

گه به مثال ساقیان عقل ز مغز می‌بری
گه به مثال مطربان نغنغه ساز می‌کنی

طبل فراق می‌زنی نای عراق می‌زنی
پردهٔ بوسلیک را جفت حجاز می‌کنی

جان و دل فقیر را خستهٔ دل‌اسیر را
از صدقات حسن خود گنج نیاز می‌کنی

پردهٔ چرخ می‌دری جلوهٔ ملک می‌کنی
تاج شهان همی‌بری ملک ایاز می‌کنی

عشق منی و عشق را صورت شکل کی بود؟
اینکه به صورتی شدی این به مجاز می‌کنی

گنجِ بِلانهایتی سکّه کجاست گنج را؟
صورت سکّه گر کنی آن پی گاز می‌کنی

غرق غنا شو و خمش شرم بدار چند چند
در کنف غنای او نالهٔ آز می‌کنی

***

تلخ کنی دهان من قند به دیگران دهی
نَم ندهی به کشت من آب به این و آن دهی

جان منی و یار من دولت پایدار من
باغ من و بهار من باغ مرا خزان دهی

یا جهت ستیز من یا جهت گریز من
وقت نبات‌ریز من وعده و امتحان دهی

عود که جود می‌کند بهر تو دود می‌کند
شیر سجود می‌کند چون به سگ استخوان دهی

برگذرم ز نُه فلک گر گذری به کوی من
پای نهم بر آسمان گر به سرم امان دهی

عقل و خرد فقیر تو پرورشش ز شیر تو
چون نشود ز تیر تو آن که بدو کمان دهی

در دو جهان بِنَنْگرد آن که بدو تو بنگری
خسرو خسروان شود گر به گدا تو نان دهی

جملهٔ تن شکر شود هر که بدو شکر دهی
لقمه کند دو کُوْن را آن که تو‌اَش دهان دهی

گشتم جمله شهرها نیست شکر مگر تو را
با تو مکیس چون کنم گر تو شکر گران دهی

گه بکشی گران دهی گه همه رایگان دهی
یک نفسی چنین دهی یک نفسی چنان دهی

مفخر مهر و مشتری در تبریز شمس دین　　زنده شود دل قمر گر به قمر قران دهی

* * *

ای جان و جهان آخر از روی نکوکاری　　یک دم چه زیان دارد گر روی به ما آری
ای روی تو چون آتش وی بوی تو چون گل خَوش　　یا رب که چه رو داری؟ یا رب که چه بو داری؟
در پیش دو چشم من پیوسته خیال تو　　خوش خواب که می‌بینم در حالت بیداری
دل را چو خیال تو بنوازد مسکین دل　　در پوست نمی‌گنجد از لذّت دلداری
قرص قمرت گویم نور بصرت گویم　　جان دگرت گویم یا صحّت بیماری
از شرم تو شاخ گل سر پیش درافکنده　　وز زاری من بلبل وامانده شد از زاری
از جمله ببر زیرا آنجا که توی و او　　تو نیز نمی‌گنجی جز او که دهد یاری؟
اندر شکم ماهی دَم با که زند یونس؟　　جز او که بود مونس در نیمشب تاری؟
در چشمهٔ سوزن تو خواهی که رود اُشتر　　ای بسته تو بر اُشتر شش تنگ به سرباری
با این‌همه ای دیده نومید مباش از وی　　چون ابر بهاری کن در عشق گهرباری

* * *

ما می‌نرویم ای جان زین خانه دگر جایی　　یارب چه خوش است اینجا هر لحظه تماشایی
هر گوشه یکی باغی هر کنج یکی لاغی　　بی‌ولولهٔ زاغی بی‌گرگ جگرخایی
افکند خبر دشمن در شهر اراجیفی　　کاو عزم سفر دارد از بیم تقاضایی
از رشک همی‌گوید والله که دروغ است آن　　بی‌جان که رود جایی؟ بی‌سر که نهد پایی؟
من زیر فلک چون او ماهی ز کجا یابم؟　　او هر طرفی یابد شوریده و شیدایی
مه گرد درت گردد زیرا که کجا یابد　　چو چشم تو خمّاری چون روی تو صحرایی؟

این عشق اگرچه او پاک است ز هر صورت — در عشق پدید آید هر یوسف زیبایی
بی‌عشق، نه یوسف را اخوان چو سگی دیدند؟ — وز عشق، پدر دیدش زیبا و مطرّایی
گر نام سفر گویم بشکن تو دهانم را — دوزخ که رود آخر از جنّت مأوایی؟
من بی‌سر و پا گشتم خوش غرقهٔ این دریا — بی‌پای همی‌گردم چون کشتی دریایی
از در اگرم رانی آیم ز رهِ روزن — چون ذرّه به زیر آیم در رقص ز بالایی
چون ذرّه رسن سازم از نور و رسن بازم — در روزن این خانه در گردش سودایی
بنشین که در این مجلس لاغر نشود عیسی — برگو که در این دولت تیره نشود رایی
بربند دهان برگو در گنبد سرّ خود — تا ناله در آن گنبد یابی تو مثنّایی
شمس‌الحق تبریزی از لطف صفات خود — از حرف همی‌گردد این نکته مصفّایی

***

برخیز که جان است و جهان است و جوانی — خورشید برآمد بنگر نورفشانی
آن حسن که در خواب همی‌جست زلیخا — ای یوسف ایّام به صد ره بِه از آنی
برخیز که آویخت ترازوی قیامت — برسنج ببین که سبکی یا تو گرانی
هر سوی نشانی‌ست ز مخلوق به خالق — قانع نشود عاشق بی‌دل به نشانی
هر لحظه ز گردون برسد بانگ که ای گاو — ما راه سعادت بنمودیم تو دانی
برخیز و بیا دبدبهٔ عمر ابد بین — تا بازرهی زود از این عالم فانی
او عمر عزیزی‌ست از او چاره نداری — او جان جهان آمد و تو نقش جهانی
بر صورت سنگین بزند روح پذیرد — حیف است کز این روح تو محروم بمانی
او کان عقیق آمد و سرمایهٔ کان‌ها — در کان عقیق آی، چه در بند دکانی؟

***

ای جان گذر کرده از این گنبد ناری
در سلطنت فقر و فنا کار تو داری

ای رَخت کشیده به نهان‌خانهٔ بینش
وی کشته وجود همه و خویش به زاری

پوشیده قباهای صفت‌های مقدّس
وز دلق دو صدپارهٔ آدم شده عاری

از شرم تو گل ریخته در پای جمالت
وز لطف تو هر خار برون رفته ز خاری

بی‌برگ نشاید که دگر غوره فشارد
در میکده اکنون که تو انگور فشاری

اقبال، کف پای تو بر چشم نهاده
اندر طمعی که سرش از لطف بخاری

از غار به نور تو به باغ ازل آیند
ای یار، چه یاری تو و ای غار، چه غاری؟

بر کار شود در خود و بی‌کار ز عالم
آن کز تو بنوشید یکی شربت کاری

در باغ صفا زیر درختی، به نگاری
افتاد مرا چشم و بگفتم چه نگاری

کز لذّت حُسن تو درختان به شکوفه
آبستن تو گشته، مگر جان بهاری؟

در سجده شدم بی‌خود و گفتم که نگارا
آخر ز کجایی تو؟ علی الله چه یاری

او گفت که از پرتو شمس‌الحق تبریز
کاوصاف جمال رخ او نیست شماری

***

به کوی دل فرورفتم زمانی
همی‌جستم ز حال دل نشانی

که تا چون است احوال دل من؟
که از وی در فغان دیدم جهانی

ز گفتار حکیمان بازجستم
به هر وادیّ و شهری داستانی

همه از دست دل فریاد کردند
فتادم زین حدیث اندر گمانی

ز عقل خود سفر کردم سوی دل
ندیدم هیچ خالی زو مکانی

میان عارف و معروف این دل
همی‌گردد بسان ترجمانی

خداوندان دل دانند دل چیست
چه داند قدر دل هر بی‌روانی؟

ز درگاه خدا یابی دل و بس
نیابی از فلانی و فلانی

نیابی دل جز از جبّار عالم
شهید هر نشان و بی‌نشانی

* * *

دیدی که چه کرد یار ما؟ دیدی؟
منصوبهٔ یار باوفا دیدی؟

زین نوع که مات کرد دل‌ها را
آن چشمهٔ زندگی، کجا دیدی؟

در صورت مات برد می‌بخشد
مقلوبگری چو او که را دیدی؟

ای بستهٔ بند عشق، حقّستت
کز عشق هزار دلگشا دیدی

بستان باغی اگر گلی دادی
برخور ز وفا اگر جفا دیدی

از بستانش سر خر است این تن
زآن بحر گهر تو کهربا دیدی

از فرعونی چو احولی دادت
آن بود عصا و اژدها دیدی

امروز چو موسی‌ات مداوا کرد
صد برگفشان از آن عصا دیدی

صیّاد جهان فشاند شهدانه
آن را تو ز سادگی عطا دیدی

چون مرغ سلیم سوی او رفتی
دام و دغل و فن و دغا دیدی

بازت بخرید لطف نَجَّیْنا
تا لطف و عنایت خدا دیدی

در طالع مه چو مشتری گشتی
ز الله عطای اِشتَری دیدی

چندان کَرَّت که در عدد ناید
این بستگی و گشاد را دیدی

تا آخر کار آن ولی‌نعمت
چشمت بگشاد توتیا دیدی

از چشمهٔ سلسبیل می خوردی
عشرتگه خاص اولیا دیدی

چون دعوت أُشرِبوا پری دادت	جولانگه عرصهٔ هوا دیدی
وآنگه ز هوا به سوی هو رفتی	بر قاف پریدن هما دیدی
پرواز همای کبریایی را	از کیف و چگونگی جدا دیدی
باقیش مجیب هر دعا گوید	کز وی تو اجابت دعا دیدی

***

روز طرب است و سال شادی	کامروز به کوی ما فتادی
تاریکی غم تمام برخاست	چون شمع در این میان نهادی
اندیشه و غم چه پای دارد؟	با آن قدح وفا که دادی
ای باده تو از کدام مشکی؟	وی مه به کدام ماه زادی؟
مستیّ و خوشیّ و شادکامی	سلطان دلیّ و کیقبادی
وآن عقل که کدخدای غم بود	از ما سِتَدی به اوستادی
شاباش که پای غم ببستی	صدگونه درِ طرب گشادی

***

ای آن که تو خواب ما ببستی	رفتیّ و به گوشه‌ای نشستی
ما را همه بند دام کردی	ما بند شدیم و تو بجستی
جز دام تو نیست کفر و ایمان	یا رب که چه بس درازدستی
گر خواب و قرار رفت غم نیست	دولت برِ ماست چون تو هستی
چون ساقی عاشقان تو باشی	پس باقیِ عمر ما و مستی
ای صورت جان و جان صورت	بازار بتان همه شکستی

مـا را چـو خـیـال تـو بـوَد بت		پـس واجـب گـشـت بت‌پرسـتـی
عـقـل دومـی و نـفـس اوّل		ای آمـده بـهـر مـا بـه پـسـتـی
ایـن وهـم مـن اسـت شـرح تـو نیست		تـو خـود هـسـتـی، چـنان‌کـه هستی

***

در دو چـشـم مـن نشین ای آن کـه از مـن مـن‌تـری
تـا قـمـر را وانـمـایـم کـز قـمـر روشـن‌تـری
انـدرآ در بـاغ تـا نـامـوس گـلـشـن بـشـکـنـد
زآنـکـه از صـد بـاغ و گـلشن خـوش‌تـر و گلشن‌تری
تـا کـه سـرو از شـرم قـدّت قـدّ خـود پـنـهـان کند
تـا زبـان انـدرکـشـد سـوسـن کـه تـو سـوسـن‌تـری
وقـت لطف ای شمع جان مانند مـومـی نـرم و رام
وقـت نـاز از آهـن پـولاد تـو آهـن‌تـری
چـون فلـک سـرکـش مـبـاش ای نـازنـیـن کـز نـاز او
نـرم گـردی چـون زمـیـن گـر از فـلـک تـوسـن‌تـری
زآن بـرون انـداخـت جـوشـن حـمـزه وقـت کـارزار
کـز هـزاران حـصـن و جـوشـن روح را جـوشـن‌تـری
زآن سـبـب هـر خـلـوتـی سـوراخ روزن را ببست
کـز بـرای روشـنـی تـو خـانـه را روشـن‌تـری

***

تـو ز عشق خـود نپرسی کـه چـه خـوب و دل‌ربـایی
دو جـهـان بـه هـم بـرآیـد چـو جـمـال خـود نمایی

تو شراب و ما سبویی تو چو آب و ما چو جویی
نه مکان تو را نه سویی و همه به سوی مایی
به تو دل چگونه پوید؟ نظرم چگونه جوید؟
که سخن چگونه پرسد ز دهان که تو کجایی؟
تو به گوش دل چه گفتی که به خنده‌اش شکفتی؟
به دهان نی چه دادی که گرفت قندخایی؟
تو به می چه جوش دادی؟ به عسل چه نوش دادی؟
به خرد چه هوش دادی که کند بلندرایی؟
ز تو خاک‌ها منقّش دل خاکیان مشوّش
ز تو ناخوشی شده خوش که خوشی و خوش‌فزایی
طرب از تو باطرب شد عجب از تو بوالعجب شد
کرم از تو نوش لب شد که کریم و پرعطایی
دل خسته را تو جویی ز حوادثش تو شویی
سخنی به درد گویی که هم او کند دوایی
ز تو است ابر گریان، ز تو است برق خندان
ز تو خود هزار چندان که تو معدن وفایی

***

با من ای عشق امتحان‌ها می‌کنی / واقفی بر عجزم امّا می‌کنی
ترجمان سِرّ دشمن می‌شوی / ظنّ کژ را در دلش جا می‌کنی
هم تو اندر بیشه آتش می‌زنی / هم شکایت را تو پیدا می‌کنی
تا گمان آید که بر تو ظلم رفت / چون ضعیفان شور و شکوا می‌کنی
آفتابی ظلم بر تو کی کند؟ / هرچه می‌خواهی ز بالا می‌کنی

می‌کنی ما را حسود همدگر — جنگ ما را خوش تماشا می‌کنی
عارفان را نقد شربت می‌دهی — زاهدان را مست فردا می‌کنی
مرغ مرگ‌اندیش را غم می‌دهی — بلبلان را مست و گویا می‌کنی
زاغ را مشتاق سرگین می‌کنی — طوطی خود را شکرخا می‌کنی
آن یکی را می‌کشی در کان و کوه — وین دگر را رو به دریا می‌کنی
از ره محنت به دولت می‌کشی — یا جزای زلّت ما می‌کنی
اندر این دریا همه سود است و داد — جمله احسان و مواسا می‌کنی
این سر نکته‌ست پایانش تو گوی — گرچه ما را بی‌سر و پا می‌کنی

***

گفتی شکار گیرم، رفتی شکار گشتی — گفتی قرار یابم، خود بی‌قرار گشتی
خضرت چرا نخوانم؟ کآب حیات خوردی — پیشت چرا نمیرم؟ چون یار یار گشتی
گِردَت چرا نگردم؟ چون خانهٔ خدایی — پایت چرا نبوسم؟ چون پایدار گشتی
جامت چرا ننوشم؟ چون ساقی وجودی — نقلت چرا نچینیم؟ چون قندبار گشتی
فاروق چون نباشی؟ چون از فراق رستی — صدّیق چون نباشی؟ چون یار غار گشتی
اکنون تو شهریاری کاو را غلام گشتی — اکنون شگرف و زفتی کز غم نزار گشتی
هم گلشنش بدیدی، صدگونه گل بچیدی — هم سنبلش بسودی، هم لاله‌زار گشتی
ای چشمش الله‌الله خود خفته می‌زدی ره — اکنون نعوذبالله چون پرخمار گشتی
آنگه فقیر بودی بس خرقه‌ها ربودی — پس وای بر فقیران چون ذوالفقار گشتی
هین بیخ مرگ برکن زیرا که نفخ صوری — گردن بزن خزان را چون نوبهار گشتی

از رستخیز ایمن چون رستخیز نقدی / هم از حساب رَستی، چون بی‌شمار گشتی
از نان شدی تو فارغ چون ماهیان دریا / وز آب فارغی هم چون سوسمار گشتی
ای جان چون فرشته از نور حق سرشته / هم ز اختیار رسته نَک اختیار گشتی
از کام نفس حسّی، روزی دو سه بریدی / هم دوست‌کامی اکنون، هم کامیار گشتی
غم را شکار بـودی، بی‌کردگار بـودی / چون کردگار گشتی، باکردگار گشتی
گر خون خلق ریزی ور با فلک ستیزی / عذرت عذار خواهد چون گلعذار گشتی
نـازت رسـد ازیـرا زیـبـا و نـازنـیـنـی / کبرت رسد همی زآن چون از کبار گشتی
باش از در معانی در حلقۀ خموشان / در گوش‌ها اگرچه چون گوشوار گشتی

* * *

ای بُـرده اخـتـیـارم تو اخـتـیار مایی / مـن شـاخ زعـفـرانـم تو لالـه‌زار مایی
گفتم غمت مرا کشت، گفتا چه زهره دارد؟ / غم این قدر نداند کآخر تو یار مایی
من بـاغ و بـوسـتـانم، سـوزیدۀ خزانم / بـاغ مـرا بـخـندان کآخـر بـهـار مایی
گفتا تو چنگ مایی و اندر ترنگ مایی / پس چیست زاری تو؟ چون در کنار مایی
گفتم ز هر خیالی درد سر است ما را / گفتا ببُر سـرش را تو ذوالـفـقار مایی
سر را گرفته بودم یعنی که در خمارم / گفت ار چه در خماری نی در خمار مایی
گفتم چو چرخ گردان والله که بی‌قرارم / گفت ار چه بی‌قراری، نی بی‌قرار مایی
شکر لبش بگفتم لب را گزید، یعنی / آن راز را نهان کن چون رازدار مایی
ای بلبل سحرگه ما را بپـرس گهگه / آخر تو هم غریبی، هم از دیار مایی
تو مـرغ آسمـانی نی مـرغ خاکدانی / تو صید آن جهانی وز مـرغزار مایی

از خویش نیست گشته وز دوست هست گشته — تو نور کردگاری یا کردگار مایی؟
از آب و گل بزادی در آتشی فتادی — سود و زیان یکی دان چون در قمار مایی
اینجا دوی نگنجد، این ما و تو چه باشد؟ — این هر دو را یکی دان چون در شمار مایی
خاموش کن که دارد هر نکتهٔ تو جانی — مسپار جان به هرکس چون جان‌سپار مایی

***

سوگند خورده‌ای که از این پس جفا کنی — سوگند بشکنی و جفا را رها کنی
امروز دامن تو گرفتیم و می‌کشیم — تا کی بهانه گیری و تا کی دغا کنی؟
می‌خندد آن لبت صنما مژده می‌دهد — کاندیشه کرده‌ای که از این پس وفا کنی
بی‌تو نماز ما چو روا نیست، سود چیست؟ — آنگه روا شود که تو حاجت روا کنی
بی‌بحر تو چو ماهی بر خاک می‌تپیم — ماهی همین کند چو ز آبش جدا کنی
ظالم جفا کند ز تو ترساندش اسیر — حق با تو آن کند که تو در حقّ ما کنی
چون تو کنی جفا ز که ترساندت کسی؟ — جز آنکه سر نهد به هر آنچه اقتضا کنی
خاموش کم فروش تو دُرّ یتیم را — آن کش بها نباشد، چونش بها کنی؟

***

فرست بادهٔ جان را به رسم دلداری — بدان نشان که مرا بی‌نشان همی‌داری
بدان نشان که همه شب چو ماه می‌تابی — درون روزن دل‌ها برای بیداری
بدان نشان که دمم داده‌ای از می که خویش — تهی و پر کنمت دمبه‌دم قدح‌واری
به گِرد جمع، مرا چون قدح چه گردانی؟ — چو باده را به گرو برده‌ای نمی‌آری
از آن می‌ای که اگر بر کلوخ برریزی — کلوخ مرده برآرد هزار طرّاری

از آن می‌ای که اگر باغ از او شکوفه کند ز گل، گلی بستانی ز خار هم خاری
چو بی‌تو ناله برآرم ز چنگ هجر تو من چو چنگ بی‌خبرم از نوا و از زاری
گره‌گشای خداوند شمس تبریزی که چشم جادوی او زد گره به سحّاری

***

به من نگر که به‌جز من به هرکه درنگری یقین شود که ز عشق خدای بی‌خبری
بدان رخی بنگر کاو نمک ز حق دارد بود که ناگه از آن رخ تو دولتی ببری
تو را چو عقل پدر بوده است و تن مادر جمال روی پدر درنگر اگر پسری
بدانکه پیر، سراسر صفات حق باشد وگرچه پیر نماید به صورت بشری
به‌پیش‌تو چو کف‌است و به‌وصف‌خود دریا به‌چشم‌خلق‌مقیم‌است و هر دم‌او سفری
هنوز مشکل مانده‌ست حال پیر تو را هزار آیت کبری در او چه بی‌هنری
رسید صورت روحانی‌ای به مریم دل ز بارگاه منزّه ز خشکی و ز تری
از آن نفس که در او سِرّ روح پنهان شد بکرد حامله دل را رسول رهگذری
ایا دلی که تو حامل شدی از آن خسرو به وقت جنبش آن حمل تا در او نگری
چو حمل صورت گیرد ز شمس تبریزی چودل‌شوی‌تووچون‌دل‌به‌سوی‌غیب‌پری

***

بیا بیا که چو آب حیات درخوردی بیا بیا که شفا و دوای هر دردی
بیا بیا که گلستان ثنات می‌گوید بیا بیا بنما کز کجاش پروردی
بیا بیا که به بیمارخانه بی‌قدمت نمی‌رود ز رخ هیچ خسته‌ای زردی
برآ برآ هله ای آفتاب چون بی‌تو نمی‌رود ز هوا هیچ تلخی و سردی

برآ برآ هله ای مه که حیف بسیارست / که دیده‌ها همه گریان و تو در این گردی
بیا بیا که ولی نعمت همه کَونی / که مخلص دل حیران و مهرهٔ نردی
بیا بیا و بیاموز بندهٔ خود را / که در امامت و تعلیم و آگهی فردی

* * *

اگر تو همره بلبل ز بهر گُلزاری / تو خار را همه گل بین چو بهر گل، زاری
نمی‌شناسی، باشد که خار گُل باشد / اگرچه می‌خلدت عاقبت کند یاری
درون خار گل است و برون خار گل است / به احتیاط نگر تا سر که می‌خاری
چه احتیاط مرا عقل و احتیاط نماند / تو احتیاط کن آخر که مرد هشیاری
غلط تو هم نتوانی نگاه داشت مرا / عجب ز شمع تو پروانه را نگه داری
خوش است تلخی دارو و سیلی استاد / غنیمت است ز یار وفا جفاکاری
به دست دلبر اگر عاشقی زبون باشد / ز عشق و عقل وی است آن نه از سبکساری
به غیر ناز و جفا هرچه می‌کند معشوق / مباش ایمن کآن فتنه است و طرّاری
زبون و دستخوش و عشوه می‌خوریم ای عشق / اگر دروغ فروشی و گر محال آری
دروغ و عشوه و صدق و محال او حال است / ولیک غیر نبیند به چشم اغیاری

* * *

بیا بیا که شدم در غم تو سودایی / درآ درآ که به جان آمدم ز تنهایی
عجب عجب که برون آمدی به پرسش من / ببین ببین که چه بی‌طاقتم ز شیدایی
بده بده که چه آورده‌ای به تحفه مرا / بنه بنه بنشین تا دمی برآسایی
مرو مرو چه سبب زود زود می‌بروی / بگو بگو که چرا دیر دیر می‌آیی؟

نفس نفس زده‌ام ناله‌ها ز فرقت تو   زمان زمان شده‌ام بی‌رخ تو سودایی
مجو مجو پس از این زینهار راه جفا   مکن مکن که کشد کار ما به رسوایی
برو برو که چه کژ می‌روی به شیوه‌گری   بیا بیا که چه خوش می‌چمی به رعنایی

* * *

بداد پندم استاد عشق ز استادی   که هین بترس ز هرکس که دل بدو دادی
هر آنکسی که تو از نوش او بنوشیدی   ز بعد نوش کند نیشِ اوت فصّادی
چو چشم مست کسی کرد حلقه در گوشت   ز گوش پنبه برون کن مجوی آزادی
بر این بنه دل خود را چو دخل خنده رسید   که غم نجوید عشرت ز خرمن شادی
مگر زمینِ مسلّم دهد تو را سلطان   چنانکه داد به بِشر و جُنَید بغدادی
چو طوق موهبت آمد شکست گردن غم   رسید داد خدا و بمرد بیدادی
به هر کجا که روی ماه بر تو می‌تابد   مه است نورفشان بر خراب و آبادی
غلام ماه شدی شب تو را بِه از روزست   که پشتدار تو باشد میان هر وادی
خنک تو را و خنک جمله همرهان تو را   که سعد اکبری و نیکبخت افتادی
به وعده‌های خوشش اعتماد کن ای جان   که شاه مثل ندارد به راست‌میعادی
به گوش تو همه تفسیر این بگوید شاه   چنانکه اشترِ خود را نوا زند حادی

* * *

شاد آمدی شاد آمدی ناگه ز در باز آمدی
بنشین و خوش بنشین و خوش چون محرم راز آمدی
خوش بینمت خوش بینمت ماه پری‌وش بینمت
حوری مگر حوری مگر با شیوهٔ ناز آمدی

زاری‌کنان زاری‌کنان پیش رخ تو بیدلان
چون بلبل و گل ناگهان با برگ و با ساز آمدی
سرو روان سرو روان بر جویبار عاشقان
ای دولت و بخت جوان بس خوب و دمساز آمدی
با ما خوش آ با ما خوش آ پیش من آ پیش من آ
هم شوخ و شنگ و دل‌ربا خانه‌برانداز آمدی
صبری بکن صبری بکن یا جامهٔ صبری بده
چون یوسف مصری دگر با قدر و اعزاز آمدی
آوازها آوازها از تو به عالم شد روان
ای شمس تبریزی ز من هم تو به آواز آمدی

***

اگرت مراد باشد که نمیریّ و بمانی
برهان ز جهد خود را ز جهان دون فانی
ز تن و ز جان و از دل بگذر مساز منزل
که شود مراد حاصل به مراد و کامرانی
تو زکفر و دین‌گذرکن‌تو زصلح و کین‌گذرکن
ز زمانه هین گذر کن چو ورای این زمانی
به جمال عشق الّا ز وجود خویش لا شو
ز خودی گزین تبرّا به بقای جاودانی
بنگرکه‌دانه‌درگل، گل‌وبرگ‌ومیوه‌هاشد
ز سفول بر علا شد به فتوح آسمانی
چو تویی فقیر بینا چو دلت بپر به بالا
که تو راست صد ولایت به جهان بی‌نشانی

***

سوی باغ ما نظر کن بنگر بهار باری
سوی یار ما گذر کن بنگر نگار باری
نرسی به باز پرّان پی سایه‌اش همی‌دو
به شکارگاه غیب آ بنگر شکار باری
به نظاره و تماشا به سواحل آ و دریا
بستان ز روح موجش دُرِ شاهوار باری

چو شکار گشت باید به کمند شاه اولی	چو برهنه گشت باید به چنین قمار باری
بکشان تو لنگ‌لنگان ز بدن به عالم جان	بنگر ترنج و ریحان گل و سبزه‌زار باری
هله چنگیان بالا ز برای سیم و کالا	به سماع زهرهٔ ما بزنید تار باری
به میان این فریقان به سماع این حریفان	ره بوسه گر نباشد برسد کنار باری
به چنین شراب ارزد ز خمار خسته بودن	پی این قرار برگو دل بی‌قرار باری
ز سبو فغان برآمد که ز تَفّ می شکستم	هله ای قدح به پیش آ بستان عقار باری
پی خسروان شیرین هنر است شور کردن	به چنین حیات جان‌ها دل و جان سپار باری
به دکان عشق روزی ز قضا گذار کردم	دل من رمید کلّی ز دکان و کار و باری
من از آن درج گذشتم که مرا تو چاره سازی	دل و جان به باد دادم تو نگاه دار باری
هله بس کنم که شرحش به بیان او بگوید	هله مطرب معانی غزلی بیار باری

* * *

چشم منش چون بدید گفت که نور منی	جان منش چون بدید گفت که جان منی
صبر از آن صبر کرد شکّر شکر تو دید	فقر از آن فخر شد کز تو شود او غنی
گاه منم بر درت حلقهٔ در می‌زنم	گاه توی در برم حلقهٔ دل می‌زنی
باد صبا سوی عشق این دو رسالت ببر	تا شوم از سعی تو پاک ز تردامنی
هست مرا همچو نی وام کمر بستنی	هست تو را همچو نی وام شکر دادنی
ای دل در ما گریز از من و ما محو شو	زآنکه بریدی ز ما گر نبُری از منی
دانهٔ شیرین به سنگ گفت چو من بشکنم	مغز نمایم ولیک وای چو تو بشکنی

* * *

در دل من پردهٔ نو می‌زنی	ای دل و ای دیده و ای روشنی

۲۷۱

پرده توی وز پس پرده توی — هر نفسی شکل دگر می‌کنی
پرده چنان زن که بهر زخمه‌ای — پردهٔ غفلت ز نظر برکنی
شب منم و خلوت و قندیل جان — خیره که تو آتشی یا روغنی
بی‌من و تو، هر دو توی، هر دو من — جان منی، آن منی، یا منی
نکتهٔ چون جان شنوم من ز چنگ — تنتن تنتن که تو یعنی تنی
گر تنم و گر دلم و گر روان — شاد بدانم که تواَم می‌تنی
از تو چرا تازه نباشم؟ که تو — تازگی سرو و گل و سوسنی
از تو چرا نور نگیرم؟ که تو — تابش هر خانه و هر روزنی
از تو چرا زور نیابم؟ که تو — قوّت هر صخره و هر آهنی

* * *

چند اندر میان غوغایی — خوی کن پاره‌پاره تنهایی
خلوتی را لطیف سودایی‌ست — رو بپرسش که در چه سودایی؟
خلوت آن است که در پناه کسی — خوش بخسپی و خوش بیاسایی
زیر سایهٔ درخت بخت‌آور — زود منزل کنی فرود آیی
ور تو خواهی که بخت بگشاید — زیر هر سایه رخت نگشایی
سوی انبان ما و من نروی — گرچه او گویدت که از مایی
رو به خود آر هر کجا باشی — روسیاه است مرد هرجایی
خود تو چیست؟ بی‌خودی زآن‌کس — که از او در چنین تماشایی
چون رسیدی به شه صلاح‌الدّین — گر فسادی سوی صلاح آیی

***

در غم یار، یار بایستي | یا غم را کنار بایستي
زآنچه کردم کنون پشیمانم | دل امسال پار بایستي
دل من شیر بیشه را ماند | شیر در مرغزار بایستي
تا بدانستي‌اي ز دشمن و دوست | زندگاني دو بار بایستي
دشمن عیب‌جوي بسیارست | دوستي غمگسار بایستي
ماهي جان ما که پیچان است | بر لب جویبار بایستي
چون رضاي دل تو در غم ماست | یک چه باشد؟ هزار بایستي
یار لاحول‌گوي را چه کنم؟ | یار شیرین‌عذار بایستي
خوک دنیاست صید این خامان | آهوي جان‌شکار بایستي
همره بي‌وفا همي‌لنگد | همره راهوار بایستي
صدهزاران سخن نهان دارم | گوش را گوشوار بایستي

***

مستم از باده‌های پنهانی | وز دف و چنگ و نای پنهانی
مر چنین دل‌ربای پنهان را | واجب آمد وفای پنهانی
می‌زند سال‌ها در این مستی | روح من های‌های پنهانی
گفتم ای دل کجایی آخر تو؟ | گفت در برج‌های پنهانی
بر چپم آفتاب و مه بر راست | آن مه خوش‌لقای پنهانی
مشتری درفروخت آن مه را | دادمش من بهای پنهانی
ظلمتم کی بقا کند؟ که بر او | تابد از کبریای پنهانی

آتشم چون بمرد، دودم چیست؟ / آیتی از بلای پنهانی
زآن بلا جان‌های ما مرهاد / تا برد تحفه‌های پنهانی
شمس تبریز شوربایی پخت / صوفیان الصّلای پنهانی

* * *

سلطان منی سلطان منی / و اندر دل و جان ایمان منی
در من بدمی من زنده شوم / یک جان چه بوَد؟ صد جان منی
نان بی‌تو مرا زهرست نه نان / هم آب منی هم نان منی
زهر از تو مرا پازهر شود / قند و شکر ارزان منی
باغ و چمن و فردوس منی / سرو و سمن خندان منی
هم شاه منی هم ماه منی / هم لعل منی هم کان منی
خاموش شدم شرحش تو بگو / زیرا به سخن بُرهان منی